AF357349

A TRAVERS MA VIE

ARMAND MARQUISET

SOUS-PRÉFET (1820)

(D'après une miniature de C. Oudinot.)

ARMAND MARQUISET

1797=1859

A travers ma vie

SOUVENIRS CLASSÉS ET ANNOTÉS

Par le Cte MARQUISET

LIBRAIRIE SPÉCIALE POUR L'HISTOIRE DE LA FRANCE

ET DE SES ANCIENNES PROVINCES

HONORÉ CHAMPION, ÉDITEUR

9, quai Voltaire, 9

PARIS (VIIe)

1904

Dans le caveau des miens, plongeant mes pas nocturnes,
J'ai compté mes aïeux suivant leur vieille loi.

. . . .

A peine une étincelle a relui dans leur cendre,
C'est en vain que d'eux tous le sang m'a fait descendre,
Si j'écris leur histoire, ils descendront de moi.

Alfred de Vigny.

PRÉFACE

J'ai toujours été fort sceptique en face des hommes qui, rédigeant leurs souvenirs, commencent par établir que leur plus cher désir est de ne pas les voir publier. S'ils étaient sûrs d'écrire à papier perdu, on peut supposer qu'ils se contenteraient de s'asseoir dans un fauteuil et de repasser tranquillement en eux-mêmes l'existence écoulée. A quoi bon travailler pour le néant ?

Telle est la réflexion qui se présentait à mon esprit en parcourant les manuscrits de mon grand-oncle. J'ai eu beau fouiller, relire, sonder ces documents, je n'y ai pas trouvé des révélations sensationnelles ou des anecdotes capables de jeter l'émoi parmi les générations présentes. Leur auteur n'a pas gagné de bataille, n'a pas rempli de mission diplomatique sans précédent, n'a pas eu les confidences inédites d'un souverain, bref ne mérite à aucun titre l'attention de la postérité, et pourtant, je n'hésite pas (après en avoir supprimé des dissertations oiseuses et des histoires de famille) à faire paraître ses mémoires, m'y croyant contraint par sa réquisition posthume. Les broutilles étalées dans ces pages intéresseront un peu les Comtois, pas beaucoup les Parisiens et nullement les étrangers, mais elles peuvent être remarquées de certains, étant donné que l'homme a toujours regardé d'un œil fureteur les petits côtés de l'histoire. Tels ces provinciaux qui, après s'être pâmés d'admiration pendant des heures devant le Panthéon, s'en vont avec curiosité visiter le carré du Temple, tel le public, après avoir pendant des années contemplé l'étincellement de nos fastes, a voulu faire un tour à l'ombre. On lui a raconté de cent façons différentes les exploits des champs de bataille, les intrigues des gouvernements, les gloires des Césars, il veut maintenant connaître l'intérieur des mansardes; on lui a dit ce qui se passait sur le trône, il désire savoir ce qui se passait à l'office. En histoire, aujourd'hui, le champ des conjectures n'est plus clos par le mur de la vie privée.

Armand Marquiset n'a malheureusement pas

échappé au défaut de tous ceux qui écrivent leur propre roman, c'est-à-dire de le rédiger d'une seule fois lorsque l'âge est venu. Il l'a dit lui-même dans sa préface dont je citerai seulement ce passage :

« Dès 1815, j'avais écrit avec l'entrain naïf, la
« verve enthousiaste de la jeunesse, tout ce qui
« avait pu frapper mes yeux à peine ouverts et mon
« cœur encore fermé. J'avais raconté les événe-
« ments politiques les plus saillants, les anecdotes
« dont j'avais été le héros ou le témoin. Ces feuilles
« barbouillées à la hâte étaient le chant printa-
« nier de mes belles années. Quelque imparfaites
« que fussent ces pages, je ne retrouverai jamais
« la fraîcheur, la grâce qui les avaient dictées.

« Lorsque j'ai quitté Versailles, puis ensuite
« Mende, j'ai brûlé comme inutiles mon journal et
« mes papiers. Dès lors, je me suis toujours re-
« penti de cet acte irréfléchi et, pour y remédier,
« j'ai essayé de reconstruire mon édifice avec ma
« mémoire et les quelques notes échappées à mon
« double incendie.

« Si dans les circonstances critiques dans les-
« quelles ils se trouvent, les hommes écrivaient
» aussi bien qu'ils pensent, il y aurait quantité de

« bons écrivains; mais écrire après coup, c'est
« voir perdre à la plupart d'entre eux la meilleure
« partie de leurs facultés. Préoccupés de leur effort
« et de la difficulté de leur tâche, ils ont édifié sur
« mille détails qui donnent du charme ; ils se sont
« ressouvenus froidement ou du moins d'une ma-
« nière incomplète. On n'a eu que l'ombre de leur
« action ou de leur verve première.

« J'avais bégayé mes aventures avec des pa-
« roles autrement colorées, autrement expres-
« sives que celles employées à trente ans de dis-
« tance. Aujourd'hui, avec un sang plus calme,
« j'ai dû tomber dans l'écueil opposé, ajouter
« des phrases aux détails des faits et perdre ainsi
« de mon naturel et de ma simplicité, ces deux
« joyaux du style qu'on ne retrouve pas, une fois
« disparus. »

Malgré leur importance anodine, le lecteur ne
doit pas tenir rigueur à mon aïeul d'avoir confié
au papier ses impressions : on aime autant à
fouiller la vie de ses ancêtres et de ses intimes
qu'à suivre les sentiers usés de la sienne propre,
et je ne vois pas pourquoi l'on refuserait à ses descendants une satisfaction qu'on a personnellement
désiré obtenir.

Un des beaux-frères d'Armand Marquiset lui a reproché son orgueil. Oui, il avait de l'orgueil, il le savait et en convenait sans honte ; oui, il avait l'orgueil de s'être créé une place honorable dans sa carrière et d'avoir conquis dans le monde une position enviée ; oui, il avait l'orgueil de sa race et de sa nationalité. Son bisaïeul cultivait lui-même ses vignes des coteaux du Doubs et nous serons toujours plus fiers, nous autres Comtois, de sortir de la hotte de Barbisier que de la cuisse de Jupiter.

Nul ne peut mieux, d'ailleurs, écrire l'existence d'un homme que cet homme lui-même, mais le point de vue auquel il faut se placer n'est pas celui choisi par Rousseau, dont le but était de dénoncer au grand jour les turpitudes de sa vie, avec cette intime conviction qu'il rendait ainsi un réel service à l'humanité. C'est là que fut son erreur. D'une part, personne heureusement n'a suivi le déplorable exemple donné par le profond écrivain ; de l'autre, l'humanité n'a rien à gagner à la découverte de ces vices dont l'auteur d'*Émile* se plaît à faire un si complaisant étalage. En général, on conserve le souvenir des hautes conceptions qu'un homme de génie a laissées, sans se préoccuper

des défauts qui ont pu ternir ses qualités brillantes.
Cette escorte d'infirmités morales, toujours fâcheuse à connaître, se dégage de sa biographie en nuages vaporeux qui fondent bientôt pour ne laisser apparaître dans leur plein éclat que les vertus dont il a fait preuve. A qui veut admirer et copier un héros, il est utile de suivre le conseil de Molière :

> Quand sur une personne on prétend se régler,
> C'est par les beaux côtés qu'il lui faut ressembler,
> Et ce n'est pas du tout la prendre pour modèle,
> Ma sœur, que de tousser ou de cracher comme elle.

Le sous-préfet de Dole aurait dû, comme bien d'autres, arriver à une situation supérieure à la sienne. mais il eut pendant toute sa vie la vertu, on dirait aujourd'hui la naïveté, de croire à la justice et à l'honneur, « cette belle fleur qui pousse sur « nos chemins. » Son administration était franche, son accueil affable, son esprit vif, son savoir étendu. mais il était trop Franc-Comtois.

Notre vieille province donne au caractère de ses enfants la force. la persévérance, la générosité, mais rarement la souplesse : elle a conçu des Lacuzon et des Pajol, jamais des La Feuillade ou des Blacas. La splendeur royale elle-même ne peut étouffer la voix de la vérité lorsqu'elle nous gratte le gosier et nous sommes tous du sang de Mongin, le maire de Gray, qui, après la prise facile de cette cité, disait froidement à Louis XIV : « Sire, votre « conquête serait plus glorieuse si elle vous avait « été disputée. »

Cette noble mais redoutable franchise fit qu'entré en 1816 dans l'administration, Armand Marquiset en sortit, au bout de trente ans, avec le grade équivalent à celui dans lequel il avait débuté. C'est dire qu'il s'occupa plus de son devoir que de son avancement. Les sinécures dorées, les décorations, hochets de l'âge mûr, ne vinrent pas égayer son déclin et, ballotté de mécomptes en déceptions pendant toute sa vie, il est venu s'échouer en soupirant sur un petit coin de la terre natale. Malgré ce triste lot, il eut encore du bonheur dans son adversité, en mourant à soixante-deux ans, au moment où la France rayonnait florissante et où les aigles impériales profilaient leurs ombres victorieuses sur les plaines d'Italie. Ayant vécu, dès son jeune âge, dans l'atmosphère de gloire de la grande épopée et ayant plus tard soupiré sentimentalement avec les romantiques, quelle aurait été son

amertume de prolonger sa vie jusqu'à notre époque banale?

Armand Marquiset était, en outre de sa rondeur,
doué d'une grande sensibilité. Dans son enfance,
la moindre contrariété lui serrait le cœur; il devenait alors maussade, boudeur et prolongeait souvent le plaisir de manière exagérée. Un jour,
qu'avec ses frères et quelques camarades, il était
allé se promener dans la vallée de Beure, près de
Besançon, puis goûter chez un aubergiste en revenant du « Bout du monde, » un de ses jeunes amis
lui lança un mot insignifiant qui blessa son amour-
propre. Quittant aussitôt la table, il courut se réfugier sous une épaisse charmille pour y bouder à
son aise, lorsqu'en apportant des assiettes, la
femme de l'hôtelier l'aperçut. L'enfant, un peu
honteux, se mit à tousser afin de cacher son embarras : « Pauvre petit, s'écria la brave campa-
« gnarde, je parie que vous avez avalé une aréte
« de poisson? » Comme il répondait d'un signe
affirmatif, l'autre s'en fut aussitôt querir des
croûtes de pain qu'elle lui fit avaler successive-
ment et presque de force. La crainte d'être étouffé
par ce solide remède dissipa vite le renfrogne-
ment du petit sensitif, qui fut ramené en triomphe

au milieu de ses camarades par l'hôtelière. Aussi,
chaque fois que, depuis cette époque, le jeune
Armand tournait à la mauvaise humeur : « Prends
« garde, lui criait-on, tu vas avaler une arête ! »
L'âge aidant, le malheureux a avalé des poissons
entiers !

S'il a laissé dévorer par les mites, dans le coin
d'un grenier, son modeste chapeau de sous-préfet,
mon grand-oncle a su du moins en utiliser les
plumes. Membre de la plupart des sociétés savantes de son pays, il s'est intéressé à de multiples
travaux et a écrit divers ouvrages fort prisés :

Manuel de l'usager dans les bois communaux. Besançon, 1834, 1 vol. in-16.

*Notice sur M. Courvoisier, ancien garde des
sceaux.* Besançon, 1836, in-8.

*Notice historique sur le général Bernard, ministre
de la guerre.* Dijon, 1836, in-8.

Souvenirs de Napoléon en Franche-Comté.
Auxonne, 1836.

Le lieutenant général Poncet. Lons-le-Saunier,
1839, in-8 avec portrait.

*Statistique historique de l'arrondissement de
Dole.* Besançon, 1841, 2 vol. grand in-8 avec vues,
portraits, etc.

Un déplacement de chasse à Conflans. Vesoul,
1854, in-32.

Des notices biographiques et nécrologiques sur
le colonel du génie Petit, blessé mortellement devant Zaatcha, le baron des Touches, F. Des-
granges, maire de Luxeuil, le général baron d'E-
quevilley, l'acteur Claude Bernard, le chef d'escadron Sibille, tué devant Sébastopol, le général Larchey, le peintre Faustin Besson, le sculpteur Bois-
tou, le représentant Dubuisson, etc., etc.

Des nouvelles, des rapports, des feuilletons dans
les journaux de la province, etc.

Ce petit bagage littéraire prouve que son por-
teur avait l'esprit ouvert à des questions qu'igno-
rent souvent les titulaires du poste qu'il n'a pu
obtenir. Les hommes, qui manquaient de son temps
pour occuper dignement les préfectures, sont aujourd'hui plus rares que jamais; chaque gouvernement transformant ses préfets en mannequins
politiques et ne choisissant ces fonctionnaires que
sur la liste de ses amis intimes, sans s'inquiéter de
leurs aptitudes. En 1830, M. Guizot nommait tous
les hommes de son salon; en 1900, le passager
président du conseil nomme tous les hommes de

sa loge. Les places conviennent aux personnes, il faut que les personnes conviennent aux places; les populations s'arrangent ensuite de cette combinaison tant bien que mal, mais plus souvent mal que bien.

Atteint en 1846 d'une douloureuse maladie de nerfs qui donnait de sérieuses inquiétudes à sa famille, Armand Marquiset se vit, en même temps, arrivé à l'âge de la retraite, ce poteau noir que les débutants distinguent à peine comme un faible point à l'horizon lointain. Sans regrets, il s'installa dans son petit domaine de Fontaine-lez-Luxeuil (Haute-Saône), qu'il voulut arranger à la moderne, tout en laissant son esprit rechercher, sur le chemin parcouru, les parents et les amis que la Parque avait couchés dans les fossés de la route pendant son trajet accidenté. Rien n'est plus savoureux, au soir de la vie, que de donner des soins à ses bosquets entre les charmes de l'étude et les douceurs du rêve! Pendant treize ans, il vécut là entouré d'autographes, de volumes, de tableaux et de statuettes dont l'ancien châtelain de Fontaine, Mgr de Rhosy, en digne anachorète qu'il était, n'eût pas toujours goûté l'esthétique, et lorsque la mort vint le surprendre, elle le trouva calme et

serein au milieu de ses livres et de ses estampes,
tous l'objet d'un tendre souvenir, d'une caresse
fréquente, « car les livres, pensait-il, avec son émi-
« nent ami Charles Nodier, c'est la plus délicieuse
« chose du monde après les femmes, les fleurs et
« les marionnettes. »

M.

Octobre 1904.

A TRAVERS MA VIE

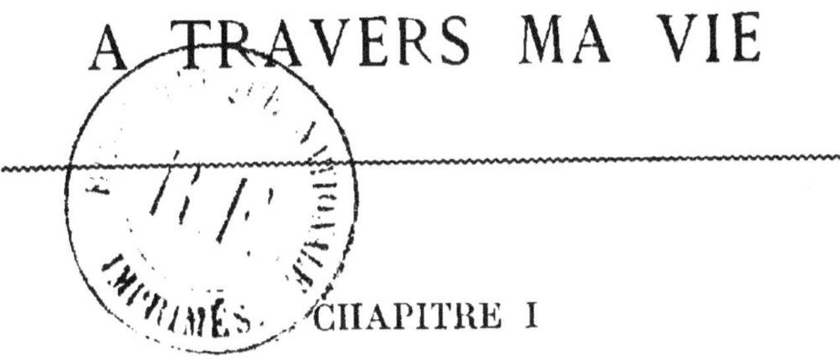

CHAPITRE I

Quand je vins au monde, le 23 germinal an V (12 avril 1797), mes parents habitaient à Besançon, rue de Battant, une maison dont ils avaient hérité de mon grand-père paternel ; elle était vaste et commode, mais sans luxe, parée pourtant de ces vieux meubles solides et sévères qui valaient mieux pour l'hygiène et la commodité que les riens charmants entassés dans les appartements d'aujourd'hui. Ainsi on avait transporté dans un grenier quelques fauteuils du temps de Louis XV et de Louis XVI, provenant de successions diverses ; ils n'étaient plus en vogue et il eût été honteux de s'en servir, d'autant plus que les modes impériales commençaient à faire invasion avec leurs meubles durs parodiant mesquinement les trépieds élégants, les vastes couches et les amples chaises curules des

Romains. Comme tout ici-bas, les goûts ont changé et, à l'heure actuelle, on relègue dans les combles le mobilier qu'on étalait jadis au salon, tandis qu'on étale au salon ce qu'on reléguait dans les combles.

Ma famille est originaire de Bonnay (Doubs), berceau de tous les Marquiset connus; mon grand-père, né en 1733, y cultivait modestement ses vignes et ses champs quand il vint s'établir à Besançon vers 1760. Là, il épousa, le 3 août 1766, demoiselle Jeanne-Marguerite Froissard, dont l'oncle, M. Nicolas de Nervaux, était alors le curateur et conseil. Ma grand'mère paternelle était née à Chambornay-lez-Pin en 1735 et elle avait conservé de son éducation première des idées et un langage rappelant encore la domination espagnole, car, à l'annonce d'un événement malheureux, elle disait toujours : « Ça doit venir de ces coquins de Français! »

Mon grand-père mourut à Besançon en 1806, ne laissant qu'un fils (mon père) né le 22 mai 1773. Quoique bien jeune au moment de la Révolution, celui-ci fut désigné pour faire partie de la députation du Doubs à la Fédération de 1790, puis lorsque les commissaires à l'armée du Rhin ordonnèrent la levée en masse de la garde nationale, on le nomma lieutenant de grenadiers. Avec ce grade, il assista au siège de Mayence, où il fut blessé d'une balle à la cuisse, ayant à ses côtés, dans sa compagnie même, son ami d'enfance, Joseph Droz, l'auteur de l'*Art d'être heureux*, et devenu depuis membre de l'Académie française.

Peu de mois avant cette campagne, mon grand-père
et ma grand'mère, soupçonnés d'être suspects, avaient
été jetés dans une maison de réclusion, et, frappé à
son tour par une accusation aussi ridicule, mon père
fut arrêté sous les murs mêmes de Mayence et ramené
par la gendarmerie à Besançon, où il passa plusieurs
mois dans la prison militaire. Dès qu'il eut recouvré la
liberté, il renonça à la carrière des armes, se maria, et
ne songea plus qu'à augmenter par le travail le petit
patrimoine qui devait lui revenir.

Comme banquier, mon père joignait l'esprit de spé-
culation à des vues supérieures, et il était en relations
suivies, dès le commencement de l'Empire, avec
MM. Delessert [1], Saglio [2], Prost [3], Humann [4], etc. Ce
dernier, qui avait pris place parmi les négociants les
plus capables, les plus laborieux, les plus instruits, les
plus riches de la ville de Strasbourg, a rendu plus

(1) Delessert (Jules-Paul-Benjamin, baron), 1773-1847, banquier, fila-
teur, raffineur, régent de la Banque de France en 1802 et membre de
la Chambre de commerce en 1804. Il fut député de la Seine sous la
Restauration et Louis-Philippe.

(2) Saglio (Mathias-Florent-Antoine), 1777-1841. Négociant et conseiller municipal de Strasbourg. Député du Bas-Rhin en 1819.

(3) Prost (Louis-Balthazar-Frédéric), 1760-18 . Banquier, industriel.
Député du Bas-Rhin en 1815. On lit dans les *Mémoires militaires* du
général baron Boulart, page 348 : « Cette fois j'acceptai un logement
« chez M. Prost, ex-banquier, riche capitaliste, demeurant sur le
« Breuil, à qui j'avais été recommandé par un de ses amis de Besan-
« çon, M. Marquiset. Je fis chez lui la connaissance de M. Humann. »

(4) Humann (Jean-Georges), 1780-1842. Commerçant de Strasbourg,
conseiller général, puis député du Bas-Rhin, ministre des finances en
1832, pair de France en 1837.

tard, comme ministre, de véritables services à son
pays en prenant l'initiative de l'économie pratique,
mais son caractère bienveillant s'endurcit un peu avec
l'âge. Mon père s'était épris d'une tendresse marquée
pour lui, et M. Humann rendait à son ami de Franche-
Comté affection pour affection, comme en font foi les
nombreuses lettres de lui que je possède encore. C'est
chez mon père qu'il connut un des orateurs les plus
influents de la Chambre des députés, dont il cherchait
l'appui pour l'importante question du monopole des
tabacs. Je veux parler de M. Courvoisier [1].

Cet homme, qui tenait à notre famille, et dans l'intimité duquel les miens ont vécu, a toujours été considéré par nous comme un second père. Grand, mince,
distingué autant au physique qu'au moral, M. Courvoisier avait une voix claire et douce qu'il maniait délicieusement dans les conversations et les veilles aux-

---

[1] Courvoisier (Jean-Joseph-Antoine), né à Besançon en 1775, mort
à Lyon en 1835. Fils d'un professeur à l'Université de Besançon, il
émigra avec lui, servit à l'armée de Condé, dans les cavaliers nobles,
les hussards de Rohan, les chasseurs de Bussy où il reçut la croix de
Saint-Louis, puis dans le régiment hongrois des hussards de l'empereur d'Autriche avec lequel il combattit à Marengo contre les Français. Rentré en France à la fin de 1802, il se fit recevoir avocat, devint
conseiller-auditeur à la cour de Besançon en 1808, et fut nommé député du Doubs le 4 octobre 1816, poste qu'il occupa jusqu'en 1824
après avoir été vice-président de la Chambre. Il était procureur général à Lyon quand Charles X le nomma garde des sceaux le 8 août
1829, mais ne pouvant partager les malheureuses idées du roi et de
M. de Polignac, il remit son portefeuille le 19 mai 1830. Nommé le
même jour ministre d'État et membre du Conseil privé, il sortit de la
vie politique à la révolution de juillet.

quelles il s'abandonnait avec laisser aller ; il y avait
dans son discours familier une sorte de langueur, de
suavité et d'intérêt touchant qu'aucune expression ne
peut rendre. C'était un de ces hommes rares auxquels
on s'attache dès le premier abord et qu'on aime pour
la vie quand on les connaît davantage. Il avait un
cœur si bon, si candide, si expansif, qu'on se sentait
meilleur, rien qu'en vivant sous le même toit que
lui. Intimement lié avec mon père, il lui communi-
quait presque toutes ses réflexions politiques et lui
soumettait nombre de ses lettres les plus importantes. Quoique fort dévoué aux Bourbons, ses idées
étaient libérales, et je me souviens de la visite qu'il
fit à mon père en passant à Besançon, lorsqu'en 1829
Charles X le nomma garde des sceaux : « Ce sont
les ultras, nous dit-il, qui ramèneront un ministère
constitutionnel. » Il nous embrassa tous et sortit en
murmurant : « A bientôt! » Ses prévisions étaient
justes.

Impuissant contre l'aveuglement du roi, il quitta le
ministère le 19 mai 1830; ceux qui ont connu cet
homme tout d'honneur et de cœur savaient bien que
son départ était le signal de la catastrophe qui se préparait et allait bientôt éclater. Quel malheur pour
notre province que ce grand magistrat ne soit resté
longtemps au pouvoir !

On me baptisa sous les prénoms de Louis-Armand
et j'eus pour marraine Mme la marquise de Montcalm,
sœur du duc de Richelieu. Les circonstances qui me

dotèrent de ce patronage tiennent à la Révolution, elles sont assez curieuses.

Dans le moment le plus critique de la Terreur, Mlles Simplicie et Armandine de Richelieu, dont le frère émigré était allé chercher asile en Russie, craignant pour leur tête, demandèrent à quelques amis intimes sur quel point de la France elles pourraient être mises à l'abri d'une arrestation, et, dans ce temps-là, chacun se le rappelle, une arrestation, c'était la mort.

Un ami de ma famille, M. Aimé de Chevrand, arrivé la veille à Paris, se trouvait par hasard dans le salon où étaient Mlles de Richelieu. Cet honorable et courageux Franc-Comtois, qui avait pour la royauté un amour fanatique, lequel avait failli, à plusieurs reprises déjà, lui coûter la vie, fut consulté sur ce point délicat. Il dit qu'il se chargeait volontiers de mettre Mlles de Richelieu en lieu sûr, et qu'il en répondait sur sa tête. Ces dames se confièrent à la loyauté de M. de Chevrand, et elles eurent raison. Elles quittèrent Paris le lendemain et se dirigèrent sur Besançon, où elles arrivèrent sans obstacles, munies d'une lettre de Chevrand pour ma grand'mère, avec laquelle il était lié depuis l'enfance d'une étroite amitié. Ces dames, bien entendu, avaient obtenu des passeports sous de faux noms et n'étaient suivies que d'un valet et d'une femme de chambre. On ne voit plus guère aujourd'hui de ces serviteurs dévoués et fidèles comme ceux dont nous parlons. Ceux de Mlles de Richelieu s'appelaient M^r et

Mme Laravine, ils étaient mariés et ils faisaient partie,
en quelque sorte, de la famille de ces dames; j'ai tant
entendu répéter ce nom, qu'après plus de quarante
ans je ne l'ai point encore oublié.

Ces deux braves gens étaient de ces domestiques de
race comme il y en avait encore alors; gens nés au
service d'une maison, et qui y mouraient, fiers de leur
livrée comme d'un blason; attachés à leurs maîtres
quand même, et qui préféraient, ainsi que cela s'est
vu pendant la première Révolution, les nourrir du
prix de leur travail, au crève-cœur de ne plus leur
appartenir. Ils étaient devenus les amis de leurs maîtresses, car, dans les malheurs de cette époque, c'était
la vieille fidélité qui supprimait les distances et les
titres entre maîtres et valets, et non point l'article
d'une loi ridicule. Les maîtres, disons-le aussi pour
être juste, prenaient dans ce temps plus d'intérêt à
leurs domestiques qu'on ne le fait de nos jours; ils
accouraient quand il y avait un malheur à réparer, ils
les soignaient dans leurs maladies et donnaient des
aises à leur vieillesse. Actuellement, si l'on a un serviteur d'une santé délicate et que son service en souf-
fre, on lui donne huit jours pour se pourvoir d'une
autre place. C'est le progrès.

La maison de ma grand'mère était fort modeste, et
la police la plus ombrageuse n'aurait jamais soup-
çonné que cet asile pût renfermer deux aristocrates
proscrites. Elles ne furent pas inquiétées un seul instant pendant les deux années qu'elles passèrent chez

mon aïeule. Le danger alors rapprochait les distances
et confondait les rangs.

Touchées des bontés, des attentions délicates que
l'on avait pour elles, ces dames s'habituèrent sans
peine à la vie uniforme, douce et calme de ce petit
intérieur qui ne se composait que de trois personnes,
la mère, la fille et le mari de celle-ci. Ma mère, Mar-
guerite-Sophie Duport des Herbeys, avait épousé, au
sortir d'un des meilleurs couvents de Dijon, Laurent
Marquiset, mon père, beau jeune homme de vingt-
quatre ans, fils d'un négociant estimé de Besançon, et
qui arrivait de l'armée. Mon père était renommé pour
sa jolie tournure, son physique plein de distinction et
l'éclat passager que jetaient sur lui sa campagne sur
le Rhin et sa blessure en firent, lorsqu'il fut de retour
dans sa ville natale, un des jeunes gens les plus re-
cherchés.

Heureuses de n'avoir plus de craintes pour leur vie,
Mlles de Richelieu se lièrent bien vite avec ma mère qui
était de leur âge (vingt-deux à vingt-trois ans). Celle-ci
avait de fines manières, une charmante figure, de la
grâce, beaucoup d'esprit naturel, et, sous ces divers rapports, allait parfaitement de pair avec ses nobles amies.

Je vins au monde plusieurs mois après l'arrivée de
Mlles de Richelieu, et la seconde, Mlle Armandine, dont
ma mère préférait la douceur angélique et les démonstrations aimantes au caractère décidé, malin de sa
sœur, voulut être ma marraine. Ces dames, qui ne ces-
saient de rêver le retour des Bourbons, répétaient

constamment à mes parents que si leur rêve se réalisait jamais, elles se chargeraient plus tard de me placer d'une manière convenable. Ah ! les promesses !

Mlles de Richelieu retournèrent à Paris lorsque Bonaparte eut rétabli la paix intérieure, et les lettres écrites à cette époque prouvent combien Mme de Montcalm en particulier avait de tendresse pour ma mère.

Pour prix de son dévouement à la royauté, M. de Chevrand fut nommé, au début de la Restauration, agent comptable du dépôt d'étalons établi à Besançon. C'était le seul but de ses modestes désirs, aussi Mme de Montcalm lui obtint facilement cet emploi. Ce bon fou, que j'ai encore connu dans toute la force de l'âge et dans toute la fougue de ses opinions, faisait enrager les patriotes pendant la Révolution ; il était de tous les clubs, y portait la parole, se moquait effrontément des idées en vogue et persiflait sans cesse et partout les partisans du nouveau régime, dont il était la bête noire.

Chevrand, c'était l'austérité même, sous l'indulgence, la naïveté des montagnards franc-comtois. Longtemps ballotté par les événements de la Révolution, émigré, jeté d'un bord à l'autre, il était comme ces rudes pierres de nos montagnes que les tempêtes ont roulées dans le torrent, que le torrent a limées et polies pendant des siècles, qui sont devenues luisantes et douces au toucher, mais qui n'en restent pas moins pierres sous la surface qui les adoucit.

Mêlé à des aventures et à des hommes divers, il

savait tout le siècle par cœur. Le côté plaisant et iro-
nique des choses lui apparaissait toujours avant tout,
il ne prenait au sérieux que Dieu et l'honneur. Tout
le reste était pour lui de la comédie humaine. Il se
moquait de la pièce, mais il avait pitié des acteurs.

Grâce au zèle qu'il montrait pour la prospérité de
l'industrie locale, grâce à ses rapports d'amitié avec
les hommes les plus instruits de notre province,
MM. Clément, devenu questeur de la Chambre, Joseph
Droz, de l'Académie française, J.-J. Ordinaire, de
l'Académie des sciences morales, Emmanuel Jobez,
député du Jura, grâce à son intimité avec M. Courvoisier, que son noble caractère et son beau talent
avaient rangé, dès les premiers jours de la Restauration, parmi les politiciens les plus influents, mon père
jouissait d'une juste considération à l'extérieur. Par
contre, à l'intérieur, il faisait à ses enfants plus peur
que le diable : d'un seul de ses regards impératifs, il
nous aurait fait passer par le trou de la serrure ou
rentrer en terre. L'influence de l'éducation influe puissamment sur tout le reste de notre vie.

Occupé d'affaires d'un grand intérêt et qui l'absor-
baient sans cesse, nous passions dans les arrange-
ments de sa vie après le travail et nous nous sommes
ressentis plus d'une fois de ce manque de soins.

Ma mère, d'une nature aimante, exceptionnelle, parfaite, tâchait, dans les circonstances délicates, de servir
de contrepoids à la sévérité paternelle, mais ce contre-

poids était parfois trop fort, trop brusque, et dépassait le but. Il en résultait un craquement général dans l'appareil, peu combiné d'ailleurs, de notre système d'éducation, et cela nous amenait des scènes fâcheuses dont la première victime était notre pauvre mère.

Préoccupé constamment de spéculations industrielles, abîmé dans les soucis qui en étaient la suite, mon père n'admettait jamais d'observations à aucun de ses ordres, et jamais non plus, soldats de compagnie de discipline n'ont été menés plus militairement, plus droit que nous.

Ma grand'mère maternelle avait été d'une beauté remarquable et mon grand-père, M. des Herbeys, capitaine d'artillerie avant 1793, appartenait à une ancienne famille noble du Dauphiné [1]. Ma grand'mère était royaliste à l'excès, quoique la Révolution ne lui eût enlevé ni château ni titres, mais elle souffrit comme tout le peuple de la rareté du pain et des excès commis. Je ne me la rappelle que comme une excellente femme, un peu vive, criant fort lorsqu'on ne lui obéissait pas, mais d'un très bon cœur et s'occupant de nous avec une tendresse qui ne s'est jamais démentie.

---

[1] La famille Duport des Herbeys, originaire de Savoie, s'est établie à la Mure en 1659 et s'est divisée en deux branches, l'une dite de Pontcharra, actuellement représentée par le marquis de Pontcharra, l'autre dite des Herbeys, à laquelle appartenait François des Herbeys, ancien capitaine d'artillerie, qui fit ouvrir en 1777, dans le bassin de Chauffayer (Hautes-Alpes), le canal d'arrosage qui porte son nom. — Au sujet des généalogies de cette famille, voir Guichenon et Rivoire de la Batie.

Le frère unique de ma grand'mère était M. Lefaivre, ancien fournisseur des fourrages de l'armée à Mézières. Né vers 1750, il avait de la fortune, l'élégance et la politesse d'un homme de l'ancien régime ; il portait d'habitude une culotte courte, d'étoffe claire, des bas de soie chinés, un gilet brodé à larges revers et sa tête était ensevelie sous un vaste chapeau à la française fort en usage encore à l'époque de ma jeunesse chez les gens de cet âge. Malgré l'outrage des ans et ses infirmités, mon grand-oncle avait conservé la passion des femmes et quelques actrices, plus intéressées que friandes, lui avaient mangé trois ou quatre cent mille francs qui eussent agréablement tinté dans la giberne de son fils. Celui-ci, Jean-Baptiste Lefaivre, a fait les campagnes de l'Empire à la Grande Armée de 1806 à 1814 et est devenu colonel dans l'arme du génie [1]. Son mariage fut assez singulier.

A son retour des pontons de Portsmouth où il avait été envoyé après la prise de Badajoz, mon oncle, jeune

[1] Lefaivre (Jean-Baptiste-Marie), né à Mézières en 1783, sortit de l'École polytechnique, fut nommé sous-lieutenant du génie en 1803, capitaine en 1809 et colonel en 1840. Il était commandeur de la Légion d'honneur et chevalier de Saint-Louis.

On lit dans les *Mémoires de Sainte-Hélène*, par le général Montholon, page 154 : «... l'Empereur ne comprend pas que l'armée anglaise « ait pu s'emparer de la citadelle de Badajoz, sans lâcheté ou trahison « de la part de l'officier chargé de la défense de ce poste ; car la ville « a fait une défense héroïque, et il se rappelle que les officiers du « génie Lamand et *Lefaivre* se sont signalés par leur sang-froid et « leur activité intelligente pendant l'assaut et pour la défense des « brèches que ce dernier avait hérissées de tous les obstacles ima- « ginables. »

encore, fut placé dans l'état-major du génie de la place
de Besançon. Il retrouva là un de ses anciens camarades d'école, le baron de Saint-Jacques, capitaine au
1er régiment d'artillerie légère. Les liens d'une vive
amitié se resserrèrent plus étroitement que jamais entre les deux jeunes gens; on les voyait presque toujours ensemble dans les mêmes promenades, dans les
mêmes maisons. La famille du notaire Chéry était une
de celles qu'ils fréquentaient le plus assidûment. Cette
famille se composait du père, de la mère qui était une
des plus belles femmes de la province à l'époque de
Robespierre, de deux filles, Adèle et Élise, et d'un fils
mort depuis. Mlles Chéry, dont la cadette rayonnait
alors d'une rare beauté, étaient reçues dans les salons
les plus distingués; liées d'une étroite amitié avec
Mlles de Bry, filles de notre préfet, elles étaient leurs
compagnes fidèles dans les sorties et les bals.

A force de mirer ses coquettes moustaches dans les
beaux yeux d'Élise, le baron de Saint-Jacques sentit
son sang fermenter dans ses veines et le mal d'amour
s'empara si bien de toute sa personne qu'il pria son
ami Lefaivre de demander, en son nom, la main de
Mlle Élise Chéry. A une proposition si brusque, Lefaivre s'écria : « Tu es fou !.... Élise est jolie comme
les trois Grâces, mais elle est enfant gâté et pourrait
bien avoir un caractère peu facile : de plus, elle n'a
pas un sou de dot et ton aisance ne te permet pas de
prendre une femme sans fortune. Bref, ton idée est
stupide. »

Franc et loyal, Lefaivre n'avait aucune arrière-pen-
sée. Son conseil était sage ; médiocre raison pour qu'il
fût suivi. Cependant M. de Saint-Jacques, après quelques réflexions, l'adopta et sur sa propre demande fut
envoyé en garnison à Toulouse. Sa passion pétilla
comme un feu de paille et s'éteignit aussitôt. Pendant
ce temps, Lefaivre perdit complètement la tête et malgré les justes observations faites jadis au baron de
Saint-Jacques et répétées à lui mot à mot par une voix
amie, il épousa Mlle Élise Chéry ! Aurait-il mieux fait
de changer de garnison ? Il peut seul répondre à cette
question indiscrète.

Quoique héroïque soldat consacré par l'Empereur,
quoique colonel, quoique commandeur de la Légion
d'honneur et chevalier de Saint-Louis, mon oncle eut
plus tard la ridicule fantaisie de vouloir ajouter à son
nom celui de *des Ayvelles* qui était le nom de sa mère ou
même de sa grand'mère. Lorsque j'étais au ministère
de l'intérieur, il vint un jour m'y demander quelles
étaient les démarches à faire pour parvenir à ce but.
Il était facile de voir que Lefaivre, dont les habitudes
simples, modestes et surtout le bon sens ont été de tout
temps appréciés, n'avait pu concevoir cette pensée de
son chef. — « Cette idée de changer de nom, lui dis-je
« de suite, ne vient pas de toi ; elle a pris naissance
« dans le cerveau fêlé de ton fils Victor, qui est plein
« de vanité puérile et n'aime que le clinquant. — Oui,
« en effet, me répondit mon oncle, Victor dit que tout
« le monde s'appelle *Lefaivre*, et avec un nom si mal

« sonnant, on n'entre pas résolument dans un salon.

« — Pauvre et futile raison, répliquai-je. Quoi ! quand
« des gens ne vous reçoivent que pour votre nom et
« non pour celui qui le porte, on ne met pas les pieds
« chez eux. C'est là de la fierté noble et bien enten-
« due. Et puis toi, qui t'es fait un nom honorable, glo-
« rieux, connu de toute l'armée, tu irais troquer ce
« nom contre un nom sans force, sans valeur et qui
« viendrait effacer tout ce qu'il y a dans ta vie de beau
« et de grand ? Quelle sottise ! »

Lefaivre ne me paraissant pas convaincu, je lui pro-
posai d'aller consulter notre vieil ami et compatriote,
le général de Préval, dans le jugement duquel il avait
une pleine confiance. Aussitôt dit, aussitôt fait. Arrivés chez le général, je lui expliquai sans préambule
l'objet de notre visite : « Quelle idée absurde vous avez
« là, mon cher Lefaivre, s'écria notre excellent com-
« patriote ; elle est trop en dehors de vous pour que
« vous l'ayez conçue ; elle vient nécessairement de vo-
« tre fils Victor, que je reconnais bien là. Envoyez-le-
« moi, je le confesserai et je vous le renverrai con-
« vaincu qu'il ne peut que perdre à changer de nom. »
Lefaivre parut décidé à en rester là de ses démarches,
mais depuis que j'ai quitté Paris, on m'a assuré qu'il
avait présenté une demande officielle afin d'obtenir et
qu'il avait obtenu, en effet, l'autorisation d'ajouter à
son nom celui de *des Ayvelles*. Je n'ai pas vérifié le
fait, mais je ne serais pas surpris qu'il fût exact, parce
qu'en général, plus une idée est saugrenue, plus vos

amis vous en montrent le côté ridicule, plus on y persiste.

Lefaivre avait une sœur qui épousa en premières
noces M. Musely, sous-lieutenant au 2e régiment suisse
de la garde royale et qui, d'un second mariage, eut une
fille, Idalie, idéale enfant dont les yeux profonds donnaient le vertige. Elle se maria en 1840 avec M. de
Courteil, lieutenant d'infanterie. Je voyais beaucoup à
Paris ce charmant ménage, mais depuis 1845, je n'ai
jamais plus rencontré ma cousine de Courteil. Ainsi
va la vie.

Grâce à l'air du pays natal, ma taille augmentait
chaque jour, mais mon accent comtois en faisait autant,
et mon père effaré m'envoya passer un an dans une
école de Troyes, espérant que la société des jeunes
Champenois me ferait perdre jusqu'à la dernière trace
de ce terrible accent. Pendant ce temps, mes deux frères, Achille et Alphonse, partaient pour un pensionnat de Colmar dans le but d'apprendre l'allemand. Le
résultat de ce double déplacement a été médiocre, car
mes frères parlent fort ordinairement l'allemand et je
n'ai jamais pu perdre tout à fait notre national roulement des r.

Après avoir quitté Troyes, j'entrai, au commencement de l'année scolaire de 1809, au lycée de Besançon,
où mes deux frères ne me rejoignirent que deux ans
plus tard et où mon troisième frère, Alfred, n'entra
qu'en 1815. L'esprit qui y régnait nous faisait détester

l'horrible régime disparu ; d'ailleurs, tous les membres de ma famille, composée d'honnêtes gens, semblaient regretter les Bourbons ; ma mère surtout ne nous entretenait que de traditions de respect et d'amour pour les *pauvres exilés*, dont, au dehors, nous n'entendions jamais parler. D'autre part, on nous inspirait un profond dégoût pour les hommes de la Révolution et les orgies sanglantes de la Terreur. Malgré cette éducation royaliste, nous partagions l'enthousiasme guerrier de nos camarades du lycée ; nous étions éveillés chaque matin au bruit du tambour, les heures se partageaient entre Quinte-Curce, Cicéron, Virgile et l'école de peloton, les études classiques et le maniement d'armes. L'Empereur voulait faire de chaque collège une pépinière de soldats et il y avait réussi.

On nous lisait les bulletins de la Grande Armée arrivés de la veille, et souvent cette lecture se faisait en présence du général Marulaz qui était accompagné de tout l'état-major de la place, dont les élégants uniformes tournaient les têtes et faisaient étinceler nos yeux. On rêvait déjà les joies du champ de bataille, les épaulettes de général, et ma flamme patriotique était entretenue par les nouvelles que nous recevions parfois de mes sept cousins Marquiset, tous braves soldats qui suivaient les aigles impériales à travers l'Europe [1].

---

[1] Marquiset (Bonaventure), capitaine au 14ᵉ d'infanterie légère, mort en captivité de la peste à Carthagène ;

Marquiset (Lazare), capitaine au 119ᵉ d'infanterie de ligne, était alors en Espagne ;

Je me rappelle encore avec quel chagrin je me vis trop jeune d'une année pour endosser le brillant dolman des gardes d'honneur, monter à cheval et partir avec mes aînés que je croyais bien heureux d'aller se faire estropier ou tuer dans les plaines de Lutzen ou de Bautzen. J'étais pourtant d'une nature calme, sans passion, mais il était impossible de résister à cet enivrement, à cette fièvre de gloire militaire qui s'emparait alors de toute la jeunesse des lycées, et quand je vis mes camarades Fleurus de Bry, Grosbort, Alexandre de Boulot, Gros, Véjus, Quirot et tant d'autres passer leur revue de départ, les larmes me vinrent aux yeux et je m'écriai : « Qu'on me laisse donc les suivre ! »

Ces souvenirs d'enfance, ces souvenirs du lycée ne me reviennent jamais à l'esprit que frais et couleur de rose. J'en appelle à mes compagnons habituels : Pourcy, les deux Thorigny, dont l'aîné est mort lieutenant-colonel du 4ᵉ régiment de chasseurs à cheval ; Paul Dormoy, aujourd'hui général de brigade ; Xavier Huvelin et ses frères ; Malterre cadet, ancien officier

Marquiset (Claude-Joseph), lieutenant au 119ᵉ d'infanterie de ligne, en Espagne ;

Marquiset (Jean-Baptiste-Lazare), lieutenant porte-aigle au 108ᵉ d'infanterie de ligne, en Italie :

Marquiset (Joseph), sous-lieutenant au 64ᵉ d'infanterie de ligne, en Espagne :

Marquiset (Claude-Antoine), sergent aux grenadiers à pied de la vieille garde, retraité pour infirmités contractées pendant la campagne de Pologne :

Marquiset (Pierre-Bonaventure), sergent au 34ᵉ d'infanterie de ligne, blessé grièvement à Saalfeld et retraité.

d'infanterie légère, décoré, aujourd'hui capitaine des
sapeurs-pompiers de Vesoul ; Henri de Conflans[1], tué
accidentellement à la chasse par son garde ; les trois
Anthony, dont l'un a péri lors de la retraite de Russie ;
les Louvot, les Marquis, que depuis 1814 on appela de
Tallenay, de Saint-Maurice-Lavernette, les deux de
Bry, dont l'aîné, Fleurus, est mort sous-préfet de
Péronne, et dont le cadet, Fortuné, est en ce moment
préfet de la Côte-d'Or ; Francis Conscience, Hippolyte
de Taxenne, d'Oussières, les deux Grusse, de Talbert,
Bizot, général du génie devant Sébastopol ; de Vercia,
Fuschambert, Albert de Ferrier, les deux Gaume, les
deux Pécot, dont l'aîné, Aristide, a péri à la retraite

(1) Le père de Henri était fils d'un petit bourgeois-cultivateur, du village de Conflans ; la fortune de sa famille lui permit de l'envoyer étudier la médecine à Montpellier, d'où il revint licencié, c'est-à-dire docteur ; il s'établit alors dans sa commune natale, et y exerça son art,
pendant quelques années. A la création des justices de paix, au moment de la Révolution, M. Henri, père de mon camarade de lycée, fut
élu à cet emploi pour le canton de Conflans, et à la réorganisation des
justices de paix sous le Consulat, en l'an XII, il fut conservé et
nommé juge de paix pour le canton de Saint-Loup, canton embras-
sant dans sa juridiction les justices de paix de Conflans et de Fouge-
rolles qui, précédemment, comptaient chacune un titulaire particulier.

On peut conclure de ça que M. Henri était un homme estimable,
qui jouissait de l'estime, de l'affection de ses concitoyens, et de la confiance du gouvernement.

M. Henri avait épousé une demoiselle Poncelin de Raucourt, dont
le père ou le grand-père (d'après les révélations de M. de Magnon-
court, père de l'ancien pair de France, dans ses procès contre cette
famille) aurait débuté par être pâtre au village de Pissencourt, puis
la fortune arrivée, on ne sait trop comment, il aurait acheté des pro-
priétés à Raucourt, dont il aurait plus tard usurpé le nom seigneurial,
que ses successeurs ont dès lors conservé, par suite sans doute de cet
adage, que ce qui est bon à prendre est bon à garder. (Note de l'auteur.)

de Moscou, et le second, Auguste, est mort à Besançon, laissant la réputation justement établie d'un excellent médecin et d'un très habile opérateur; Étienne
Larchey, qui, après être sorti de Saint-Cyr dans l'artillerie, a été pendant la guerre d'Orient commandant
militaire de Constantinople et vient de rentrer en
France avec le grade de général de division, etc., etc.

Chaque fois que nous nous retrouvons dans le
monde où nos carrières diverses nous ont dispersés,
nous ne parlons jamais qu'avec une douce émotion de
nos années de collège, nous aimons surtout à nous remettre en mémoire les détails de ces goûters champêtres que nous faisions sur la lisière d'un bois, dans
nos longues promenades du dimanche ou du jeudi.
Deux cantinières, la mère et la fille, désignées *ad hoc*,
suivaient les élèves ou se rendaient directement au
lieu de notre halte qui leur était désigné d'avance par
notre commandant; chacune d'elles portait sur la tête
un panier qui contenait du jambon, du saucisson, de
l'huile et du vinaigre, du vin, de la bière et enfin de la
pâtisserie de toute sorte. Les élèves qui avaient de
l'argent se divisaient par groupes, invitaient ceux de
leurs camarades qui n'en avaient pas, et la gaieté la
plus vive présidait à ces repas d'une fraternité qui,
certes, n'était pas menteuse. Une salade de pissenlits,
je ne me rappelle pas le nom propre ou plutôt le nom
technique de cette plante, était ordinairement notre
plat de prédilection, car c'est nous qui en avions fait
la récolte et qui les avions apprêtés et lavés.

C'est alors qu'on partageait franchement avec ceux
qui étaient moins heureux, ou, pour mieux dire, qui
n'étaient pas assez heureux pour faire comme nous et
qui n'avaient pas la possibilité d'offrir aux autres.
Quel plus grand bonheur au monde que de donner?
Mais, plus tard, la civilisation et une politique cafarde
aidant, on perd sa bonne nature, on devient comédien
à son tour, et si l'on partage quelque chose dans l'âge
mûr, c'est à la condition que la plus grosse part du
gâteau reviendra à l'auteur de la proposition de partage. J'ai vu beaucoup de ces misérables et heureux
comédiens sur les tréteaux des champs de foire du
monde, mais leur succès ne m'a pas gâté le cœur et ne
m'a pas fait devenir comédien moi-même. Aussi n'ai-
je pas fourni une carrière brillante. O charlatanisme,
tu seras donc de tous les temps!

CHAPITRE II

Combien d'excellents camarades, de nobles cœurs
ont succombé au début de leur carrière, en entrant
dans le chemin de la vie, qu'ils croyaient être celui de
la gloire !

Un beau jeune homme, d'une famille distinguée de
notre magistrature, Félix Briot, était première flûte
dans la musique du lycée de Besançon ; c'est moi qui
le remplaçai lorsqu'il partit pour l'école de cavalerie de
Fontainebleau. En passant un jour en revue ceux de
nos camarades que la mort a ravis depuis notre sortie
du lycée jusqu'à ce jour, Auguste Seguin me dit, lorsque j'eus prononcé le nom de Briot : « C'est moi qui,
« le dernier, ai serré la main de cet excellent ami le
« 18 juin, à Waterloo. Vers trois heures de l'après-midi,
« je venais de prendre position avec mon régiment, le
« 2ᵉ cuirassiers, quand je vis arriver au grand trot,
« derrière le général Colbert, les lanciers rouges de la

« garde impériale qui allaient entrer en ligne. Je me
« mis à la droite de mon régiment, et, à chaque esca-
« dron de lanciers qui passait, je criais : « Briot!
« Briot!.... » — Briot, qui était lieutenant dans ce beau
« corps, avait pris de son côté la gauche de mon régi-
« ment dont il parcourait le front en criant à son
« tour : « Seguin! Seguin !.... » Il avait eu, comme on
« le voit, la même pensée que moi. Arrivé à l'extré-
« mité de notre ligne de cuirassiers, il me trouve oc-
« cupé à le demander à plusieurs de ses camarades.
« Après avoir échangé rapidement quelques mots sur
« notre pays, nos parents et nos amis, Briot me serra
« la main avec émotion en me disant : *Adieu, mon*
« *ami, ceux qui vivront ce soir seront bien heureux!*
« puis il rejoignit sa troupe qui reçut presque au même
« moment l'ordre de charger sur des carrés de régi-
« ments écossais. Dans cette première charge, Briot
« fut mortellement atteint. » Seguin, qui m'a raconté
cette fin malheureuse d'un de nos meilleurs camarades,
a été lui-même grièvement blessé peu d'heures après la
mort de Briot. Une balle, qui lui a traversé le pied
d'outre en outre un peu au-dessous de la cheville, l'a
fait marcher aux crosses pendant plus de six mois;
sa blessure se rouvre encore de temps à autre après
quarante années, et le fera souffrir jusqu'à la fin de
sa vie.

J'avais encore pour collègues dans la musique du
lycée mon ami Villequez, en ce moment maire de
Bucey-lez-Gy et père d'un fils unique, Ferdinand, l'un

des professeurs les plus savants, les plus estimés et les plus aimés de la Faculté de droit de Dijon, à un âge où, d'ordinaire, on est encore sur les bancs de l'école; Pourcy, que sa fortune et ses goûts ont tourné vers la culture de ses terres et l'embellissement de ses jardins de Lusan, et Xavier Huvelin, ancien brigadier des gardes du corps, chef d'escadron en retraite, à Jussey, étaient premières clarinettes; Marcel Pourcelot, chef de bataillon en retraite, vigoureux jeune homme de dix-huit ans, était grosse caisse, il pouvait, sans en être fatigué, porter ce formidable instrument pendant un long défilé ou pendant une interminable procession. Notre musique, si l'on s'en rapporte à ce qui se disait alors, n'était pas mauvaise : mais il y a si longtemps que je ne joue plus de la flûte, que, pour être vrai, je ne me rappelle pas trop ce qu'elle était. Ce que je me rappelle beaucoup mieux, c'est que chaque fois que nous embellissions une cérémonie quelconque, cela nous valait toujours de jolis déjeuners ou de plantureux goûters, auxquels nous ne manquions jamais, bien entendu, de faire le plus éclatant honneur.

Oh ! quels bons appétits nous avions alors. Quand je me reporte à ces douces heures de bombance, l'eau m'en vient encore à la bouche, mais si les morceaux succulents que nous dévorions alors nous étaient aujourd'hui présentés, je n'aurais plus de dents pour les croquer. Qu'il est pénible de vieillir !

De tous les fonctionnaires qui nous régalaient, c'était

chez Mgr Claude Lecoz [1], notre archevêque, que nous aimions le mieux aller. Quel charmant coup d'œil présentait la vaste table autour de laquelle nous prenions place. On y voyait rangés avec art de magnifiques jambons, perdus dans des monceaux de gelée transparente, de formidables volailles bourrées d'une farce délicate et marbrées par les truffes, des saucissons de toutes les tailles pour tous les goûts ; des langues fourrées d'une chaude couleur garance, et des pyramides de gâteaux divers, sortant des laboratoires si célèbres des Valet et des Voituret.

Nous nous versions encore, dans de grands verres, du vin que nous trouvions fameux. et qui ne nous épargnait pas. C'était à l'archevêché seulement qu'on nous servait du vin de Champagne dans des flûtes, plus agréables cent fois que les nôtres : nous en buvions beaucoup. et cela nous mettait bien vite au cerveau une gaieté bruyante. Ah! monseigneur Claude Lecoz, si vous avez donné la nourriture de l'âme à un grand nombre d'entre nous, vous avez, en même temps, donné la nourriture du corps, et une excellente nourriture encore, aux élèves faisant partie de la musique, et qui, dans cet âge de déraison, était de beaucoup préférée à l'autre.

(1) Lecoz (Claude, comte), né à Plonevez-Porzay (Finistère), le 22 décembre 1740, mort à Villevieux (Jura), le 3 mai 1815. Professeur et directeur du collège des Jésuites de Quimper, fut élu en 1791 évêque constitutionnel d'Ille-et-Vilaine, puis député à la Législative. On l'emprisonna au Mont-Saint-Michel comme suspect jusqu'au 9 thermidor, et en l'an X, il fut appelé à l'archevêché de Besançon. Le préfet bonapartiste de Bry disait de lui : « C'est un saint! » et le comte de Scey, préfet royaliste : « C'est un préfet de police sous le nom d'évêque ! »

Retournons à mes biographies classiques.

Un franc et loyal camarade, Georges Authony, auquel on avait donné le sobriquet de *cheval*, je ne sais plus pourquoi, était entré, comme sergent, en 1811, dans un régiment d'infanterie légère, composé de Piémontais, et qui s'était organisé à Besançon. Georges a péri misérablement avec une foule de nos soldats, dans un hôpital incendié, lors de la retraite de Moscou ; il avait été blessé grièvement à Smolensk. Ses deux frères, Joseph et Félix, sont morts à un âge peu avancé : c'étaient de mes meilleurs camarades, dont mon mariage m'avait fait devenir le cousin. Joseph était un homme de bien, un parfait citoyen, dans toute la bonne acception de ce mot. Il était extrêmement considéré et aimé en Bourgogne, où il faisait valoir les forges de Lycée. Sa mort a été regardée par les populations comme une calamité publique. Il avait épousé sa cousine germaine, Césarine Henry de Marcilly, dont il n'a eu que des filles.

Son frère Félix, qui, comme lieutenant, servit longtemps dans les dragons, et quitta le service pour devenir l'associé de Joseph, avait un grand sens, de l'esprit d'ordre et de l'intelligence, mais il était d'une nature abrupte, à laquelle le frottement du monde n'avait pas enlevé toutes ses aspérités. Au lycée, il n'avait d'autre langage avec ses camarades que les coups de poing ou les coups d'épaule, et les nouveaux élèves croyaient que c'était sa seule manière de s'exprimer. Félix avait épousé en premières noces sa cousine germaine, veuve du pauvre Henri de Conflans ; elle mourut au bout de six mois de mariage.

Notre camarade d'enfance, Francis Conscience, prenait ses leçons de dessin en même temps que nous chez un vieux professeur, qu'on appelait le père Jourdain. C'était un petit vieillard propret qui, malgré la proclamation de la République, du Consulat et de l'Empire, n'avait pas cessé, par les idées et le costume, d'appartenir à l'ancien régime ; il maniait le pinceau avec une certaine habileté, mais ignorait jusqu'aux plus simples ressources de son art. Il fit sous nos yeux un tableau dans lequel Archimède était représenté dessinant le plan d'une machine sur une belle table Louis XV, à l'aide d'un portecrayon en or et d'un élégant compas de Paris ! « Si David voyait cette œuvre, « disait-il en se pâmant, il la trouverait superbe ! » et il y avait quelque chose de vrai dans cette exclamation enthousiaste. David vint visiter Besançon en 1814 et, comme il se promenait un jour dans la rue Battant, il s'arrêta tout à coup devant l'enseigne de l'hôtel Saint-Pierre : « Voilà, dit-il, à la grande surprise de ceux « qui l'accompagnaient, voilà ce que vous avez de plus « beau à Besançon. De qui est cette peinture ? » Elle était du père Jourdain.

Conscience, connu comme artiste sous le nom de *Francis*, devint plus tard un peintre de talent ; il était né avec le génie de la peinture. Doué d'une extrême facilité de conception et d'une étonnante prestesse de main, dès que l'arrangement d'un sujet quelconque était formé dans son cerveau, il le jetait sur la toile aussitôt : je l'ai vu, pendant un déjeuner chez lui à Paris, quitter trois ou quatre fois la table et ne revenir à sa place que lorsque le tableau nous devenait compréhensible et lorsqu'on pouvait en juger l'effet. Sa main était aussi habile que sa pensée, qu'elle servait merveilleusement ; il avait, de plus, de l'esprit comptant et un talent d'imitation des plus originaux, dont il donna maintes preuves au lycée en saisissant avec une rare finesse les travers, les ridicules de ses professeurs et de ses camarades.

Admirateur fanatique de Géricault, il avait un goût prononcé pour les chevaux, et les jours de sortie il ne connaissait pas de plus grand plaisir que de se promener dans les écuries des gendarmes et d'y dessiner leurs montures dans toutes les attitudes ; à Paris, il assistait exactement aux exercices de Franconi et connaissait les plus belles écuries des hôtels du faubourg Saint-Germain, de la Chaussée d'Antin et du faubourg Saint-Honoré. Tout en prenant des croquis dans les haras, aux courses du Champ de Mars, dans les riches écuries du banquier Hoppe, etc., Conscience travaillait avec J. Gigoux, qui alors, quoique très jeune, était déjà loin d'être un maître vulgaire.

Nous avons, Conscience et moi, suivi toutes nos classes côte à côte, nous étions sur le même banc, en troisième, avec un professeur, méridional pur sang, M. Fontanier, dont le fils, homme d'esprit et de mérite, a marqué dans quelques missions diplomatiques un peu

aventureuses. Ce M. Fontanier qui, à un *assent* de
terroir des plus prononcés, joignait une figure de blai-
reau guettant sa pâture, avait été, de la part de Conscience, l'objet d'une charge fort bouffonne. Le malin
élève qui, de mémoire, reproduisait cette charge avec
une facilité inouïe, la dessinait partout, tantôt au
crayon noir, tantôt au crayon blanc, tantôt au crayon
rouge, selon la couleur du fond qu'il rencontrait; on
voyait notre professeur dans toutes les rues, sur les
portes des commodités, sur celles des maisons closes
et jusque sur celles de la ville!

Le père Fontanier se plaignit souvent, en classe, de
cet abus du talent du peintre imberbe qui répondait
toujours : « M'sieu, ça n'est pas moi! » jusqu'au jour
où il fut pris par sa victime au moment où il crayon-
nait l'éternelle charge sur une des portes de l'hôtel de
ville. Pour se venger, Conscience dessina M. Fontanier, dansant comme un perdu, la toque sur l'oreille,
les plis de sa robe abandonnés au vent, en face d'un
essaim de jeunes personnes aux costumes des moins
décents. Ces figurines, d'un pied de hauteur, furent
découpées et suspendues à de longs fils qu'on accrocha
à la voûte de notre salle d'étude. M. Fontanier faillit
en avoir une attaque.

Un autre jour, c'était un dimanche, Conscience, au
lieu d'aller en promenade avec ses camarades, se fau-
fila dans la classe, planta des petits clous en ligne
dans l'épaisseur de la planche sur laquelle nos pieds
reposaient et enlaça à ces clous une corde de piano

d'un ton aigu qu'il tendit de son mieux. Cette opération terminée, il arma la pointe de son soulier d'un court éperon de plume qu'il avait assujetti dans sa semelle, puis lorsqu'en classe, le lendemain matin, on écoutait une leçon pleine d'intérêt, Conscience attaqua tout à coup la guitare mystérieuse avec son éperon. Arrêté net dans son éloquence, le professeur descendit de sa chaire, fit le tour du banc, ôta et remit vingt fois ses lunettes, mais ne vit rien. Pendant cette inspection de détail, la musique lui donnait de temps à autre une aubade d'honneur et le malheureux y perdit son grec et son latin. Cette plaisanterie dura plusieurs jours, au bout desquels le musicien anonyme fit disparaître son instrument, mais pour prolonger le trouble, il avait allongé démesurément son éperon, et dès qu'il avançait son pied en l'agitant d'une certaine façon, la vue de ce cure-dent pédestre, en nous rappelant la guitare, provoquait chez nous tous un accès de gaieté presque nerveux et qui paraissait d'autant plus extraordinaire à M. Fontanier qu'il ne pouvait ni en voir ni en deviner la cause.

D'un tempérament sec, nerveux, impressionnable, Conscience fit au temps de sa jeunesse plusieurs graves maladies que l'on crut mortelles; il avait affaibli sa santé robuste par l'abus excessif des liqueurs fortes [1].

(1) M. Marquiset père, son ancien camarade de collège, lui demandant une fois pourquoi il ne lui faisait que de rares visites, Francis lui répondit, après avoir compté sur ses doigts : « C'est que tu demeures à dix-sept petits verres ! » (Jean Gigoux, *Causeries sur les artistes de mon temps*, page 220.)

et aussi pour ne s'être pas toujours contenté de dessiner ses modèles.

Après avoir peint pendant une quinzaine d'années à
Paris, où, avec plus de régularité et de persévérance,
il aurait pu acquérir un talent de premier ordre et faire
une fortune indépendante, il finit par y traîner une vie
misérable ; sans le sou, mourant presque de faim, il vint
prendre gîte, on n'a jamais trop su pourquoi ni comment,
dans une maison mal famée de Luxeuil, où, n'étant plus
retenu par les remontrances de ses amis, il s'abandonna
crapuleusement à tous les penchants les plus honteux.
On le voyait parcourir, en plein jour, les rues de la ville,
une bouteille d'eau-de-vie à chaque main, et boire jusqu'au point de tomber sans pouvoir se relever. Sa santé
déjà profondément atteinte ne résista pas longtemps
à de pareils excès ; il mourut d'une maladie inflamma-
toire, brûlé, corrodé par l'alcool, vers la fin de 1836.

Hippolyte de Taxenne appartenait à une famille
noble de notre province, qui comptait quelques illustrations parmi ses ancêtres ; il entra aux gardes du
corps en 1814. Atteint d'une maladie de poitrine dont
il avait pris le germe dans le sein de sa mère qui
avait succombé jeune encore à ce mal cruel, Taxenne
fut obligé de quitter le service et de regagner le château de son père, où il mourut lentement, douloureusement, en 1818 ou 1819. Il faisait partie de notre cer-
cle ; nous avions l'un pour l'autre une amitié qui datait
de notre enfance, et sa mort m'a fort affligé. Je mettrai
ici une anecdote qui le concerne.

Il y avait au théâtre de Versailles, en 1816 et 1817, une jolie petite actrice qu'on désignait sur l'affiche sous le nom d'*Élisa*; elle avait le teint de la nuance d'un pruneau, étant venue au monde, *quand le charbon de terre était en fleur*. Malgré son teint bistré, Élisa avait des yeux étincelants comme ceux d'une Napolitaine, une très jolie voix qu'elle conduisait à merveille, une charmante tournure, de l'élégance, de la distinction sur la scène et en ville. Toutes ces qualités la faisaient aimer et applaudir. Élisa n'avait aucune espèce de considération pour le bourgeois; elle était vouée, corps et âme, aux gardes du corps; ce n'était pas pour les hommes, bien qu'elle en fît cas, et qu'elle les appréciât, mais pour leur uniforme, qu'elle avait une passion de bacchante affolée. Un uniforme de garde du corps, à quelque compagnie qu'il appartînt, pouvait se présenter chez elle à toute heure du jour et de la nuit, et, à moins que la place ne fût prise, ce qui arrivait souvent, celui qui portait cet habit orné d'aiguillettes pouvait s'établir chez elle comme chez lui.

Quelques gardes, très jeunes et très étourdis, eurent la sottise de se prendre de querelle au sujet des nombreux accrocs que cette gentille comédienne faisait à ses contrats, tout passagers qu'ils fussent, car elle n'était fidèle qu'à l'infidélité. Il s'ensuivit plusieurs coups d'épée qui ne causèrent heureusement que de légères égratignures aux plus maladroits. Mais ces duels eurent du retentissement et mirent l'héroïne plus à la mode. Les *lionnes* allaient au théâtre dans le seul

but d'y voir ce petit pruneau écorché qui savait ins-
pirer tant de passion, tant de courage, tandis qu'elles,
ces pauvres lionnes, avec leur splendide beauté, leurs
brillants attraits, leurs grâces, leurs talents, ne
voyaient pas un seul chevalier mettre la lance au poing
pour se disputer leurs charmes.

Hippolyte de Taxenne se prit à son tour à aimer la
gentille Élisa, mais c'était d'un amour naïf, presque
tout neuf, par conséquent très exigeant et très chatouilleux. Une fois en pied, il avait déclaré qu'il ne
souffrirait point de partage, et il crut qu'il garderait
longtemps sans trouble sa position. Cette confiance
lui venait de la tendresse, de la ferveur, de l'énergie
de son amour. Il eut beau se plier aux caprices de sa
séduisante maîtresse, il fut supplanté en un peu plus
de jours, mais avec autant de légèreté que ses prédé-
cesseurs.

En apprenant ce qu'il appelait une trahison, il entra
dans un véritable accès de fureur qu'il contraignit
pendant la durée du spectacle où il était venu, après
avoir acquis la preuve certaine de son malheur. Mais
le soir, en sortant du théâtre, il ne se mit pas de plan-
ton à la porte, comme il avait l'habitude de le faire,
pour offrir son bras à l'infidèle actrice; il alla l'attendre sur le boulevard de la Reine, à l'extrémité
duquel elle demeurait. et, lorsqu'elle passa à bonne
portée de lui, il lui administra une telle volée de coups
de cravache que la pauvre fille fut obligée d'appeler
au secours. Les passants et les voisins accoururent à

ses cris; on la trouva meurtrie et sanglante, et on la reconduisit chez elle, où elle demeura plus de huit jours sans pouvoir reparaître sur la scène. La correction, toute méritée qu'elle était, avait été trop sévère, et indigne, d'ailleurs. d'un aussi galant homme que Taxenne, qui avait dû boire quelques verres de champagne pour se porter à cet excès, si en dehors de ses mœurs douces et de sa nature parfaite.

L'affaire fit du bruit; les partis s'en emparèrent. On n'y aurait pas donné la moindre attention si elle eût été le fait d'un sous-officier d'infanterie ou de cavalerie, mais il s'agissait d'un garde du corps, il fallait hurler. Dans certain quartier de Versailles, on cria au guet-apens; dans un autre : « Voilà bien du tapage pour une petite catin qui n'a que ce qu'elle mérite. »

Taxenne ne se repentit pas d'avoir cravaché son infidèle, mais il pleura son amour trop tôt envolé, et resta pendant plusieurs mois sous une impression de mélancolie qui alarma ses amis. D'une douceur presque angélique, d'un caractère affable. il m'a été imposs sible d'expliquer autrement que par une passion sincère et violente le mouvement de colère de ce vieux camarade. de ce bon ami.

Hippolyte de Taxenne, dont je parle, était le dernier rejeton de M. Tricalet. seigneur de Taxenne, famille honorable qui a produit un écrivain ascétique très distingué. l'abbé Pierre-Joseph Tricalet. directeur de Saint-Nicolas du Chardonnet. confesseur de la duchesse d'Orléans. et en quelque sorte l'ami de Louid'Orléans, son époux. (Voir le t. II, p. 135, de ma *Statistique de Dole*.) La mère d'Hippolyte était atteinte d'une maladie de poitrine lorsqu'elle le mit au monde, et le fils, malgré une bonne constitution apparente, avait toujours été délicat et maladif. Sérieusement atteint du même mal que sa mère, mal que la vie militaire avait contribué à développer rapidement, Hippolyte, obligé de quitter le service, se retira chez son père, au château de Taxenne, où il mourut, à peine âgé de vingt-cinq ans. Il fut regretté et pleuré de tous ses camarades.

Aristide Pécot, parti à dix-sept ans, comme chirurgien sous-aide dans un régiment de cavalerie, a succombé au passage de la Bérézina, et son frère Auguste est mort dans la force de l'âge et dans la plénitude de son talent, d'une maladie longue et douloureuse. C'était un des meilleurs médecins et un des opérateurs les plus habiles de la ville de Besançon. On a toujours cru qu'il s'était empoisonné en embaumant le corps d'une nièce de M. le cardinal de Rohan, Mlle de Montalembert, qui était morte à dix-sept ans, à Besançon, en revenant d'Italie. où elle avait été conduite pour y raffermir. pendant l'hiver. sa santé compromise par une maladie de poitrine.

Henri de Conflans. après avoir servi dans les gardes d'honneur, puis comme lieutenant au 2$^\text{e}$ régiment de grenadiers à cheval de la garde royale. a donné sa démission en 1818, pour se marier et se retirer paisiblement dans sa famille à Conflans. Un jour qu'il était à la chasse, il appela son garde afin de lui montrer le pas d'un lièvre qui venait de traverser le chemin, et pour mieux en reconnaître l'empreinte il s'était accroupi; à son appel, le garde accourut, et se baissa si brusquement que les deux coups de son fusil partirent à la fois, et toute la charge pénétra dans le ventre de son maître, un peu au-dessous du nombril. Porté chez lui mourant, il succomba douze heures après ce coup fatal, malgré les soins empressés et intelligents de deux chirurgiens habiles.

Henri était une excellente nature, un cœur d'or, un homme d'esprit, et sa mort subite a laissé un long deuil dans toute sa famille, et dans la population entière. Nous ne nous étions presque pas perdus de vue, lui et moi, depuis le lycée; et, quand nous nous retrouvâmes ensemble à Versailles, lui aux grenadiers, moi à la préfecture, notre intimité devint de plus en plus vive. C'était un fort bel homme, d'une physionomie charmante, mais il était devenu un peu trop gros, ce qui le gênait dans sa marche et ne le rendait pas élégant. Il aimait beaucoup le plaisir et les femmes. Quelquefois, après un déjeuner de garçon, Henri était un peu mauvaise tête et mauvais coucheur, mais ça lui passait vite: brave d'ailleurs et d'une grande adresse l'épée à la main, il portait partout les qualités précieuses qui accompagnent ce défaut.

Bon ami, humain pour tous, sa bourse était ouverte à ses camarades, et il avait toujours au fond de sa poche des pièces de monnaie pour les malheureux.

Nous allions presque toujours ensemble à Paris, et nous prenions un *coucou* pour nous seuls. Les célérifères, les gondoles, et surtout les chemins de fer, n'étaient pas encore inventés.

Un jour que nous cheminions ensemble vers la grande ville, dans notre modeste équipage, une bonne paysanne, d'une quarantaine d'années, bien vive, bien soignée, bien accorte, demande à notre cocher, au moment où nous passions devant la manufacture de Sèvres, s'il veut la laisser monter en *lapin*, qu'elle est bien pressée d'arriver à Paris où elle est attendue depuis le matin par ses enfants. « Notre bourgeoise, lui « répondit le cocher, ma voiture est à ces messieurs, « je ne puis pas. » Alors Henri, qui, comme moi, était toujours disposé à être agréable, même à ceux qu'il ne connaissait pas, lui dit : « Montez, ma bonne femme, « nous vous mènerons lestement, et ça ne vous coûtera « rien. »

Elle ne se le fit pas dire deux fois, grimpa sans plus de façon sur le marchepied, avec toute la prestesse d'une jeune fille, et s'assit à côté de notre conducteur, puis se retournant vers nous : « Messieurs, nous dit « elle, que vous êtes donc bons ! Si vous saviez quel « important service vous me rendez ! Je suis marraine, « ce matin même, de mon premier petit-fils, et je suis « en retard de plus de deux heures, ma pauvre fille « doit être bien inquiète ! De plus, j'emporte un beau « jambon et des saucisses pour le dîner du baptême, et « il va m'être bien dur de payer, tout à l'heure, trois

« ou quatre francs à la barrière, pour l'entrée de ces
« petites provisions, car ces quatre francs seraient si
« bien employés en acquisition de quelques bouteilles
« de bon vin !

— « Ma bonne femme, lui répondit mon voisin,
« mettez votre jambon sous votre cotte, et donnez-moi
« vos saucisses ; vous ne paierez rien si vous vous tai-
« sez, je me charge du reste. » Cette excellente mère
de famille, après avoir un moment hésité, se décida
pourtant à suivre ce conseil. Arrivés devant le bureau
de l'octroi, le commis de service nous demanda si nous
avions quelque chose à déclarer. « Non, répondit
« Henri, nous n'avons rien, absolument rien ; mais
« madame que voilà cache sous sa robe un jambon
« énorme ! — Monsieur, reprit l'employé, avec un
« peu d'humeur, parce que vous êtes officier de la
« garde, ce n'est pas une raison pour vous moquer des
« gens du Roi. Allez !.... »

Et nous passâmes sans autre encombre. Si ce commis avait eu l'habitude de son métier, il aurait vu à la
pâleur subite et à l'extrême agitation de notre lapine,
qu'il y avait quelque anguille sous roche. La pauvre
femme, bien vite remise de sa frayeur, de son émotion,
et heureuse surtout d'avoir gagné ses quatre francs à
l'aide de la plaisanterie qu'elle trouva meilleure en
dedans qu'en dehors de la barrière, nous remercia de
son mieux et nous fit encore une révérence respec-
tueuse, lorsqu'elle eut mis pied à terre, en nous disant:
« Mon Dieu ! que les gens de la ville ont donc d'es-

prit ! » Cette brave paysanne n'était pas difficile.

Une autre fois, dans une semblable occasion, toujours en duo. Henri apportait à Paris, dans un élégant panier d'osier, un magnifique angora, destiné à sa maîtresse qui, pour le quart d'heure, était Mlle Cuizot, actrice agréable des Variétés [1]. En arrivant à la barrière, l'employé de l'octroi ouvrit brusquement le panier et, d'un seul bond, le captif s'élança sur le trottoir et s'évanouit dans les rues de Passy. Nous nous mîmes aussitôt sur ses traces ; ce fut en vain. Tous nos efforts pour le retrouver furent inutiles. Henri était de mauvaise humeur, mais, avec l'aide d'une bouteille de champagne frappé que nous bûmes en déjeunant, il fut bientôt remis dans son assiette habituelle de gaieté, et quand nous sortîmes de table, il était presque consolé de la perte de son angora. Cependant, comme l'ennui d'arriver chez sa belle sans sa bête le contrariait encore, je le conduisis chez le plus célèbre marchand d'animaux du boulevard Beaumarchais. Là, pour une quinzaine de francs, l'angora perdu fut avantageusement remplacé, et après cette acquisition, la physionomie de Henri reprit son expression calme et réjouie. Huit jours plus tard, la belle Cuizot ne s'occupait déjà plus de l'angora et lorsqu'en dinant un soir avec elle, nous lui racontâmes notre chasse dans Passy et les transes qui suivirent, elle s'en amusa

---

(1) Le prédécesseur, auprès de Mlle Cuizot, avait été l'archichancelier Cambacérès.

beaucoup. Elle nous plaignit même un peu, car, l'ai-je dit, Mlle Cuizot aimait les bêtes !

L'un des deux Thorigny, entré aux gardes d'honneur, passé plus tard aux gardes du corps, a fourni une belle carrière militaire en Afrique, d'où il est revenu lieutenant-colonel. Nommé avec ce grade au 5e régiment de chasseurs à cheval, alors en garnison à Epinal, il alla rejoindre son nouveau régiment, étant encore sous le poids d'une fièvre mal éteinte, qu'il avait rapportée des plages brûlantes de l'Afrique. Thorigny, qui ne s'écoutait jamais et qui n'aimait pas, comme il le disait lui-même, à cajoler ses bobos, a fini par être gravement atteint, et a succombé à cette fièvre tenace en 1849 ou 1850.

Son frère, qui a suivi la carrière de la magistrature, est devenu procureur général à Lyon, et ministre de l'intérieur. Aujourd'hui relégué au Sénat, dont il est un des membres les plus laborieux, il porte à ravir son élégant habit, son chapeau à plumes et son épée. MM. de Thorigny sont d'une ancienne famille noble de Lyon. Jeunes, ils étaient tous deux remarquablement beaux et bien faits, une taille élégante et élevée, une physionomie pleine de distinction et de très bonnes manières les avaient mis fort à la mode et fort en succès. Je n'ai pas revu le colonel depuis Versailles et le sénateur est venu me serrer la main avec toute la franchise d'un vieux camarade, l'année dernière à Paris, le jour même où il venait de prêter serment à Napoléon III. Il a été très aimable et très gracieux.

Maintenant, si je l'eusse retrouvé lorsqu'il était ministre de l'intérieur et que je lui eusse demandé un service quelconque dépendant de son gouvernement et de sa volonté, me l'aurait-il rendu? Je ne veux soulever dans mon cœur ni de doute ni d'incertitude sur ce point, j'ai eu trop de plaisir à le revoir.

Ce n'est pas seulement de la satisfaction, mais surtout de la mélancolie que j'éprouve en évoquant tous ces souvenirs. Je passe la fin de ma vie à fouiller des tombeaux et à découdre les linceuls des parents ou des amis qui m'ont précédé dans la mort, et on me demande parfois pourquoi je suis triste....

CHAPITRE III

L'extrême sévérité de mon père eut pour nous un
effet salutaire, car une fois au lycée, mes frères et moi,
nous nous sentîmes tout à fait à l'aise. Le bien-être
moral éprouvé en entrant dans cette *cage* nous fit
trouver bonnes nos années d'études, amour qui doit
nous être particulier !

A cette époque j'avais pris en très grande affection,
je n'oserais pas dire en passion, puisque je n'avais
qu'une douzaine d'années, Mlle Demolombe, sœur de
deux de nos camarades, jolie jeune personne de dix-sept
ans près de laquelle j'allais passer tous mes moments de
récréation, ce qui m'était d'autant plus facile que nous
demeurions porte à porte. Quand mon frère Alphonse,
malin comme dix singes et aussi contrariant que deux
pianos, avait quelque motif de m'en vouloir, il m'appelait *amoureux* et me jetait cette qualification d'une
voix stridente dans les escaliers, les corridors, les
cours du lycée, la rue. Ce mot me mettait dans des

accès de rage qui ne s'apaisaient qu'à coups de poing.

A propos d'*amoureux*, je me rappelle une anecdote du colonel Duchâtel, devenu général de brigade, commandant à Vesoul, et mort en retraite à Paris, il y a une douzaine d'années.

Duchâtel commandait un régiment de chasseurs à Dole, lorsque j'étais sous-préfet de cet arrondissement ; c'était un homme de beaucoup d'esprit, un soldat intrépide, qui avait fait d'une manière brillante les campagnes de l'Empire, et un officier supérieur de cavalerie des plus distingués.

Duchâtel avait remarqué parmi les sous-officiers de son régiment un maréchal des logis d'une charmante figure, parfaitement tourné, portant l'uniforme à ravir, et remplissant ses devoirs avec exactitude, avec zèle, et aussi avec une rare intelligence, un ardent amour du métier. Mais ce jeune homme était souvent puni, et toujours pour la même faute : il découchait presque chaque nuit. Son colonel le fit venir un matin dans sa chambre pendant que je m'y trouvais, pour lui donner un avertissement paternel.

— « Vous êtes bien coupable, lui dit Duchâtel, de
« vous faire punir aussi souvent, et de compromettre
« votre avenir avec autant de légèreté !

— « Mon Dieu, mon colonel, ce n'est pas ma faute,
« je suis amoureux....

— « Eh bien, soit, répondit le colonel, c'est de votre
« âge, et cela prouve pour vous ; mais vous avez assez
« de moments libres dans la journée pour voir votre

« maîtresse à votre aise, sans lui consacrer encore la
« nuit.

— « Je vous assure, mon colonel, que je ne puis
« pas me dispenser d'aller passer la nuit avec elle, cinq
« ou six fois par semaine.

— « Morbleu, me dit Duchâtel à mi-voix en se tour-
« nant de mon côté, six nuits ! Si je pouvais être
« obligé de découcher une fois par semaine, je me trou-
« verais bien heureux.... »

Les jours de punition de l'élégant maréchal des logis
furent levés à ma prière, sur la promesse qu'il fit de ne
plus retomber dans le même péché : mais on manque
plutôt de parole à son colonel qu'à sa maîtresse.

Nous étions tous encore bien enfants, en cette année
1811, et quoique ayant eu un moment la prétention de
devenir marin, je ne donnais pas précisément l'exemple de la raison : je ne faisais pas le jeune homme, ce
qui était fort méritoire à une époque où chaque gamin,
dès qu'il atteignait sa quinzième année, affectait de se
tordre une moustache future, et de prendre des airs de
hussard. Le vrai mérite consiste à être de son âge, et
on va voir que nous en étions.

Un vieil ami de la maison nous avait fait cadeau de
deux jolies petites pièces d'artillerie, du modèle des
plus belles pièces coulées à Strasbourg, en l'honneur
et gloire du roi Louis XIV. Ces pièces, qui avaient un
pied et demi de longueur, étaient montées sur des af-
fûts élégants, garnis de deux roues ouvragées, mais
n'avaient pas d'avant-train.

Elles décoraient, avant la Révolution, le haut de la
porte principale du château de Pesmes, et avaient été
volées, lors du pillage de ce château, par un malheureux qui les avait vendues pour un morceau de pain à
un maréchal ferrant de Marnay, lequel les avait conservées dans son grenier jusqu'à ce qu'il pût les mettre en vente sans être inquiété. Notre vieil ami avait
trouvé ces deux canons par hasard, et s'en était rendu
acquéreur en notre intention. Jamais don ne nous fut
plus agréable ; aussi fut-il accueilli par de longs transports de joie. Nous aimions les armes, la poudre, tout
ce qui faisait du bruit et ressemblait à la guerre, et ce
nouveau moyen d'entretenir nos goûts et d'exercer notre adresse à la cible nous formait déjà une perspective de bonheur.

Avant d'aller sur le terrain avec nos pièces, nous
fîmes faire à chacune d'elles un avant-train, avec
caisson : mais, pour ressembler complètement à l'artillerie qui défilait sous nos yeux, deux fois par jour,
en allant au polygone, nous voulions avoir encore, à
la suite de nos pièces, deux fourgons d'approvisionne-
ment. Nous nous mîmes aussitôt à l'œuvre, et,
en moins d'une semaine, nous confectionnâmes nous-
mêmes ces fourgons, dans les dimensions voulues,
avec tous les agrès nécessaires ; puis, un beau matin,
nous allâmes essayer le tout, et faire l'exercice du tir
sur la lisière du bois *La Dame*, de l'autre côté de
Saint-Ferjeux.

Tout apprenti enseigne de vaisseau que j'étais peu

de jours auparavant, je m'attelai le premier à une de
ces pièces et je partis suivi de l'autre, que traînaient
mes frères et cinq ou six de nos camarades du voisinage. Mon frère Achille, d'habitude, prenait le commandement de cette troupe peu disciplinée, qu'il main-
tenait pourtant en bon ordre, dans sa marche, jusqu'au
lieu du rendez-vous. Il cavalcadait résolument sur un
bâton à tête de cheval et tenait à la main un sabre de
bois. Il ne lui manquait qu'une polonaise et des pa-
naches pour rappeler l'intrépide et malheureux Murat.

Le Dieu des enfants existe réellement, car nous char-
gions nos canons sans précautions aucunes, nous y
mettions le feu avec moins de précautions encore et le
sifflement de nos biscaïens a souvent chatouillé l'o-
reille surprise du vigneron taillant sa vigne ou du la-
boureur à la charrue. C'était alors, de la part de ces
braves gens, des cris et des menaces qui nous rap-
pelaient à l'ordre, mais un moment après, les mêmes
imprudences se renouvelaient.

Je me demande encore comment nous n'avons pas
mis sur le carreau un ou deux de nos camarades et
plusieurs paysans. Non seulement la perspective de
cet événement ne nous troublait pas, mais nous eus-
sions été assez fiers alors de faire du paisible Saint-
Ferjeux un petit Wagram.

L'horizon politique de la France commençait à s'as-
sombrir et donnait aux populations de sérieuses inquiétudes. Les armées alliées avaient passé la frontière

et une division autrichienne, sous les ordres du prince de Lichtenstein, bloquait Besançon, alors commandé par un des plus braves capitaines de l'armée française, qui en comptait beaucoup : le général de division Marulaz [1].

Fils d'un ancien sous-officier du régiment d'Esterhazy, il était né, pour ainsi dire, entre deux galops, et pendant plus de dix ans, comme chef d'escadrons et colonel, il avait mené le 8e hussards à la gloire. De Boxtel à Wagram, son intrépidité et son audace ne s'étaient jamais démenties et son immuable énergie durant le blocus a été reconnue de tous les habitants; le prince de Lichtenstein lui-même lui témoigna son estime de manière fort flatteuse. Agé de quarante-cinq ans environ au moment de l'invasion, Marulaz n'avait rien d'un roué, ni par l'élégance ni par le langage, et ses vigoureuses apostrophes, lancées avec un accent allemand très rude, sentaient plus la caserne que l'hôtel de Rambouillet. Son salon, c'était le champ de bataille. Voici une anecdote que je me rappelle et qui appuiera mon dire :

Un jour de février 1814, Marulaz envoya un petit parti d'infanterie en reconnaissance du côté de Saint-Ferjeux et le suivit à une dizaine de minutes avec quel-

(1) Marulaz (Jacob-François, baron), 1769-1842. Hussard en 1784, il devint lieutenant en 1792, chef de brigade en 1799, et général en 1805. Après avoir fait presque toutes les campagnes jusqu'en 1809, il fut nommé commandant de la 6e division militaire (Besançon), et resta en non-activité sous la Restauration. Le général Marulaz avait reçu dix-neuf blessures et avait eu vingt-six chevaux tués sous lui.

ques dragons d'escorte. Accueillis par un poste autrichien peu nombreux, les fantassins furent cependant pris d'une panique folle et regagnèrent la ville à toutes jambes à travers champs et jardins. Un seul soldat effaré revenait par la route où marchait le général. Dès qu'il l'aperçut et comprenant ce qui venait de se passer, Marulaz se précipita sur lui en hurlant : « Ah ! « tas de cochons, vous n'êtes plus qu'un !.... Tiens ! « Tiens !.... » et il accompagnait ses exclamations à grands coups de plat de sabre sur le dos du malheureux fuyard. Après plusieurs mètres parcourus sous cette douche de fer, l'homme s'enfila comme un lapin dans une haie devant laquelle le général fut forcé de se calmer.

Marulaz était tout en rudesse, mais ce soldat à l'allure martiale, aux yeux vifs, au poil dur, forçait l'admiration ; il avait une âme d'acier et un cœur d'or, et sa bonté véritable lui attira des affections qui restèrent toujours vivaces. Je souhaite que les liens d'amitié qui rattachaient les miens à cet héroïque capitaine continuent à se resserrer avec ses descendants.

L'ennemi se contenta, comme il en avait sans doute reçu l'ordre, d'investir étroitement la place sans faire sur elle la moindre tentative, car, à l'exception d'une seule nuit où il prit fantaisie au comte de Colloredo, qui n'était qu'en passage sous nos murs avec un gros de troupes, de faire lancer quelques bombes et quelques obus dans la ville, nous ne fûmes point inquiétés. Notre garnison fit même, durant ce blocus, plusieurs sorties heureuses pour se procurer du fourrage, et ces escarmouches, dans lesquelles continuait à briller la bravoure habituelle de nos soldats, ne pouvaient guère contribuer à rétablir nos affaires. Je dirai ici que dans une place bloquée, les mesures de sûreté, de police, de ravitaillement, effraient bien plus les habitants que le canon de l'ennemi.

Pourtant, nous ne devons pas faire les faux braves, et je dois avouer que le bombardement dont je viens de parler causa à toute notre ville un effroi sans pareil. Quand une bombe ou un obus tombait dans un quartier, on fuyait dans un autre, et dès qu'un projectile tombait de ce côté, on se sauvait de nouveau vers un autre point. Les troupes avaient également quitté leurs casernes devenues le point de mire des artilleurs autrichiens, et circulaient aussi dans les rues. Tout ce mouvement, tout ce bruit du pas des chevaux et des armes, contribuaient à augmenter la frayeur, et on attendait le jour dans les angoisses les plus cruelles. Enfin l'aurore parut, et on s'occupa de réparer les légères dégradations que les bombes ennemies avaient faites aux toitures des maisons. Quelques seaux d'eau avaient suffi pour empêcher le développement de deux ou trois incendies partiels. Il n'y avait point ou presque point de mal, car avant la fin de la journée, il ne restait aucune trace du bombardement de la nuit précédente.

Le général Marulaz, de concert avec l'autorité civile, avait organisé une garde nationale composée des meil-

leurs citoyens et des jeunes gens de bonne volonté de
la ville. Mon frère Achille et moi, nous faisions partie
de cette milice bourgeoise, chargée seulement du service intérieur de la place, afin de laisser reposer la
garnison souvent harassée de fatigue à la suite de sorties pénibles. Nous avons eu plusieurs alertes pendant
que nous montions la garde, mais une des plus sérieuses est celle que je vais raconter.

Une nuit, nous trouvant de garde à la porte de
Beure, nous entendîmes, vers minuit, de violentes
décharges de mousqueterie sur le fort de Chaudanne.
On relevait chaque soir le poste de cette forteresse,
qui se composait d'un détachement de trois cents
hommes.

Ce poste sortait silencieusement à onze heures du
soir par la porte de Beure et montait à Chaudanne,
après avoir traversé le Doubs dans deux bacs, par un
étroit sentier en lacet protégé par le canon de la place,
et qui avait été pratiqué tout exprès pour ce service. Il
y avait à peine une heure que nous avions ouvert la
porte au détachement du 93ᵉ de ligne, lorsque nous
entendîmes la décharge dont je viens de parler.

Voici ce qui était arrivé : les Autrichiens postés à
Saint-Ferjeux et dans les environs, prévenus par des
traîtres ou par des espions de l'heure de la nuit à
laquelle on devait relever les troupes de Chaudanne,
se mirent en marche au nombre de quatre à cinq cents
pour surprendre le fort. Ce fort était commandé par
un lieutenant-colonel du nom de Sadet, vieux soldat

roué à toutes les ruses militaires, et que les Autrichiens n'étaient pas assez habiles pour surprendre.
Averti par ses sentinelles qu'on entendait venir une
troupe armée par un chemin que nos soldats n'a-
vaient pas l'habitude de prendre, le colonel Sadet
fit ranger sans bruit tout son monde sur les remparts,
les armes chargées, et attendit de pied ferme les Autrichiens qui, ayant le mot d'ordre de la place, avaient
mis au milieu d'une dizaine d'entre eux parlant un
peu le français, un paysan chargé de répondre au premier cri de la sentinelle. Ils s'arrêtèrent au *qui vive*
du soldat en faction, et répondirent par la bouche du
paysan : « Français ! 2ᵉ bataillon du 93ᵉ de ligne. »
Après la reconnaissance faite dans les formes habi-
tuelles : « Laissez entrer ! » cria l'officier de garde au
sergent qui était allé reconnaître le faux bataillon.

L'ennemi s'avança, plein de confiance. Alors le
brave Sadet commanda le feu ; une trentaine d'hommes
restèrent sur place, une cinquantaine furent blessés, et
le gros de la troupe s'enfuit en désordre jusqu'à son
camp retranché.

Cette anecdote circula le lendemain dans toute la
ville et fut pendant huit jours l'objet de l'entretien des
salons et des ateliers d'ouvriers.

La beauté comme la laideur est toujours au-dessous
de l'idée qu'on s'en est formée, soit sur le rapport, soit
d'après l'opinion de tel ou tel. Ainsi, une jolie femme
n'est jamais aussi jolie, et une femme laide n'est jamais
aussi laide qu'on nous l'a dit à l'avance. Les choses se

passent de même pour les grands événements, les grandes catastrophes dès longtemps prévues. L'imagination, tournoyant rapide et vivement impressionnée dans votre cerveau inquiet, vous présente ces accidents divers sous leur aspect le plus effrayant, et, quand ils arrivent, on s'écrie presque toujours : « Quoi! ce n'est que ça? » Lorsque, par exemple, on nous a annoncé que les portes de Besançon étaient closes et que notre liberté d'agir n'allait pas au delà des murs de la place, nous avons vu tout de suite la ville prise d'assaut, les cadavres de ses défenseurs entassés dans la boue sanglante des fossés, les femmes insultées brutalement en pleine rue, et les habitants, en insurrection contre tant d'infamies, passés presque tous au fil de l'épée. Nous avons pris, si je puis m'exprimer de la sorte, le degré le plus élevé du thermomètre de la guerre, tandis qu'il fallait prendre le degré moyen.

On craignait aussi de manquer de blé, de farine et de mourir de faim, car on supposait que cet état de siège durerait plus d'une année. On n'a manqué de rien, si ce n'est d'un peu de viande. C'est même durant le blocus que l'on a fait chez mon père les plus charmants soupers auxquels j'aie jamais assisté.

Dès les premiers jours de ce blocus tant redouté, on parlait vaguement déjà du retour des Bourbons, mais au moindre mot lâché par le premier fanatique venu, à la moindre lueur d'espérance, les partis endormis se réveillaient, les conjectures se formaient, et des conjectures à la réalité l'espace est bientôt franchi. Mes parents étaient royalistes ; nous autres gamins, élevés dans l'horreur de la Révolution, nous étions royalistes aussi, et les Bourbons revenus, on nous voyait déjà brillamment nantis d'une belle position. En attendant, mes classes étant finies, mon père me plaça dans le cabinet du maire de Besançon, M. le baron Daclin [1], l'un des plus anciens et plus fidèles amis de ma famille, pour commencer à me faire apprendre mon futur métier de préfet !

D'ailleurs, les parents qui ont fait eux-mêmes leur fortune par le labeur supportent difficilement que leurs enfants se reposent et fassent la belle jambe du matin au soir ; ils ont la religion et l'ambition du travail et ils veulent que leurs fils s'élèvent de l'échelon de fortune où ils les ont placés à l'échelon supérieur.

D'un caractère impérieux, mon père ne souffrait jamais la moindre observation de la part d'aucun de nous. Ce qu'il disait, ce qu'il ordonnait, il fallait le faire à l'instant même sans souffler mot, quelque pénible que nous parût la mission. Cela s'explique ; engagé souvent dans des spéculations trop épineuses pour que ses enfants s'y intéressassent, il ne pouvait leur communiquer ce qui remplissait son esprit. A l'heure des

---

(1) Daclin (Antoine-Louis, baron), né à Besançon en 1741, mort dans cette ville en 1822. D'abord avocat, puis échevin de la ville, il fut nommé maire de Besançon le 28 juillet 1801, place qu'il occupa jusqu'en 1816, sauf pendant les Cent-Jours. Son nom s'est éteint en la personne de son petit-fils, le baron Daclin, conseiller à la cour de Besançon, mort sans postérité en 1887.

repas et du repos, il parlait peu ou point du tout, si ce n'était pour gronder à droite et à gauche et pour trouver à redire à tout; il suivait constamment son idée fixe : « Le succès dans les affaires, a dit Newton, ne s'obtient qu'en y pensant toujours. »

En 1814, après dix années d'une carrière pénible et laborieuse de banquier, mon père, grâce à son incessante activité, avait réussi à faire une belle fortune, si belle même qu'il a pu perdre en 1816, sans être ruiné, la somme énorme de huit cent mille francs sur une entreprise tentée dans de trop vastes proportions.

Vers la fin du blocus, l'administration civile et l'administration militaire étaient complètement à bout de ressources pécuniaires; les caisses publiques étaient vides et il n'y avait plus possibilité de les remplir. Sans solde, la garnison murmurait et l'on craignait, dans cet ébranlement de la discipline, de n'avoir plus de défenseurs pour nos remparts. Effrayés de cet état de choses, le général Marulaz et le préfet Jean de Bry [1] vinrent un matin trouver mon père qu'ils avaient en grande affection, lui racontèrent leur embarras et lui déclarèrent sous le sceau du secret qu'ayant besoin

(1) De Bry (Jean-Antoine-Joseph, baron), 1760-1834. Député à la Législative, puis membre de la Convention, il vota la mort du roi et devint président du Conseil des Cinq-Cents. Envoyé comme ministre plénipotentiaire au Congrès de Rastadt, il faillit y être massacré comme ses deux collègues Bonnier et Roberjot. Napoléon le nomma préfet du Doubs le 9 floréal an IX, puis préfet du Haut-Rhin en 1815. Exilé par la Restauration, il ne rentra en France qu'en 1830. — Ferme, impartial, bienveillant, le baron de Bry a laissé un souvenir ineffaçable à Besançon.

d'une somme de soixante mille francs pour parer à
toutes les éventualités, il fallait qu'il la leur procurât
dans le courant de la semaine. Mon père, qui avait fait
cacher sous une pierre, dans sa cave, cent mille francs
recueillis pendant les deux ou trois mois qui précédè-
rent notre envahissement, envoya le soir même la
somme demandée.

C'était certes du dévouement, car il était alors impossible de prévoir ce que la France allait devenir, et
les gouvernements n'ont pas toujours acquitté dans les
jours de prospérité les dettes contractées dans les
jours de malheur. Je dois dire que les soixante mille
francs furent strictement remboursés à mon père qui,
malgré sa sécheresse extérieure, couvait une grande
générosité de cœur. L'assistance hardie qu'il prêta aux
émigrés pendant la Révolution [1], le dévouement qu'il
montra vis-à-vis d'une princesse malheureuse, sa conduite à Besançon en 1814 lui attirèrent, en plus d'une
récompense incomplète, la décoration de la Légion
d'honneur.

Le blocus a marqué pour moi une des périodes les
plus solennelles de la vie ; j'ai vu de près la guerre,
j'ai été témoin, du haut de nos remparts et l'arme au
bras, de quelques engagements meurtriers, et ce fut
alors que s'éveilla subitement en moi un premier
amour, mais de ces amours frais et naïfs qu'on peut

(1) Voir à ce sujet les *Souvenirs d'un officier royaliste*, par le chevalier de R(omain), tome III, et *la Frontière franco-suisse pendant la Révolution*, de L. Pingaud.

toujours avouer, page sentimentale qu'on peut lire à tout le monde, tout haut et partout.

Les Bourbons rentrés en France, en ce retour de la paix et de l'âge d'or, comme on disait alors, les soirées se passaient à veiller, à jouer et à danser avec la jeunesse de notre âge, dans les maisons hospitalières des amis de nos parents. S'abstenant d'invitations cérémonieuses, on se réunissait sans façon, attirés les uns et les autres par le triple charme de l'opinion, des beaux yeux et du plaisir.

Dans ces petites fêtes, je voyais chaque soir, et je voyais souvent encore dans la journée, une jeune fille qui fit sur moi la plus vive impression; c'était Mlle Virginie Nodier, dont la mère, veuve d'un ancien chef d'escadron, cousin de notre spirituel littérateur Charles Nodier, était restée veuve avec deux filles. Jamais Raphaël, dans ses plus suaves créations, n'a dessiné un type de vierge aussi calme, aussi pur, aussi noble, aussi parfait que celui qu'offrait le visage divin de Mlle Nodier l'aînée.

Je causais souvent avec Virginie, qui semblait prendre plaisir à mes racontages. C'était une jeune fille grande et svelte, à la taille souple comme un épi de blé, au long regard à la fois doux et caressant; sa beauté était un mélange de chasteté et d'innocence. Elle parlait à l'âme et à l'imagination, jamais aux sens; elle avait l'ignorance d'une vierge devant qui les mots d'amour eussent semblé des blasphèmes et les désirs matériels des sacrilèges.

A cette époque de ma première jeunesse, on aurait

pu me croire timide auprès des femmes. Non, quand je
me rappelle ce qui se passait en moi, ce n'était pas de
la timidité. A mes yeux, la femme était un être doué
de tant de perfections, de tant de vertus attrayantes,
je la trouvais si supérieure à l'homme, à toute la création enfin, qu'elle était pour moi un objet de dévotion
mystérieuse, de culte idolâtre, d'adoration pleine de
respect, et qu'oser lui adresser la parole en plongeant
mes yeux dans les siens me paraissait d'une imperti-
nence inouïe. Dans mon imagination ardente et passionnée, la femme, c'était une rose entr'ouverte au matin d'un beau jour et à laquelle il fallait se garder de
toucher, dans la crainte d'en ternir l'éclat ou d'en alté-
rer le si doux et si émouvant parfum.

Élevés d'ailleurs par une tendre mère qui nous inspirait le respect le plus profond pour les femmes,
j'étais, personnellement, comme un être à part dans la
nature ; je n'appartenais encore, à dire vrai, à aucun
sexe ; mes pensées étaient naïves et ma vie était chaste.
Et pourtant, chaque fois que je me rencontrais avec
Virginie, l'air de bonheur avec lequel nous nous con-
templions à la dérobée, nos yeux qui avaient l'un pour
l'autre un éloquent et muet langage ; son délirant sourire, lorsque dans la conversation une allusion soudaine rapprochait nos cœurs ; tout nous semblait un
plaisir délicieux et qui nous suffisait, grâce à la délicatesse des sentiments dont nous étions tous deux animés. Cet être angélique et pur ne rêvait pas plus que
moi un autre dénouement à notre amour.

Si, par hasard, je me trouvais seul avec elle, ce qui arrivait fort rarement, ses joues ne s'animaient pas d'un coloris plus vif ; elle ne détournait pas ses yeux avec embarras, son regard limpide et calme restait le même en se reposant sur moi : le sourire errait sur ses lèvres roses comme celles d'une petite fille qui n'a connu encore que les baisers de sa mère. On croyait retrouver en elle une de ces légères et suaves apparitions, qui voltigent autour de nous dans le vague des songes, ou une de ces vierges vaporeuses qui posait une couronne immortelle sur le front d'Ossian ; elle semblait enfin un ange détaché du ciel pour guider mes pas dans la vie et réaliser pour moi un rêve de félicité éternelle.

Virginie parlait volontiers : elle ne disait que des choses simples, mais elle ne les disait jamais d'une manière commune. La nature et son organisation privilégiée lui avaient donné ce bon goût et ce tact élégant qu'on n'acquiert d'ordinaire que dans le commerce des gens de lettres et des gens du monde réunis. Ce que je puis dire encore, parce que je me le rappelle comme si c'était hier, c'est que jamais, ou presque jamais du moins, Virginie ne me parlait à l'avance de la promenade qu'elle devait faire le lendemain ou le surlendemain du jour où nous nous étions vus, et n'importe le lieu, le plus souvent choisi au hasard, nous nous rencontrions toujours. Parfois même, ces dames ont dirigé leurs pas sur des points où les promeneurs n'avaient pas l'habitude de se rendre, eh bien, quoi qu'il en fût de l'étrangeté du lieu, je les rejoignais encore. Ne serait-on pas disposé à penser, d'après cela, que la jeune fille aimée laisse après elle un parfum qui ne peut être donné que par elle, une sorte d'encens divin qui embaume l'air, et forme un courant sympathique, dans lequel s'engage infailliblement son amant seul ! Je ne pourrais m'expliquer autrement cette facilité naturelle que nous avions de nous retrouver partout.

Heureux temps de mon jeune âge ! C'est bien le plus beau rêve des gracieuses amours que celui où l'on ose à peine prononcer tout bas le nom de celle que l'on chérit ! Aux accents sympathiques de la voix de Virginie, qui la première avait frappé mon oreille de sa céleste musique, et fait vibrer dans mon cœur des cordes inconnues, je fus bien des fois au moment de lui murmurer : *Je vous aime*, ce mot le plus doux que prononcent les langues humaines après celui-ci : *Ma mère !* mais je n'ai jamais eu le courage de le dire. Je le jure ici....

Sur la fin du blocus de Besançon, les autorités civiles et militaires, prévenues par quelques lettres confidentielles que Louis XVIII allait être replacé sur le trône de ses ancêtres, jugèrent fort sagement qu'il y avait lieu de suspendre, jusqu'à nouvel ordre, tout engagement avec l'ennemi. Elles proposèrent, en conséquence, un armistice au prince Lichtenstein qui nous bloquait. Celui-ci accueillit de grand cœur cette proposition conciliatrice, et ses soldats, sans armes, venaient se promener chaque jour sur les glacis de la place, musique en tête.

Il était de mode alors, dans notre monde, d'aller, chaque soir aussi, entendre la brillante musique des Autrichiens, qui, en réalité, était très bonne, et, dans leur enthousiasme royaliste, ces dames, car c'étaient les jeunes et jolies femmes, bien entendu, qui dominaient, criaient après chaque morceau : *Vivent nos amis les alliés !* Ces gros soldats d'outre-Rhin, visiblement impressionnés et surpris de tant d'exclamations de tendresse, dont certainement ils n'avaient pas l'habitude, se mettaient à jouer et à chanter tout à la fois, ce qui était fort original, des valses rapides que nos élégantes dansaient dans leur folle joie, au son de cet orchestre entraînant : et, quand l'heure de la retraite avait sonné, on échangeait de galants adieux qu'on prolongeait, les uns, en élevant leurs shakos ou leurs casques au bout de leurs sabres, les dames à l'aide de leurs mouchoirs blancs suspendus aux cannes des dandys qui leur donnaient le bras. Ce petit manége, très flatteur pour les Autrichiens mais très blessant pour les Français, durait jusqu'à ce qu'on se perdît de vue. De telles démonstrations avaient de l'entrain, du piquant, du romanesque, mais à coup sûr, elles n'étaient pas patriotiques, et j'ai vu de nos jeunes officiers en verser des larmes de rage. Nos bons amis les ennemis ont dû bien rire, dans leurs barbes incultes, des cajoleries dont ils étaient l'objet.

Jamais Mmes Nodier, il faut le dire, n'ont assisté à

ces fêtes de l'esprit de parti. Leur mari, leur père, excellent homme, brave militaire, avait fait passer de son cœur dans celui de sa femme et de ses filles une partie de cette vive affection, de cette reconnaissance profonde, que tous les vieux soldats avaient conservée pour l'empereur Napoléon, et Mmes Nodier auraient craint de blesser la mémoire des leurs en assistant à des réunions dont les frais étaient faits par des ennemis qu'ils avaient si longtemps combattus.

Ce fut même pendant une de ces soirées musicales qu'on fit passer de main en main plusieurs exemplaires manuscrits de la prétendue chanson d'un colonel russe, chanson dont voici quelques couplets ; elle montrera le système de réaction violente qui se manifestait à cet époque, ou plutôt qui s'organisait contre le gouvernement de Napoléon Ier.

CHANSON DU COLONEL RUSSE

Air de *la Pipe de tabac*.

Vous, dont la voix est noble et tendre,
Vrais chansonniers, conteurs charmants,
Souffrez qu'un soldat d'Alexandre
A vos accords joigne ses chants ;
Il craint que quelque discordance
Ne vous choque dans ses couplets,
Mais, s'il n'a pas l'accent de France,
Il a, du moins, le cœur français.

Animés du désir de plaire,
On nous a vus, dans vos pays,

Rapporter la valse légère
Que l'on aime encore à Paris.
Si vous avez pris notre danse,
Nous vous devons d'autres succès,
Et nous avons appris en France,
Amis, à nous battre en Français.

L'affreux tyran qui, par sa rage,
Couvrait l'Europe de tombeaux,
Fut-il digne de votre hommage,
De commander à des héros ?
Il fut cruel et peu sincère,
Sa bouche ne sourit jamais,
Nulle beauté ne lui fut chère,
On voit qu'il n'était pas Français.

Ce bon Henry, que l'on révère,
Fut vaillant, joyeux et courtois.
Il fêta la simple bergère,
Il fêta la fille des rois,
Il fut modèle dans la gloire,
Il fut l'ami de ses sujets,
Il sut aimer, chanter et boire,
On voit bien qu'il était Français.

Vous qui savez plaire et combattre,
Vaillants et généreux Français,
Chantons les enfants d'Henri quatre,
Chantons Louis, chantons la paix.
Si le tyran tomba sans gloire,
C'est qu'il ne vous aima jamais.
Il aurait fixé la victoire
S'il eût été cher aux Français.

CHAPITRE IV

Intrusion d'un *corps franc*. — Mon frère sous-lieutenant à seize ans. —
Vengeance d'un teinturier. — La guerre d'Espagne. — Un geste bien
militaire. — Nos batailles dans les escaliers. — Le général Marulaz
mène l'assaut. — Le retour de l'empereur. — Billet mystérieux. —
Procès du général Marchand. — Aide apportée par mon père et son
cousin. — L'avocat Curasson. — A l'Opéra. — Le capitaine Randon.
— Mon départ de Franche-Comté.

Pendant les Cent-Jours, un certain dimanche, tandis
que mes frères et moi nous étions en promenade avec
le lycée, un de ces soldats des compagnies de corps
francs commandés par le colonel de Chambrun, espè-
ces de vauriens ramassés dans les plus mauvais bou-
ges, mais soldats aventureux, intrépides et pillards,
entre chez mon père et demande impérieusement à lui
parler, disant qu'il avait saisi sur M. de Sccy [1] une
correspondance royaliste de M. Marquiset et qu'il voulait l'arrêter pour le conduire à son colonel. Cet homme
était ivre et paraissait être envoyé par ceux qui l'a-

---

(1) Sccy-Montbéliard (Pierre-Georges, comte de), né à Besançon en
1771. Après avoir été grand bailli d'épée de Dole et officier supérieur
des gendarmes de la maison du roi, il émigra, servit dans l'armée de
Condé, rentra en France et accepta la place de conseiller général de
la Haute-Saône. Préfet du Doubs en 1814, puis en 1816, il fut nommé
député de ce département en 1815 et siégea à la Chambre jusqu'en
1820.

vaient mis en cet état. et qui n'étaient autres que quelques ennemis secrets de mon père voulant lui jouer un mauvais tour.

Ce militaire fut saisi, désarmé sans opposer la moindre résistance et conduit à la préfecture par plusieurs personnes présentes. Le préfet, M. Bouvier-Dumolard, qui ne plaisantait pas avec les perturbateurs, dépêcha cet ivrogne au général Marulaz, qui le fit reconduire, sous bonne escorte, à son corps cantonné à quelques kilomètres de Besançon et qu'on n'avait pas voulu faire loger en ville dans la crainte de quelque désordre. Cette affaire n'eut d'autre suite que la consigne donnée aux patrouilles de surveiller notre maison, de manière à ce que pareille sottise ne se renouvelât plus.

Cette violation brutale du domicile d'un particulier par un *corps franc* fit du bruit dans le public et nous donna la réputation d'ardents royalistes, que nous ne méritions qu'à moitié. La première Restauration avait trouvé dans mon père, sinon une effervescence d'enthousiasme qui n'était pas dans sa nature, du moins une sympathie sincère et réelle ; mais son illusion n'avait pas été de longue durée, car, après avoir vu les fautes irréparables des Bourbons, il s'engagea en plein, comme tous ses amis. dans cette lutte que commençait alors le parti libéral. c'est-à-dire le parti de la jeunesse, contre le système réactionnaire de la monarchie dite légitime.

Dès les premiers jours de la rentrée des Bourbons,

des brevets d'officiers ayant été expédiés directement
à des fils d'anciens émigrés, de citoyens bien connus,
ma famille songea à faire obtenir un de ces brevets à
mon premier frère, qui n'aspirait qu'à entrer au service, mais qui aurait eu bien de la peine, en raison de
son peu de goût pour l'étude, à être reçu dans une de
nos écoles militaires.

Mon père avait un sien ami d'enfance, M. de Ville,
frère de Mme Chéry, belle-mère de Lefaivre, qui avait
été premier huissier du cabinet de l'Empereur et auquel Louis XVIII avait conservé le même titre et accordé la même confiance que son prédécesseur. Mon
père écrivit à M. de Ville pour lui faire part de son
désir et lui demander ses conseils à cet égard. Celui-ci
lui répondit : « Adresse-moi une pétition au roi, pour
« lui demander un brevet de sous-lieutenant d'infante-
« rie en faveur de ton fils, et je me charge du reste. »
Ce qui fut dit fut fait : M. de Ville remit cette pétition
à Louis XVIII un jour où le monarque était en belle
humeur et le brevet fut accordé.

Voilà donc mon frère Achille [1], à peine âgé de seize
ans, officier dans le 12e régiment d'infanterie légère.
Pendant le temps qu'il avait encore à passer à la maison avant de rejoindre son corps, on lui donna un

---

[1] Marquiset (François-Maurice-Achille), 1798-1865. Sous-lieutenant
au 12e léger, 4 octobre 1814 ; sous-lieutenant à la légion du Doubs,
11 février 1816 ; lieutenant au 27e de ligne, 10 octobre 1823 ; démission-
naire, 24 octobre 1823 ; campagnes, 1815, 1823 ; chevalier de la Légion
d'honneur, médaillé de Sainte-Hélène.

maître d'escrime et un sergent de grenadiers qui venait deux fois par jour compléter son instruction de maniement d'armes, qu'il avait déjà commencée au lycée. Il partit pour Saint-Denis, où son régiment était en garnison, avec cette ébauche d'éducation militaire qui, toute légère qu'elle fût, lui servit beaucoup. Huit mois après, il assistait à la bataille de Ligny avec le 12ᵉ léger, qui faisait partie de la 7ᵉ division du 2ᵉ corps et se trouvait près de son général, le comte Girard, lorsque celui-ci tombait mortellement frappé en défendant la Haye.

Après les désastres de 1815, les Bourbons songèrent à réorganiser l'armée, mais une armée à eux, royale et bien pensante. On créa des légions au lieu de régiments; ce n'était pas tout à fait l'ancien régime aboli par la Révolution, mais cela en approchait. Chaque légion reçut le nom de son département et chacune d'elles fut commandée par des militaires provenant des bandes de la chouannerie ou de l'armée de Condé. Quelques anciens colonels de l'armée impériale furent pourtant choisis, en de très rares occasions, parce qu'ils appartenaient à des notabilités ou des favoris du nouveau gouvernement qui avaient répondu de leur opinion politique.

La légion du Doubs, commandée par le comte de Grimaldi, fut organisée à Besançon, et mon frère Achille y fut incorporé avec son grade le 3 octobre 1816. Au bout de quelques mois, cette légion qui, comme toutes les autres, était vêtue de blanc, fut envoyée en garnison à Strasbourg, où mon frère, beau garçon, d'une tournure militaire élégante, y eut une aventure qui fit quelque bruit.

Un teinturier de la ville avait une jeune femme dont la beauté et la coquetterie troublaient autant le quartier d'artillerie que celui d'infanterie. Cette jeune femme, remarquée par notre sous-lieutenant qui en était devenu fort amoureux, répondit à ses agaceries provocantes et finit par lui donner un rendez-vous chez elle. Surprise en flagrant délit par le mari, celui-ci, quelque peu débonnaire, se borna tout simplement, pour punir le délinquant, à le faire saisir par ses ouvriers et à le faire plonger dans une cuve où l'on teignait en couleur chocolat des rideaux de soie décolorés. L'officier, ainsi lavé, rentra dans son logement — c'était par bonheur au milieu de la nuit — avec un uniforme chocolat, de blanc très éclatant qu'il était le matin. L'habit, c'était peu de chose ; mais la liqueur corrosive avait pénétré jusqu'aux chairs et laissé sur quelques parties du corps des taches révélatrices, que tous les efforts et les soins du pauvre sous-lieutenant ne purent faire disparaître en entier qu'au bout de cinq à six ans. Il est heureux que mon frère se soit marié seulement dix années plus tard !

Peu après son entrée au service, une sorte de découragement pour son métier s'empara d'Achille ; il avait toujours rêvé le champ de bataille, et il ne trouvait que la caserne et la parade en guise de camp et de combat. Enfant, il s'était vu entrant en vainqueur dans les villes conquises; soldat, il lui fallait traîner un sabre inoffensif de garnison en garnison. Ce genre de vie molle et sans couleur avait fini par lui déplaire, et ce n'est pas la campagne d'Espagne, vainement traves. tie en guerre sérieuse par des bulletins sonores, qui changea ses idées.

Son régiment, le 27ᵉ de ligne, avait été désigné pour faire partie du 1ᵉʳ corps et de la 4ᵉ division sous les ordres du général vicomte Obert. Le 16 juillet 1823, il était devant Cadix où mon frère fit preuve d'entrain et de courage. Près du moulin d'Osio, il y avait une ferme isolée, occupée par les constitutionnels. Le colonel de dragons Rapatel, qui venait de lancer une partie de son régiment en tirailleurs qu'il appuyait de sa personne, passa sous les fenêtres de la ferme en question, et les Espagnols, au lieu de tirer sur lui et sa troupe, se bornèrent, on ne sait trop par quel caprice, à lui faire avec les mains un geste plus connu à la caserne qu'au couvent. Ce geste mit le colonel dans une rage folle. Rouge de colère, furieux, il allait lancer ses cavaliers contre les murs de la ferme, lorsque mon frère qui se trouvait près de là accourut avec une section de sa compagnie de grenadiers, fit enfoncer les portes par ses sapeurs, et les Espagnols, qui y étaient embusqués, furent tous tués ou faits prisonniers. Je laisse à penser combien il fut remercié par le colonel tout à fait calmé.

A quinze ou vingt ans de là, Achille rencontra aux eaux de Plombières le baron Rapatel, alors général

commandant le département de la Haute-Saône ; il l'a-
borda et lui demanda de ses nouvelles. Ne le reconnaissant pas, le général le regarda d'un œil surpris ; alors
Achille recula de trois pas et fit sur sa cuisse, à la stupéfaction profonde du public, le geste qui avait jadis
tant irrité le général. « Marquiset! » s'écria celui-ci
plein de joie, et serrant tendrement les mains de celui
qui l'avait autrefois vengé avec tant de promptitude et
de vigueur, il le retint à déjeuner.

La carrière des armes était la seule, la véritable vocation de mon frère ; il est fâcheux pour lui qu'il ait
cru devoir la quitter ; il avait de la décision, de l'énergie, de l'élan et une grande dose de générosité dans le
caractère, qualités précieuses pour un soldat. Malheureusement, il avait un peu trop négligé ses études
classiques et redisait sans cesse cet adage, fort à la
mode dans les lycées, au temps de l'Empire : *Bah!
bah! on en sait toujours assez pour se faire tuer....*
Cela pouvait avoir du vrai au moment des grandes
guerres, mais pendant la paix, c'était précisément le
contraire qu'il fallait prêcher pour parvenir à quelque
chose. En tout cas, malgré ce défaut, tous ceux qui
ont connu mon frère lui décernent d'une voix unanime le brevet d'honnête homme et d'homme de
cœur.

Dès le jeune âge, Achille montra toujours un goût très
vif pour le métier des armes. Les jours de congé, lorsqu'il
faisait mauvais temps, nous réunissions nos petits camarades du voisinage. Nous occupions trois vastes

chambres au second sur la cour dans notre grande maison des Carmes, à Besançon. et c'est là que nous nous tenions pour nous amuser. Voici en quoi consistait notre jeu préféré. Après nous avoir rangés sur une seule ligne, mon frère Achille distribuait à chacun de nous un fusil, un sabre ou une épée, et cette distribution était d'autant plus facile que nous avions dans nos appartements un musée d'artillerie presque complet. Cela fait. on se séparait en deux troupes à peu près égales ; chacune d'elles nommait son chef, puis on se rangeait en assiégeants et assiégés ; les assiégés occupaient le palier de l'escalier de notre étage, les assiégeants prenaient place sur le palier inférieur. Une fois posté, on se ruait les uns sur les autres avec une impétuosité, ou plutôt une étourderie sans pareille, et il en résultait une épouvantable bagarre. Certain jour, le général Marulaz. venant rendre visite à ma mère, tomba en plein combat : il s'amusa un instant à regarder ce spectacle qui flattait ses goûts, puis, s'intéressant à la lutte, il se mit à exciter les troupes. A ce moment, les assiégés avaient tenté une sortie vigoureusement repoussée : Achille hurlant. rouge, les cheveux en désordre, dirigeait les assiégeants et essayait de frapper avec son sabre le chef ennemi qui, placé sur les marches supérieures de l'escalier. avait perdu son arme dans la mêlée et se défendait, de dos, à grands coups de pied. Ce héros, devenu depuis un grave et placide magistrat. luttait vigoureusement. mais il fut obligé de céder devant l'attaque terrible des assiégeants dirigée

par Achille, auquel le général Marulaz, emporté,
criait d'une voix de stentor : « Hardi, mon poulet,
hardi ! Fends-lui le c....! Fends-lui le c....! » Attirée
par ce bruit extraordinaire, ma mère parut tout à coup
avec une de ses amies qui était chez elle pour l'instant ;
et elles eurent un rire fou à la vue du brave Marulaz,
en uniforme, montant à l'assaut dans les escaliers et
vociférant une phrase par laquelle on n'a pas l'habitude de commencer une visite !

Le débarquement de l'Empereur à Cannes vint troubler la quiétude générale et bientôt la plupart des
fonctionnaires et hommes politiques, dignes de figurer
dans l'ordre de la Girouette, s'orientèrent avec em-
pressement vers l'astre impérial. Leur état d'esprit fut
résumé en nouvelle de la façon suivante :

« *L'exterminateur* a signé, le 25 février, un traité
« d'alliance, on ne sait avec qui. Le 26, *le Corse* est
« parti de l'île d'Elbe. Le 30, *Buonaparte* est débarqué
« à Cannes avec six cents hommes. Le 4 mars, *le gé-*
« *néral Bonaparte* s'est emparé de Grenoble. Le 2,
« *Napoléon* a fait son entrée à Lyon. Hier l'*Empereur*
« a été reçu à Fontainebleau au milieu des acclama-
« tions et *Sa Majesté Impériale et Royale* est atten-
« due aux Tuileries demain 20 mars, jour anniversaire
« de la naissance du Roi de Rome. »

Dès que la marche triomphale de l'Empereur fut
connue, on s'occupa d'organiser au chef-lieu du département une compagnie de cavalerie, composée de jeu-

nes gens de bonne volonté et destinée à combattre *l'usurpateur*. Je fus placé sur cette liste, ainsi qu'un grand nombre de mes camarades appartenant aux bonnes familles du pays, mais l'arrivée rapide de l'Empereur à Paris anéantit ce projet d'une organisation bien imparfaite, d'ailleurs, et qui n'aurait jamais eu le résultat qu'on en attendait. Seulement, le lendemain du jour où la liste des *défenseurs du trône et de l'autel* (comme on les appelait par ironie) fut connue du public, je reçus par la poste, avec un petit étui, un billet d'une écriture visiblement altérée et ainsi conçu : *Comme je sais que vous allez voler au secours de notre cher Roi, acceptez cette Notre-Dame, ne la quittez pas et elle vous protégera dans les plus grands dangers.* Depuis, cette relique ne me quittait pas et j'y attachais un double prix, lorsque j'eus le malheur de la perdre un jour, étant à l'école de natation à Paris.

J'ai toujours cru que je devais le billet et la Vierge à l'affection secrète de Virginie Nodier, mais je ne le lui ai jamais demandé, dans la crainte qu'elle ne me répondît non. Je voulais conserver intacte cette douce certitude, que la naïve et tendre jeune fille avait eu une bonne pensée pour moi, et c'était perdre une trop charmante illusion que d'être tiré de mon erreur, si toutefois c'était une erreur....

Les Cent-Jours passèrent comme un ouragan, et les Bourbons rentrés, un fait politique se rattachant à ce néfaste système de la *Terreur blanche* se déroula à Besançon et valut à mon père une certaine popularité. Nous voulons parler du jugement du général Marchand [1].

Cet officier général, qui comptait de très longs et très brillants services, commandait, on se le rappelle, la 7e division militaire à Grenoble, en mars 1815, lors du débarquement de l'empereur Napoléon. Dès que cette nouvelle lui parvint, le général concentra ses troupes à Grenoble et, dans une proclamation adressée aux soldats, s'efforça de leur faire sentir la nécessité de rester fidèles à la France et au Roi. Efforts inutiles ! A l'apparition de l'Empereur, un régiment abandonna la porte dont la défense lui était confiée, pour aller se joindre à Napoléon.

Rétabli dans son commandement au second retour du Roi, le général devait croire, tout le lui annonçait d'ailleurs, que sa loyauté avait été appréciée; mais, dit une biographie du temps, la calomnie était là pour verser ses poisons sur la pureté de sa conduite. Un intrigant, qui s'était fait son dénonciateur, parvint à se faire écouter du duc de Feltre, alors ministre de la guerre, et, le 4 janvier 1816, le lieutenant général, démis de son commandement, fut traduit, à Besançon, devant un conseil de guerre ainsi composé :

(1) Marchand (Jean-Gabriel, comte), né à Lallenc (Isère), en 1765, mort à Saint-Ismier (Isère), en 1851. Élu capitaine au 4e bataillon des volontaires de l'Isère, 13 mai 1794 ; chef de bataillon, 3 nivôse an IV ; chef de brigade, 11 nivôse an V ; général de brigade, 21 vendémiaire an VIII ; général de division, 23 décembre 1805. Il prit part à toutes les campagnes depuis 1794. Grand-Aigle de la Légion d'honneur en l'an XII, comte de l'Empire en 1808, pair de France en 1837.

Président : lieutenant général baron Villatte.

Rapporteur : baron Prétet, chef de bataillon du génie.

Juges : lieutenant général Dubreton, lieutenant général comte Van Dedem van Geder; Tamisier de Bard, colonel d'artillerie; Durieux, chef de bataillon à la légion du Doubs ; Lefaivre, capitaine du génie; Petit de Beyré, capitaine aux dragons du Doubs.

Ce procès, fertile en tous genres de scandales, ce procès qu'une âme noble s'est efforcé d'oublier, fut prolongé six mois. Soixante-quinze témoins vinrent proclamer la justification du général Marchand et rejeter sur son accusateur le poids de la honte réservée à ceux qui le calomniaient. L'illustre prévenu fut acquitté et il mourut en retraite, il y a peu d'années, âgé de plus de quatre-vingts ans.

Son accusateur, le général Rostaing[1], qui se trouvait à Grenoble comme inspecteur aux revues sous les ordres du comte Marchand, au moment de l'apparition de l'Empereur, fut le véritable président occulte du conseil de guerre qui devait juger son ancien chef. Il vint à Besançon avec la mission ignoble et secrète, disait-on alors, de faire condamner à mort le général Marchand.

Celui-ci avait été recommandé à mon père par plusieurs de ses amis haut placés dans l'estime publique:

[1] Rostaing (Jean-Antoine, baron), 1764-1846. D'abord employé de la Régie générale, il devint commissaire des guerres pendant la Révolution, puis inspecteur aux revues sous l'Empire. Pour le récompenser de sa triste conduite en 1816, Louis XVIII le fit baron et le nomma intendant militaire.

ils écrivaient en termes chaleureux et le priaient en grâce de sauver la vie à cette victime innocente du parti extrême de 1815. Aidé de son cousin, le capitaine Lefaivre, membre du conseil de guerre, et aujourd'hui colonel en retraite, mon père mit tout en œuvre pour tirer le brave général des mains des bourreaux qui le réclamaient avec acharnement.

Lefaivre s'attela, c'est le mot, après ses collègues du conseil, et secondé, à son tour, par des camarades discrets et dévoués. il les noya, pour ainsi dire, dans un océan de distractions, de parties de plaisir incessantes, de telle sorte que ces officiers furent inabordables pour ceux qui avaient intérêt à les influencer dans le sens d'une condamnation à mort. Mon père, lui, s'empara des gros bonnets du conseil, les détacha de l'opinion préconçue de leur président, et les ramena si bien, par des prévenances et des invitations de toutes sortes, qu'il les rendit favorables au général Marchand. Une de ses manœuvres les plus habiles, dans ces circonstances critiques, fut de séduire l'avocat Curasson[1], le plus exalté des royalistes du jour, et de l'amener à plaider la cause du général ; il la plaida dans la perfection. avec talent, convenance, et surtout avec énergie. Cette plaidoirie fut l'un des premiers motifs du gain du procès.

Ce fut dans ces moments solennels que je fis la connaissance de M. Randon. aujourd'hui général de divi-

---

[1] Curasson (Jacques), 1770-1841. Savant jurisconsulte franc-comtois, auteur d'un grand nombre d'ouvrages de droit.

sion [1]. M. Randon, alors lieutenant de chasseurs à cheval, était le neveu et l'aide de camp du général Marchand. Agé de vingt et un à vingt-deux ans, c'était à cette époque un fort joli et fort spirituel garçon. Il portait à ravir son élégant uniforme et montait merveilleusement à cheval. Plus d'une de nos belles dames, cachée derrière les rideaux de sa fenêtre, s'est mise en embuscade pour le voir passer, lorsque de la citadelle il descendait à Besançon où le procès de son oncle exigeait des communications perpétuelles entre le général et mon père.

J'ai vu une seule fois, depuis cette époque lointaine, M. Randon et le comte Marchand dans les salons du ministre de l'intérieur. Tous deux me reçurent très bien, mais leur accueil, pourtant, ne me rappela pas assez ce que ma famille avait fait pour la leur. Le souvenir du procès et des services rendus serait peut-être lui-même engouffré dans l'oubli, sans la lettre suivante, qu'après sa mise en liberté, le général adressa à mon père :

[1] Mauduit, dans son *Histoire des derniers jours de la Grande Armée*, tome Ier, raconte qu'au retour de l'île d'Elbe, Napoléon arriva devant le village de Lafrey où se tenait la compagnie de voltigeurs du 5e de ligne. En l'apercevant, le lieutenant Randon s'écria : « Soldats, le voilà !... Faites feu ! » mais les soldats ayant répondu par le cri de : Vive l'Empereur ! Randon partit au galop, poursuivi pendant plusieurs kilomètres par le capitaine Schultz, des lanciers polonais, et ne dut son salut qu'à la vitesse de son cheval.

Quarante ans plus tard, le même officier était nommé maréchal de France, grand-croix de la Légion d'honneur et sénateur par le neveu de l'homme qu'il avait voulu faire massacrer. Le prince Jérôme seul lui tint toujours rigueur de sa conduite passée.

Au Lis, près Melun, le 20 juillet 1815.

Mon véritable ami,

J'avais dessein de ne vous écrire que de Paris, afin de pouvoir vous donner quelques détails sur les individus que j'ai tant sujet de haïr et sur les espérances que je pourrais former, mais il paraît que mon principal ennemi a eu l'adresse de circonvenir le ministre et lui a fait prendre la résolution de ne point me permettre d'aller à Paris. Il me semble que c'est avouer bien clairement qu'on craint que je ne me présente au Roi, et que je ne dévoile aux yeux de Sa Majesté toutes les infamies qu'on a mises en jeu contre moi. Le crime l'emporte cette fois sur l'innocence; mais je ne crois pas que cette faible victoire soit de longue durée.

D'après les nouvelles que je reçois, l'opinion publique s'est formée à Paris, comme à Besançon. Tout ce qu'il y a d'honnête et de véritablement ami du Roi a de la peine à cacher son indignation contre le monstre qui m'a persécuté, et j'aime à croire que cette opinion en fera justice.

Je vous parle de ces choses parce que je connais l'intérêt que vous prenez à tout ce qui me regarde. Cependant, en prenant la plume, je n'avais le projet que de vous parler de ma vive reconnaissance pour tout ce que vous avez fait pour moi. Soyez bien persuadé que, dans une circonstance pareille, j'ai une âme de feu, et que personne ne sait mieux sentir que moi: aussi, mon attachement pour vous sera éternel.

La ville de Besançon ne me sera jamais indifférente ; c'est ma seconde patrie. Je n'oublierai pas que j'y ai trouvé des amis chauds, dans un moment bien pénible, et ce n'est qu'alors que l'amitié est véritable. Si vous vous entretenez quelquefois de moi, rappelez-vous que j'ai laissé une partie de moi-même au milieu de vous, et que cette partie y restera autant que je vivrai.

Si je donnais un libre cours à toutes les expressions de mon cœur, je ne tarirais point, mais il me serait impossible de dire assez vivement tout ce que je pense.

. . . .

Je ne sais encore à quoi je me déterminerai ; on ne me conseille point de retourner de sitôt à Grenoble, afin d'éviter les persécutions d'un ami de Rostaing qui commande dans ce pays [1].

En attendant, je suis ici chez le plus parfait des hommes, le général Victor Maubourg, l'un de mes meilleurs amis.

Peut-être m'éloignerai-je un peu plus de Paris pour ne pas donner de l'ombrage. Dans ce cas, je me retirerai dans la terre d'un de mes parents, auprès de Provins ; mais, lorsque vous voudrez me donner de vos nouvelles, qui me seront toujours bien précieuses, vous pouvez me les adresser à Paris, chez M. Brunet, directeur de la caisse de Poissy, rue du Gros-Chenet ; ce sera le seul moyen pour que les lettres me parviennent partout.

[1] C'était le général Donadieu.

Adieu, mon brave et excellent ami, je vous embrasse du meilleur de mon cœur, ainsi que toute votre aimable famille.

Votre bon ami,

Le lieutenant général,

Comte MARCHAND.

L'avocat Curasson, dont je viens de citer le nom, avait une réputation de gourmandise et de poltronnerie qui ne pouvait être comparée qu'à son talent de parole. Un jour qu'il était allé à la Chaudeau pour la liquidation Vautherin, il fit tellement honneur au déjeuner copieux qu'il eut, au milieu de la nuit, une indigestion des plus violentes. Surpris brutalement par le mal de cœur, il ne put parer à rien et se précipita à la fenêtre, sous laquelle se trouvait par malheur le char à bancs découvert de M. Accarier, le député de Gray ; voiture qui était sortie la veille toute neuve et toute fraîche des ateliers de Maturel, le plus célèbre alors de nos carrossiers franc-comtois. On était en juillet. Pour éviter la trop grande chaleur, M. Accarier partit le lendemain longtemps avant le jour, mais il s'assit plein de confiance dans l'inondation qui avait envahi son siège et fut obligé, à son arrivée, de brûler tous ses effets. Je ne dirai pas qu'il rit beaucoup de l'aventure.

M. Curasson n'alla à Paris pour la première fois qu'en mars 1816 ; il était fils du garde champêtre de Mont-sous-Vaudrey, petit bourg du Jura, et avait débuté dans le monde par être enfant de chœur à l'église cathédrale de Saint-Jean, à Besançon. Garçon vigoureux, aux épaules larges, à la poitrine puissamment développée, aux allures un peu gênées, un peu sauvages des montagnes du Jura, il avait une voix timbrée, retentissante, et, bien qu'il beuglât parfois en chantant, il était devenu avec l'âge passionné pour la musique. Le jour de son arrivée à Paris, il se hâta donc, après avoir fait un bon diner chez Grignon, de se rendre à l'Opéra. Arrivé un des premiers, il prit un billet d'amphithéâtre et alla se placer au centre de l'hémicycle, le dos commodément appuyé contre une des premières loges. On donnait *Œdipe à Colone*. Au premier morceau, des élégants et des élégantes qui venaient d'entrer bruyamment dans la loge placée derrière notre avocat, se mirent à causer tout haut, sans la moindre gêne. Alors, Curasson se retourna vers eux, et leur dit avec une politesse toute naïve, toute provinciale : « Messieurs, j'arrive du fond de la « Franche-Comté pour entendre cette délicieuse musi- « que de l'Opéra, et vous m'empêchez de jouir du « spectacle. De grâce, ayez la bonté de vous taire. »

Les quatre jeunes gens, après avoir échangé un fin coup d'œil d'intelligence, inclinèrent la tête en signe d'assentiment et se turent. La demande avait été tellement suppliante que des gens bien élevés ne pouvaient manquer de l'accueillir. Mais les deux femmes étaient si jolies, leurs yeux si veloutés, si caressants, et puis, l'herbe était si tendre, qu'un quart d'heure après, la recommandation du provincial était oubliée et que la

conversation avait repris de plus belle ; des éclats de
rire presque convulsifs vinrent même interrompre le
chanteur Lays au milieu de son air *Du malheur
auguste victime*, qu'il disait avec une si touchante
expression. Trépignant d'indignation sur sa banquette
ébranlée et ne pouvant plus y tenir, Curasson se lève
furieux et s'adressant aux interrupteurs, leur dit brusquement : « Foutre, Messieurs, je vous ordonne de
vous taire. » A cette apostrophe, la conversation cessa
tout à coup et notre Franc-Comtois enthousiaste ne pen-
sait déjà plus à cet incident lorsque tomba le rideau
final ; mais au moment où il mettait son chapeau pour
sortir, un des jeunes gens de la loge lui frappa sur
l'épaule d'une main vigoureuse et lui dit : « Monsieur,
« voilà ma carte, j'espère que nous nous reverrons de-
« main. — Moi, monsieur, vous revoir demain ?
« Oh ! foutre, non. Vous m'avez bien trop embêté ce
« soir. » La réponse était franche, les jeunes gens
étaient de bon goût, ils rirent aux éclats et l'aventure
n'alla pas plus loin.

Un jour, mon oncle F. de Mandre disait à notre
brillant avocat qui, pendant un dîner, avait piqué les
uns, pincé les autres, égratigné ceux-ci, mordu ceux-
là : « Curasson, avec votre mauvaise langue, vous avez
« dû avoir bien des affaires dans votre vie ? — Jamais,
« cher ami, jamais, mais il n'a tenu qu'à moi. »

En 1816, lorsque les gens bien pensants avaient la
rage d'être de la garde nationale et de jouer aux soldats, M. Curasson se trouvait un soir de garde en

même temps que moi au poste de la place Saint-Pierre, à Besançon. C'était un poste d'honneur. Comme notre camarade était d'une poltronnerie sans exemple, il se faisait toujours dire à l'avance à quelle heure de la nuit il serait de faction. Alors, sa soubrette, qu'il avait soin d'aller prévenir lui-même, arrivait à l'heure dite, une lanterne à la main, se plaçait à côté de son maître et faisait la même promenade que ce simulacre d'homme, tant que durait la faction. C'était du plus haut comique.

M. Curasson a laissé trois enfants, deux filles et un fils ; ils avaient pour mère une petite bossue, grêle et disgracieuse, c'était une demoiselle Ethis, appartenant à une des meilleures et des plus anciennes familles bourgeoises de Besançon. On la disait une très excellente et digne femme.

Une des filles de M. Curasson, Mlle Elisa, a épousé un réfugié italien qui lui donnait des leçons de langue italienne.

Je ferai remarquer à cette occasion que les réfugiés politiques, à quelque pays qu'ils appartiennent et qui sont venus chercher un asile en France à la suite des révolutions politiques faites par eux dans l'intérêt du *parti démocratique*, sont tous marquis, comtes, vicomtes, barons ou chevaliers. C'est une contradiction que l'on trouve souvent dans la conduite des hommes politiques.

Quoi qu'il en soit, Mlle Curasson est aujourd'hui la comtesse de Francolini. Sa sœur est morte jeune et son frère Charles entra dans la magistrature, où ses débuts ne furent pas sans succès.

Dès l'année 1814, M. Curasson père ayant cru devoir entrer dans le parti royaliste extrême, son fils suivit plus tard le mouvement, et lorsque arriva la révolution de juillet, ces deux grands seigneurs, fils et petit-fils d'un humble garde champêtre de village, montrèrent une aversion invincible pour le gouvernement de Louis-Philippe. Charles Curasson donna sa démission de substitut du procureur du roi et fit bientôt un mariage superbe en épousant Mlle Vincy, de Saint-Loup, aussi remarquable par la grâce de ses manières que par la rondeur de sa dot qui se montait à huit cent mille francs, en plus des forges importantes de Semouse. Devenu possesseur de cette brillante fortune et de ces usines, M. Curasson se persuada qu'il pourrait les faire valoir lui-même, mais en commerce comme en industrie, l'intelligence et l'esprit ne suffisent pas ; parfois même ils sont de trop. Entré dans une administration dont les détails lui étaient inconnus, dans un vaste dédale dont il n'avait pas la clef, Curasson a fait, au dire de ses employés eux-mêmes, des manœuvres à contresens et son navire commercial, mal dirigé, a vogué au caprice des flots et a fini par faire un naufrage désastreux. Rien n'a pu être sauvé de cette magnifique fortune. Le malheureux industriel serait réduit à une affreuse misère si un de ses amis, M. Louis de Vaulchier, ne lui avait donné une place dans les bureaux de l'administration du chemin de fer de Besançon à Dijon ; sa femme, en apprenant la ruine de ses enfants, est morte de chagrin quelques mois avant l'éclat de la catastrophe. Charles Curasson, d'un caractère doux et bienveillant, avait attiré à lui toutes les affections pendant son opulence, aussi les sympathies ne lui manquèrent jamais dans son adversité.

Cette anecdote fournit un sérieux enseignement. C'est toujours une grave inconséquence, une lourde faute que de changer de religion ou de caste. Si M. Curasson père, au lieu d'oublier ou de tâcher de faire oublier qu'il était *homme de peu*, comme dit si impertinemment l'aristocratique Saint-Simon, eût mis son orgueil à être le fils de ses œuvres, il pouvait à son aise devenir royaliste sans pour cela cesser d'être plébéien ; mais vouloir faire de la gentilhommerie à tout prix, c'est de la maladresse. Charles, héritant de tels principes, aurait continué la carrière qu'il avait choisie et qu'il aimait, il aurait conservé ses cinquante mille livres de rente, sa femme qu'il adorait et aucune position ne serait aujourd'hui dans nos pays plus heureuse, plus puissante que la sienne.

La paix rétablie en France, on s'occupa de mon avenir. M. le baron des Touches (1), nommé récemment

(1) Des Touches (Alexandre-Guillaume-Étienne-Hersent, baron), né à Paris le 31 mars 1773, mort à Bretels (Sarthe), le 8 juin 1826. Fils d'un employé supérieur des finances, il fut sous-préfet de la Rochelle en 1803, préfet du Jura en 1809, de la Haute-Garonne en 1813, d'Indre-

préfet à Versailles et qui avait eu de bonnes relations
avec mon père lorsqu'il était dans le Jura, consentit à
me prendre près de lui et à se charger de mon éducation administrative. Il fallut donc se résigner à quitter Besançon que j'aimais tant et faire mes adieux à
tous mes camarades. Lorsque je pris congé de Mme Nodier et de ses filles, mon courage factice me soutint,
mais en tendant la main à Virginie, je sentis mon
cœur se gonfler et des larmes mouiller mes paupières.
Virginie était pâle et me regardait avec une anxiété touchante, la pression plusieurs fois accentuée de sa main
me dit tout ce qu'elle éprouvait. J'abrégeai cet adieu pénible en sortant brusquement, mais quand je fus dans
la rue, mes yeux se fondirent en deux cataractes tu-
multueuses. Mon Dieu ! quelle douleur inconnue et
profonde je ressentais ! Mais quel que fût mon chagrin,
c'est pour celui qui reste que l'abandon est le plus
amer.

et-Loire en octobre 1814, de Seine-et-Oise en 1815. Il était commandeur de la Légion d'honneur, chevalier de l'ordre de la Réunion, et
avait été nommé, en 1820, gentilhomme ordinaire de la chambre du
roi. Malgré ce qu'ont prétendu certains biographes, il n'était nullement parent de l'auteur du *Glorieux*.

CHAPITRE V

Je descendis à Paris chez un des bons amis de ma
famille que j'avais vu à plusieurs reprises déjà, Joseph
Bruand, récemment nommé sous-préfet; c'était un
jeune homme d'une trentaine d'années, instruit, spirituel, ancien secrétaire particulier de M. le baron des
Touches, qui l'avait lancé lui-même dans la carrière
administrative. Il devait être mon introducteur à la
préfecture de Versailles.

Pourvu de la sous-préfecture de Barcelonnette, et
craignant de se trouver seul au milieu de ce pays de
marmottes, il était allé bien vite prendre à Lons-le-
Saunier une femme de vingt ans, dont il connaissait
beaucoup la famille, et cette femme, jolie, agréable,
s'essayait déjà, dans son petit appartement de la rue de
l'Université, au métier, toujours si doux pour une
jeune mariée, de maîtresse de maison. Je fus accueilli
dans ce jeune et frais ménage comme si j'eusse été le

frère de l'un ou de l'autre, et j'y passai quelques heureuses semaines.

Après m'avoir fait faire connaissance avec Paris, ses
promenades et ses spectacles, mon hôte me conduisit à
Versailles. J'éprouvai, dès l'abord, un vif entraînement, une sympathie réelle pour M. des Touches, dont
les manières ouvertes, et surtout le talent avec lequel
il sut me mettre à mon aise, me séduisirent tout aussitôt. En sortant de déjeuner, il me semblait connaître
M. des Touches depuis mon enfance, et lorsque je vis
mon introducteur prêt à prendre congé de nous, pour
retourner à Paris, je n'éprouvai aucune émotion sérieuse en pensant que j'allais rester seul au milieu d'une
famille et d'un monde entièrement nouveaux pour moi.

Le lendemain, je louai les meubles nécessaires pour
meubler la chambre qui m'était destinée dans le corps
de logis occupé par les bureaux, je chargeai la femme
du portier, très bonne et très honnête femme, du soin
de cette chambre et de mon linge, je choisis ma pension
chez le restaurateur où mangeaient les gardes du corps,
rue de l'Orangerie, et, ainsi organisé pour le solide, je
me mis sérieusement au travail à côté de M. Oudard,
secrétaire intime du préfet, qui devint bientôt mon ami.

Il avait été convenu que je déjeunerais tous les
jours à la préfecture, chez M. des Touches, et que je
dînerais où bon me semblerait; mais, au bout de deux
ou trois mois, M. des Touches parut si satisfait de mes
habitudes régulières et de mon caractère, qu'il me dit
un matin, en entrant près de moi : « Marquiset, donnez

« congé à votre pension, dorénavant vous dînerez à la
« préfecture. » Touché de cette bonté, je remerciai
mon préfet avec effusion, et, à partir de ce jour, on me
regarda comme de la famille.

Veuf depuis de longues années déjà, M. des Touches
avait, pour diriger l'intérieur de son ménage, une
femme de confiance, appartenant à une honorable
famille, et qui avait été recueillie par lui, à la suite de
malheurs immérités ; Mme Villain était son nom. C'était
une femme d'une cinquantaine d'années au moins,
bonne, indulgente, aimant beaucoup la jeunesse, et
qui avait pour moi une affection particulière.

Dans son intérieur, M. le baron des Touches avait
des habitudes d'ordre dont il ne se départait jamais.
Par exemple, il allait tous les samedis à Paris après le
déjeuner, faisait sa cour au roi et aux princes dans la
matinée du dimanche, se présentait le soir chez les
ministres, et courait le lendemain lundi les bureaux
des diverses administrations pour y recommander ses
affaires les plus importantes. Pendant le temps que
durait cette absence, les fourneaux restaient éteints et
la cuisinière était en vacances. Obligés alors d'aller
prendre nos repas au dehors, Oudard. Fleury (dont je
parlerai plus loin) et moi, nous avions toujours pour
plusieurs semaines à l'avance des dîners échelonnés
chez les uns et chez les autres. Toute vanité à part,
c'était à qui nous aurait.

Cependant, nous avions une prédilection particulière pour le vieux chevalier de la Haye, maire de

Viroflay, le colonel Rieussec, qui a été tué par la machine de Fieschi, l'amiral de Linois [1] et M. Fessard. Celui-ci était un ancien fournisseur des armées retiré des affaires, habitant une charmante petite villa située dans un des plus champêtres faubourgs de Versailles. Vieux garçon, aussi sourd que le Neptune en bronze du grand parc, ce digne homme était d'une conversation pleine de mouvement, de gaieté, d'à-propos, et jouissant largement d'une belle fortune qu'il devait à quarante ans d'un travail assidu.

De temps en temps nous allions à Paris faire de bonnes parties avec quelques amis de l'armée, la plupart jeunes, rieurs, ayant le sang chaud et aussi brillants quand ils avaient le verre que le sabre à la main. Je me rappelle toujours certain souper donné au restaurant Ledoyen, des Champs-Elysées, lorsque Lyautey [2] obtint son brevet de garde du corps de Monsieur, souper

(1) Linois (Charles-Alexandre-Léon, comte Durand de), 1761-1848. D'abord lieutenant de frégate auxiliaire, il devint enseigne de vaisseau en 1781, lieutenant en 1789, et capitaine en 1796. Après l'expédition d'Irlande, le Premier Consul le nomma, le 5 pluviôse an VII, au grade de contre-amiral. Le 6 juillet 1801, il se couvrit de gloire dans la rade d'Algésiras, en écrasant, avec trois vaisseaux et une frégate, une flotte anglaise composée de six vaisseaux. Cet exploit lui valut un sabre d'honneur. Pendant plusieurs années, il commanda le *Marengo* avec lequel il devint l'effroi de l'ennemi. C'est sur ce navire et accompagné de la *Belle-Poule*, que le 22 ventôse an XIV, après un combat acharné contre sept vaisseaux de ligne anglais et plusieurs frégates, il fut blessé et fait prisonnier. Retraité en 1816, Charles X le nomma ensuite vice-amiral honoraire, et Louis-Philippe le fit grand officier de la Légion d'honneur.

(2) Lyautey de Colombe (C.-E.-F.), garde du corps de Monsieur, le 7 mai 1819.

qui se termina fort avant dans la nuit. L'heure de la séparation venue et les têtes se trouvant un peu échauffées. d'Authume, garde à la compagnie d'Havré, Suremain. sous-lieutenant aux chasseurs de la garde royale, et moi, nous rentrâmes à pied pour nous baigner un peu le front dans l'air frais. La conversation devait rouler sur un sujet palpitant dont je n'ai plus le moindre souvenir, et nous discutions ferme le long des rues, lorsqu'en traversant le Roule, nous aperçûmes à quelques pas de nous une voiture de place arrêtée devant un hôtel. — « Tiens ! un amoureux, » fit d'Authume. Au moment où nous arrivions à hauteur du fiacre, la porte de la maison s'ouvrit à ma droite et un homme sortit si brusquement qu'il me bouscula en s'écriant : « Sacrebleu ! vous avez donc les yeux dans vos poches ? — Et vous, dans vos talons ? » répondis-je irrité. Ma phrase ne fut pas entendue, car le monsieur s'était jeté dans la voiture qui filait au grand trot. « Eh bien ! me dit d'Authume, je ne vous conseille pas d'aller lui demander jamais un chapeau de préfet. — Qui est-ce donc ? Vous le connaissez ? » fis-je avec étonnement. Mes deux amis un peu interloqués me jetèrent un nom qui, vu l'heure et la situation, ne me stupéfia point. C'est la seule fois de ma vie où j'ai eu l'honneur d'adresser la parole à S. A. R. Mgr le duc de Berry [1].

(1) Le duc ne sortait-il pas de chez Virginie Oreille ? Elle habitait alors 8, rue de Valois.

13 janvier 1815. On raconte que S. A. R. Mgr le duc de Berry est sou-

Lancé presque tout à coup au milieu d'un monde
nouveau, absorbé par les plaisirs attrayants d'une
grande ville, j'oubliai peu à peu mes bonheurs bison-
tins, y compris le pur et suave sourire de Virginie
Nodier, et je m'en pris à regarder mes rêves passés
comme un jeu d'enfants auquel devait renoncer
l'homme raisonnable. Virginie en fit tout autant de son
côté, seulement sa constance fut un peu plus longue
que la mienne de quelques semaines ; voilà toute la diffé-
rence. Elle épousa bientôt M. Joseph Gandillot, eut
des enfants, perdit sa grâce de jeune fille et se déve-
loppa démesurément de taille et de visage : ses traits
se noyèrent dans un épais ovale de graisse qui éteignit les lignes si correctes, si distinguées de sa figure
charmante ; ce n'était plus qu'une superbe mère de
famille, dont la physionomie sans cachet et la tournure alourdie n'inspiraient ni sentiment ni passion.
Elle était si peu en rapport avec son essence primitive,
si loin de cette conversation simple et attrayante
qu'elle avait autrefois, que je ne songeai jamais à lui
demander si elle était heureuse. Sa vie était uniforme,
d'un calme plat, et paraissait s'absorber dans les soins
du ménage. Elle avait une santé magnifique, et pourtant elle est morte jeune. Je ne crois pas, et j'en ai eu
un chagrin véritable, qu'elle ait trouvé dans le ma-

vent en courses nocturnes, que dans les voitures de place qu'il emploie
alors, il oublie souvent ses cordons, sa redingote, etc. (Rapports de la
Sûreté générale. Archives nationales. — Cités par M. Nauroy, dans le
Curieux.)

riage le bonheur idéal qu'elle avait rêvé. Je l'ai revue plusieurs fois depuis mon départ de Besançon, mais jamais elle n'est redevenue, pour moi du moins, Virginie Nodier Il n'est donc pas absolument vrai

> Que l'on revient toujours
> A ses premiers amours.

A la fin de mon premier mois d'installation à Versailles, je me décidai, sur de récentes instances de ma mère, à aller faire à Paris une visite qui m'effrayait fort; c'était celle à ma marraine la marquise de Montcalm qu'une crainte irréfléchie me poussait à retarder sans cesse. Aborder seul, sans un introducteur bienveillant, une aussi grande dame, sœur du premier ministre de l'époque, me semblait une démarche au-dessus de mes forces. Tant d'autres à ma place eussent été si fiers, si heureux, d'avoir une telle protectrice, de pouvoir s'en vanter partout, qu'ils seraient entrés dans le salon de Mme de Montcalm avec autant d'assurance que chez leur lingère. Je n'ai jamais été de cette trempe-là, mais j'avouerai pourtant que j'ai vu réussir dans le monde beaucoup d'étourneaux et de vantards effrontés qui ne doutaient de rien.

Annoncé chez Mme de Montcalm par un valet de pied en bas blancs, en habit français avec des aiguillettes, ma surprise fut grande lorsqu'au milieu d'un luxe si nouveau pour moi, je vis cette femme de la plus rare distinction me recevoir comme une simple mortelle, me mettre parfaitement à mon aise, et m'in-

terroger pendant plus d'une heure avec bonté, sur ma
mère, sur les miens et sur moi. Elle me donna ensuite
quelques sages conseils sur ma tenue, sur les dangers
de Paris, sur la conduite enfin que je devais mener
pour me rendre digne de la bienveillance de son frère
et de la sienne, etc. Je pris congé d'elle, en lui demandant la permission de venir la revoir dans huit
jours. Plus tard, j'aurais dit : *de venir lui faire la
cour.*

La connaissance était faite ; je me trouvais heureux
de mon début, et je ne me sentais plus embarrassé pour
reparaître devant la porte de cet hôtel, dont j'avais
hésité, un moment avant, à soulever le marteau.

A ma seconde visite, Mme de Montcalm me présenta
à son frère, qui était entré chez elle presque en même
temps que moi.

Le duc de Richelieu (Armand-Emmanuel Duplessis),
petit-neveu, par les femmes, du célèbre cardinal, né à
Paris en 1766, était le petit-fils du maréchal de Richelieu, l'*Alcibiade français*, comme dit M. de Lamartine.
Après avoir émigré en 1789, il alla en Russie, servit
avec distinction contre les Turcs, obtint la faveur de
l'impératrice Catherine, puis de l'empereur Alexandre, fut nommé gouverneur d'Odessa, et chargé, peu
après, du gouvernement de la nouvelle Russie, la Cri-
mée, où il introduisit la civilisation. Rentré en France,
en 1814, à l'âge de quarante-huit ans, il fut nommé, à
la fin de 1815, ministre des affaires étrangères et président du conseil.

Par suite de l'affection que lui portait l'empereur Alexandre, le duc de Richelieu obtint de ce monarque l'allégement des charges qui pesaient sur la France; fit réduire à cinq ans, au lieu de sept, la durée de l'occupation étrangère, et réussit plus tard encore à faire abréger ce terme. Après ce résultat si heureux pour le pays, si heureux surtout pour les provinces occupées, il quitta les affaires. C'était en 1818. Les Chambres lui votèrent, comme récompense nationale, une dotation de cinquante mille livres de rente qu'il accepta, mais pour en fonder, le jour même, un hospice dans la ville de Bordeaux. Et il n'avait pas de fortune !.... Il reprit la présidence du conseil en 1820, à la suite de l'assassinat du duc de Berry, et mourut peu de temps après en 1822, universellement estimé.

En voyant la belle, la noble conduite du duc de Richelieu, à l'occasion de la dotation dont il fut l'objet, il m'est impossible de ne pas faire certains rapprochements que l'esprit de parti ne permit même pas, dans le temps, de signaler à l'attention publique.

Le général Lafayette, on se le rappelle, fut un des adversaires les plus acharnés, lui trentième, de la fameuse *Indemnité du milliard*, proposée dans l'intérêt de l'émigration. Il s'éleva, avec autant de force que de raison, contre ce projet de loi qui passa à la presque unanimité des voix, malgré les efforts persévérants d'une éloquente et courageuse minorité. Lafayette avait certainement prévu ou dû prévoir d'avance ce résultat évident, il luttait alors avec d'autant plus de confiance, de tranquillité d'esprit, que, d'une part, ses discours à la tribune lui valaient les applaudissements frénétiques d'une foule enthousiaste, et que, de l'autre, il allait recueillir les beaux deniers comptants d'une fortune qu'il n'avait pas le projet, lui, de distribuer en œuvres de bienfaisance.

Oh ! le vieux roué, le vieil hypocrite ! Que fit-il en effet dans cette circonstance ?

Il agit d'une manière diamétralement opposée aux principes qu'il avait établis naguère, aux acclamations des masses. Il reçut, avec courtoisie, les trois indignes millions qui lui revenaient pour sa part au gâteau de l'indemnité ; il les serra avec soin dans son tiroir et les garda. Et la foule stupide continua d'applaudir au désintéressement du général Lafayette. L'esprit de parti est en tout temps si aveugle, si absurde, que les partisans de la garde nationale de Paris trouvèrent tout simple que leur héros conservât l'énorme dividende qui lui revenait du milliard, comme ils trouvaient tout simple, par un esprit de contradiction des moins réfléchis, mais assez ordinaire dans l'espèce, que le duc de Richelieu eût fait don à la ville de Bordeaux de sa dotation si justement, si noblement obtenue.

Le général Lafayette aurait fondé un établissement de bienfaisance avec le produit de sa bribe du milliard, qu'il n'eût pas encore été l'égal du duc de Richelieu en générosité. Le général Lafayette avait combattu le projet de loi comme contraire à la justice, à la morale, etc. ; il ne devait donc pas se laisser salir les mains par un argent dont la source, d'après ses propres discours, n'était pas pure. Le duc de Richelieu, au contraire, avait obtenu, de la bienveillance de l'empereur Alexandre, le retrait des troupes de la coalition dont la présence souillait notre territoire et blessait notre orgueil national. C'était une faveur toute patriotique, et qui, en flattant l'amour-propre de tous, délivrait en même temps le trésor français de charges accablantes. La dotation ne pouvait donc qu'être honorable pour celui qui la recevait. Malgré tant de motifs militants, malgré le manque absolu de fortune du duc de Richelieu, ce noble gentilhomme ne se donna même pas le plaisir de faire entrer chez lui la récompense que la juste reconnaissance des Chambres lui avait accordée.

Aujourd'hui que nous sommes à quarante années de distance des deux faits que je viens de rapporter, qu'on examine de quel côté est le grand homme et le noble cœur.

Étranger, par son long éloignement, à toutes les colères, à toutes les ambitions de parti, le duc de Richelieu présentait cette condition de neutralité dans les passions et d'impartialité dans les pensées, heureuse condition des hommes qui ont temporairement quitté leur patrie et y restent comme arbitres, au-dessus des reproches et des lassitudes du temps de révolution [1].

____

(1) « Son visage portait son nom : son front était éclairé, ses yeux
« limpides, son nez aquilin, sa bouche ouverte. L'ovale grec de ses

Le duc était adoré de ses deux sœurs, la marquise de
Montcalm et la marquise de Jumilhac. Homme d'une
grande simplicité de manières, d'un abord bienveillant et facile, il ne m'a jamais tendu la main sans que
ses yeux eussent l'air de me dire : « Soyez tranquille
« sur votre avenir, je n'oublierai pas le service que
« dans des circonstances critiques, votre famille a rendu
« à mes sœurs. » Sous ce rapport, il faut le confesser,
il était moins discret que ne l'étaient ses sœurs elles-
mêmes qui semblaient toujours craindre qu'on n'abor-
dât ce chapitre.

Le danger passé fait oublier bien des serments et
cette remarque est saillante lorsqu'on lit attentivement
la correspondance de Mme de Montcalm avec ma mère.
Antérieurement au retour des Bourbons, les lettres
sont bonnes, d'une tendresse sans pareille et d'une intimité qui n'a pas pu être poussée plus loin avec d'autres affections. Après le rétablissement du trône légitime, ces lettres sont devenues, sans transition aucune,
pleines de réticences parsemées de mots protecteurs et
écrites enfin sur un ton qui rappelait à ma mère qu'elle
ne devait pas ou plutôt qu'elle ne devait plus traiter avec

« traits rappelait la beauté de son grand-père dans sa jeunesse, mais
« son expression n'en avait ni la légèreté, ni l'audace, ni la vanité. On
« sentait qu'une révolution sérieuse et triste avait passé sur cette
« splendeur naturelle de race et y avait empreint la réflexion, la matu-
« rité, la vertu des longues adversités. Le caractère dominant de sa
« figure comme de son âme était la modestie. C'était un homme qu'il
« fallait toujours convaincre de sa propre suffisance, et a qui on ne
« pouvait faire accepter un honneur qu'en lui démontrant que c'était
« un devoir. » (Lamartine, *Histoire de la Restauration*, tome V.)

ces dames d'égale à égale. A qui connaît le cœur humain, cette conduite ne paraîtra pas extraordinaire.

Quand j'allais déjeuner à la présidence, ce qui m'arrivait chaque fois que je me présentais le matin chez le premier ministre, qui habitait l'hôtel de la Chancellerie actuelle, place Vendôme, le duc de Richelieu, dès que ses invités étaient sortis, me donnait le bras et nous allions nous promener en long et en large au pied de la colonne Vendôme, depuis la rue de la Paix jusqu'à la place de la Madeleine. Nous ne quittions jamais ce parcours, parce que s'il arrivait au ministère une dépêche pressante, l'huissier, qui avait la consigne, venait l'en prévenir là.

Pendant cette promenade, le ministre fumait dans une longue et belle pipe d'écume, cadeau de l'empereur Alexandre, qui attirait souvent la curiosité des passants. Il n'était pas de mode alors de fumer comme on le fait aujourd'hui, et cette habitude de la pipe, au temps dont je parle, était une rareté. M. le duc de Richelieu l'avait prise en Russie, et profitait pour fumer de tous ses moments de loisir, mais toujours hors de chez lui et presque toujours aussi en marchant, car il lui fallait beaucoup d'exercice. Plusieurs de mes amis des gardes du corps m'ont assuré que chaque fois que le président du conseil venait passer la soirée aux Tuileries, soit chez le Roi, soit chez les princes, Mme la duchesse d'Angoulême, que l'odeur du tabac indisposait, donnait l'ordre d'ouvrir les fenêtres dès que le duc de Richelieu, dont les habits répandaient le même

parfum qu'un cigare allumé, avait quitté les appartements.

Mme la marquise de Montcalm, qui était ma marraine, comme on l'a vu au début de ces notes, me recevait d'ordinaire vers midi, un moment avant l'heure
de son lever, lequel se faisait méthodiquement chaque
jour vers deux heures. Et qu'est-ce que c'était que ce
lever ? Une manière un peu plus commode, un peu
plus élégante de garder le lit, voilà tout. La pauvre
femme, qui était encore fort belle par les yeux, par
l'intelligence, par le brillant de la conversation, ne
pouvait se mouvoir seule, ni marcher par conséquent.
Elle avait une maladie cruelle que la science appelle,
je crois, ostéomalaxie. C'est le ramollissement des os.

Mme de Montcalm ne pouvait se servir de ses jambes,
et la colonne vertébrale même était chez elle fort compromise, ses bras seuls étaient parfaitement libres et
sains.

Après lui avoir fait sa toilette, ses deux femmes de
chambre la portaient de son lit sur une chaise longue
placée dans son salon, et la recouvraient d'une gaze
chargée de broderies qui lui cachait entièrement le
corps à partir de la ceinture : son buste seul restait à
découvert. Elle avait près d'elle une petite table à rou-
lettes, sur laquelle se trouvaient entassés des livres,
des brochures, des lettres et des papiers de toute sorte.
Tant qu'elle était seule, elle lisait ou écrivait, mais dès
qu'on lui annonçait quelqu'un, elle repoussait elle-
même sa petite table et se mettait tout entière à la

conversation. J'ai dans mon cabinet un portrait d'elle gravé, d'une ressemblance parfaite, et au-dessous duquel on a placé une vignette qui la représente dans son salon, comme je viens de la dépeindre. Elle est morte à Paris en 1832, d'une attaque de choléra.

Sa sœur Simplicie, Mme de Jumilhac, dont le mari passait à juste titre pour un des plus beaux officiers de l'armée française sous l'Empire, était une petite femme un peu plus haute qu'un mètre, et qui, à l'instar de Polichinelle, portait une bosse par devant et une autre par derrière ; ses traits avaient le type ordinaire de tous les bossus ; ils étaient fortement accentués, le nez et le menton surtout.

Elle déguisait sous les dehors d'une malignité factice, genre d'esprit qu'elle avait adopté sans doute pour faire oublier ses infirmités physiques, elle déguisait une bonté naturelle, dont elle a souvent donné des preuves en ma présence. Elle avait cette voix aigre, maligne, qui appartient à certains vieillards, et qui semble ne connaître que l'usage des phrases sardoniques, ou des mots piquants. C'est Mme de Jumilhac qui me dit un jour :

— « Armand, vous étiez hier au bal déguisé de M. le duc Decazes?

— Oui.

— Comment était Mme Princeteau (1) ?

(1) Sœur du duc Decazes, et mariée en 1806 à un propriétaire de Libourne, M. Princeteau, qui l'abandonna malgré son charme et son esprit. Elle se réfugia près de son frère et fut par lui présentée à

— Madame, elle était en sauvage, délicieuse, avec des plumes sur la tête, des plumes sur les épaules, des plumes partout.

— En sauvage, reprit-elle vivement, en sauvage ? Personne n'a dû la reconnaître ? »

Une autre fois que je lui rendais visite, la conversation tomba sur un gentilhomme étranger, de belle tournure, aimable d'esprit et bien accueilli dans les salons, mais que la jalousie disait n'être pas assez désintéressé dans ses bonnes fortunes. Il n'avait jamais eu que des procédés fort courtois vis-à-vis de moi et je n'avais aucune raison de ne pas être honnête vis-à-vis de lui ; aussi, comme Mme de Jumilhac l'égratignait un peu, je me permis de l'interrompre :

« Pourtant, Madame, c'est un homme de commerce agréable....

— Certaines le disent.

— Bien élevé....

— Comme prix ! » lança-t-elle entre ses dents. Je jugeai prudent de ne pas insister.

Le fils aîné de Mme de Jumilhac a hérité du nom et des titres de son oncle le duc de Richelieu, mort sans laisser d'enfants. J'ai vu souvent, dans ma première adolescence, le père de ce jeune homme, le marquis de Jumilhac (Antoine-Pierre-Joseph). Il commandait alors un régiment de lanciers portugais, en garnison

Louis XVIII : « Le roi, dit Chateaubriand dans ses *Souvenirs d'outre-tombe*, s'en était amouraché en perspective », mais sa faveur dura peu.

à Gray. C'était un officier d'une beauté remarquable et que je me rappelle encore vêtu de son élégant uniforme et coiffé d'un casque qu'il portait à merveille.

M. de Jumilhac avait émigré et servi dans l'armée des princes. Échappé au massacre de Quiberon, il rentra en France après le 18 brumaire, prit du service sous l'empire, et fut nommé lieutenant général le 30 août 1814. A des manières pleines de distinction il joignait la franchise du soldat, il avait la repartie vive et brusque et je l'ai vu quelquefois d'une gaieté piquante et soutenue dans les longs diners que lui donnait mon père, lorsque, de Gray, il venait passer quelques jours à Besançon.

Dans les premiers jours de mon apprentissage administratif, je remarquai que M. des Touches était un homme bon, indulgent, aimant la jeunesse, lui pardonnant beaucoup, mais dont il ne fallait pas, soit par négligence, soit par un entraînement au plaisir, compromettre les heures de travail ou déranger les habitudes d'ordre. Sous ces deux rapports, il était inexorable et se mettait dans des colères terribles lorsqu'aux heures de bureau il ne trouvait pas sous sa main celui de ses trois aides de camp dont il avait besoin. Aussi, à une ou deux exceptions près, n'a-t-il pas eu, pendant mes cinq années d'études, à se plaindre d'une seule inexactitude de ma part.

M. des Touches avait un fils et une fille ; son fils, Ernest, capitaine aux hussards de la garde royale, était en garnison à Fontainebleau, et sa fille, alors âgée de dix-neuf ans, demeurait avec son père. Il y avait donc habituellement à table M. et Mlle des Touches, MM. Oudard, secrétaire intime du préfet, Alexandre de Fleury, et moi.

Fleury était venu à la préfecture un an après mon arrivée, pour y faire comme moi son apprentissage administratif. Il était fils d'un ancien sous-préfet de Senlis, qui avait vécu dans l'intimité de Joseph Bonaparte lorsque ce prince habitait le château de Chantilly. M. de Fleury père, que j'ai vu plusieurs fois à Versailles, était un homme de mérite, de manières excellentes, et d'un esprit aimable et fin. Je me rappelle très bien qu'il racontait dans la perfection les historiettes les plus hasardées, et qu'il savait trouver des mots très pittoresques mais très décents pour exprimer des idées qui ne l'étaient pas.

M. de Fleury avait les pieds d'une extrême difformité, et les ondulations montagneuses de ses bottes, coupées en plusieurs endroits, trahissaient un potager dont la plupart des légumes étaient fort indiscrets.

Voici ce que j'ai lu dans les *Mémoires* de M. Stanislas de Girardin, au sujet d'un voyage qu'il fit à Chantilly, en août 1809 :

« J'ai, dit-il, passé à Senlis, pour y prendre
« M. Fleury, le sous-préfet. J'ai servi avec lui dans le
« Colonel-Général-Dragons, je le connais depuis 1778,
« c'est-à-dire depuis plus de trente ans. Une liaison si
« ancienne est devenue une vieille amitié. Fleury a

« de l'esprit, écrit avec facilité, fait des vers avec
« grâce ; il aime la société, où il a du succès ; il n'est
« pas content de ce qu'il a ; il ne se trouve pas bien où
« il est, et je ne puis l'en blâmer, car il a les moyens
« nécessaires pour remplir une place supérieure à
« celle qu'il possède, et, pour les hommes qui valent
« quelque chose, c'est un tourment de tous les jours
« que de se sentir resserré dans une sphère où l'on ne
« peut déployer ni son âme ni son esprit. »

Ernest des Touches, qui est mort fou, à l'âge de
trente-quatre ans, dans la maison de santé du docteur
Esquirot, était un officier de mérite, d'une bravoure
éprouvée, et dont l'avenir devait être des plus brillants. Homme de cœur, libéral, généreux, d'une obligeance extrême, il m'avait toujours témoigné de l'affection, et la nouvelle de sa mort m'a causé, dans le
temps, un chagrin réel et profond. Ernest avait déjà
donné, à plusieurs reprises, lorsque j'étais à Versailles,
des preuves d'exaltation qui annonçaient un certain
dérangement, très momentané sans doute, dans les
idées, et si, à l'époque dont je parle, on eût attaché
plus d'importance aux faits que je vais rapporter, et
qui, heureusement, demeurèrent secrets, on eût certainement prédit que tout cela finirait par une démence
caractérisée.

Dans les premiers jours d'août 1818, Ernest vint
passer un semestre à Versailles. Là il devint éperdument amoureux d'une Anglaise charmante et spirituelle,
qui avait pour amant un capitaine des cuirassiers de

la garde, beau et aimable s'il en fut. Je m'aperçus bientôt de cette folle passion, bien qu'il s'obstinât à me la nier ; mais il fut obligé, dans une certaine circonstance, de m'avouer que lady Fitz.... occupait nuit et jour sa tête et son cœur, et qu'il ne pouvait plus vivre, s'il ne réussissait pas à lui faire partager son amour.

Je lui fis sentir combien il aurait tort de poursuivre une conquête impossible, puisque la séduisante étrangère était déjà le prix des soins exclusifs d'un homme des mieux faits pour plaire, et dont l'attachement et la tendresse pour elle ne se démentaient pas : je lui fis observer en outre que cet amant heureux était son camarade, son ami, et que s'il apprenait quelque chose des tentatives de lui, Ernest, il en pourrait résulter de graves incidents qui donneraient certainement de l'ennui, peut-être même du chagrin à son père et à sa famille. Ces réflexions parurent le toucher, car il me quitta sans essayer d'y répondre, et me serrant convulsivement la main.

Le soir de cette même journée, vers les dix heures, je faisais seul un peu de musique dans ma chambre, lorsque je vois entrer Ernest, pâle, éperdu, l'œil hagard et le visage en feu : son uniforme était à demi ouvert : une partie des boutons en avait été violemment arrachée, et sa chemise était en lambeaux : il avait, en un mot, l'air de quelqu'un qui vient de commettre un crime. En voyant son désordre, je lui demandai dans une brusque anxiété ce que signifiait le déplorable état dans lequel il se trouvait.

« En sortant de dîner, me dit-il, je suis allé faire un
« tour de promenade au parc, et j'ai choisi, pour rêver à
« mon aise, les allées les plus ombreuses et les plus
« solitaires. Je pensais à la belle lady, car je n'ai plus
« d'autre pensée, lorsque me prit le caprice soudain
« d'aller me jeter à ses pieds, et de lui avouer ma
« flamme. Je la savais seule en ce moment ; je m'ache-
« mine donc vers sa demeure ; ma main saisit en trem-
« blant le marteau de la porte, je frappe, et me voilà
« dans le vestibule, presque surpris moi-même de ma
« démarche. On m'annonce à Milady, et, en deux pas,
« je me trouve enfin à ses côtés, sur la même otto-
« mane.

« Dans cette position inespérée, ma tête s'échauffe,
« mon sang bouillonne, je m'empare de sa main que
« je baise avec transport, et, après avoir dérobé un
« rapide baiser à ses lèvres crispées, mes sens s'éga-
« rent, je la prends dans mes bras, je la porte sur son lit,
« où, en se débattant avec la plus rude énergie, elle ren-
« contre le cordon de sa sonnette, qu'elle agite d'une façon
« désespérée : j'entends un domestique monter l'escalier ;
« furieux alors, et ne me connaissant plus, je mets l'épée
« à la main, et j'annonce que je tuerai le premier qui
« entrera. Je ne sais si le mouvement impétueux que
« je fis en adressant cette menace et du geste et de la
« voix, ou si les supplications de la pauvre femme
« effrayée et tremblante, arrêtèrent mon bras ; ce
« qu'il y a de certain, c'est que je redevins calme à
« l'instant même, et que mon épée était rentrée au

« fourreau avant qu'on eût ouvert la porte. Après
« cette équipée, je suis sorti sans proférer un seul
« mot, et me voici comme si je quittais le champ de
« bataille. » En effet, sa chemise déchirée était mou-
chetée de taches de sang que la jeune femme avait
faites en se défendant *unguibus et rostro*.

Lady Fitz.... garda sur cette aventure un silence
prudent, et elle ne circula, par conséquent, ni dans les
salons ni dans le public.

Une autre fois, c'était antérieurement à l'épisode
que je viens de raconter, Ernest était de service,
escortant le comte d'Artois à la portière de son car-
rosse, lorsqu'au milieu de la rue de Rivoli, son cheval
glissa des quatre jambes sur le pavé et s'abattit rude-
ment. Une des roues de la voiture du prince passa
sur le colback du commandant de l'escorte, qui pourtant ne fut point blessé. Étourdi par la chute qu'il
venait de faire, et peut-être aussi par le danger qu'il
avait couru, Ernest se releva fort en colère, et se mit
à déblatérer contre les Bourbons les injures les plus
grossières :

« Faudra-t-il donc, s'écria-t-il, qu'un officier trouve
« la mort sous les roues d'une voiture de parade ? Ces
« gredins-là ne sont donc pas satisfaits de toutes les
« humiliations qu'ils nous font éprouver ? Doit-on
« encore être traîné dans la boue par eux ?.... »

Ces exclamations furibondes eussent duré plus longtemps sans doute, si quelques personnes sages ne
l'eussent averti avec douceur de son imprudence. Il se

remit peu à peu, remonta à cheval, et regagna les Tuileries ventre à terre.

Sa sœur, Mlle Stéphanie des Touches, était une femme superbe, d'une fraîcheur, d'une carnation qui laissaient les plus belles bien en arrière ; sa taille était magnifique, mais tout l'ensemble de cette splendide personne était très imposant, trop imposant peut-être. Si elle sortait, soit pour une course dans la ville, soit pour une promenade, elle marchait sans contrainte, sans embarras, ne se souciant pas des regards qu'elle attirait, comme enveloppée de sa dignité, de sa grâce austère.

En général, on est peu d'accord sur la beauté ; le plus grand nombre la fait consister dans certaines proportions, et dans une régularité convenue : d'autres reconnaissent seulement la beauté à l'influence qu'elle exerce et à l'impression qu'ils en reçoivent. Je crois que ceux-ci sont dans le vrai. Entre la beauté qui se prouve, et la beauté qui plaît, qui charme, qui séduit, le choix ne saurait être ni bien long ni bien douteux.

Mlle des Touches avait aux yeux de tous la première de ces beautés ; elle était en outre d'une raison supérieure, exceptionnelle, et on pouvait à toute heure et sur toute chose venir la consulter comme une mère.

Il était certes bien dangereux pour trois jeunes gens dans toute la fougue de l'âge de se trouver deux fois par jour avec une jeune personne si pleine de qualités et d'attraits. Pourtant, de mon côté, bien que je me sentisse par un doux penchant porté vers cette digne jeune fille, ce n'était pas de l'amour que j'éprouvais près d'elle, je ne pouvais m'abuser sur ce sentiment, car je ne ressentais ni agitation, ni jalousie, ni cette préoccupation passionnée, incessante, qui remplit le cerveau et le cœur ; je ne pensais pas non plus à l'aimer autrement, je ne savais pas en vérité si elle était un camarade, un ami, une sœur ou autre chose pour moi. Je savais seulement que j'étais heureux près d'elle, cela me suffisait.

Je ne m'étais pas bien rendu compte de la manière dont je l'aimais ; si c'était de l'intimité pure, de l'amitié, de l'amour, de l'habitude, ou de tous ces sentiments réunis que se composait mon affection pour elle. Elle était admirable de candeur et de pureté. Quand je sortais du salon le soir, je la quittais aussi tranquille que lorsque j'y étais arrivé ; puis je regagnais ma chambre solitaire, où je dormais paisiblement, sous le même toit qu'elle, sans qu'une pensée, sans qu'un rêve d'amour, de ce côté du moins, vînt embellir ou troubler mon sommeil : et, à ce sujet, je ferai remarquer que quand ce petit dieu, auquel on est convenu de donner l'épithète de *malin*, vous a une fois percé le cœur de sa flèche acérée, c'est surtout la nuit que sa blessure vous fait souffrir. Pourquoi ? Parce que les grands sentiments et les grandes pensées ne peuvent pas vivre le jour. Le jour rempli par le soleil, par les bruits de la foule, est étroit, plein de distractions forcées. L'horizon se borne, les espaces se définissent, la lumière dépoétise tout; la nuit seule est grande, profonde, immense, comme les rêves, comme les désirs.

Il suit de ces réflexions que je n'étais pas amoureux de Mlle des Touches; je le croyais du moins. Ce calme de mes sentiments, qu'après trente ans je ne saurais comment qualifier, aurait duré pour moi des années peut-être, sans une circonstance toute naturelle, mais que pourtant je n'avais pas prévue et qui, en brisant la chaîne mystérieuse de cette intimité, rompit tout à coup le charme. Ce fut l'annonce du mariage de Mlle Stéphanie avec le comte Armand d'Houdetot, lieutenant-colonel au 4e régiment d'infanterie de la garde royale [1].

M. des Touches vint lui-même m'en faire part; il était six heures du matin, et j'étais encore au lit. Après cette courte communication, mon préfet disparut, comme s'il venait de commettre une mauvaise action. Surpris et brisé, je me levai sur mon séant, je n'entendis plus qu'un bourdonnement confus, et je sentis bien à ce trouble, à ce bouleversement subit de mes sens, au découragement qui s'empara de moi pendant tout le reste de la journée, que j'étais bien près d'aimer d'amour, si la chose n'était déjà faite.

[1] D'Houdetot (Armand, comte), né le 9 avril 1787. Enrôlé volontaire à la 66e demi-brigade d'infanterie en 1803, il devint capitaine, aide de camp du général Lagrange, colonel du 11e régiment d'infanterie de ligne en 1821, et démissionna en 1830. Il avait fait campagne aux colonies jusqu'en 1809, puis avec la Grande Armée. Il était petit-neveu de la célèbre Mme d'Houdetot, l'amie de Jean-Jacques.

Dès ce moment, j'allai beaucoup dans le monde, je travaillai avec plus d'ardeur que jamais, et je fis seul chaque jour de longues et fatigantes promenades, cherchant ainsi à me débarrasser d'une pensée importune, qui s'obstinait à tenir garnison dans mon cerveau et dans mon cœur et qu'il fallait en chasser à tout prix.

Enfin, le mariage eut lieu, et, dès ce jour, je ne m'occupai plus de Mme d'Houdetot que comme d'une femme parfaite, mais qui n'entrait plus dans ma vie comme une nécessité.

J'ai lu dans maint et maint roman que, dans les positions analogues à celle où je me trouvais, le sentiment qui s'en va se borne rarement à disparaître ; que ces retours ne se font pas sans un élan de passion qui vous jette dans une extrémité contraire et qu'ordinairement, après s'être haï ou aimé, la pure et simple indifférence n'est guère possible. Eh bien ! c'est précisément ce qui m'arriva.

Je ne retombai pas dans mon affection première. Mme d'Houdetot ne fut plus pour moi Mlle Stéphanie des Touches, et, dès que ce parfum, cette virginité, ce prestige de la jeune fille eurent disparu dans les plis étoffés et dans les flots de dentelle de sa robe de mariée, toutes mes tendresses, toutes mes illusions si douces s'envolèrent pour ne plus revenir. Il est vrai de dire que je ne lui avais jamais dit un mot de ma tendre affection pour elle, et que si cette affection s'est parfois trahie, ce sont mes yeux seuls, et toujours à mon insu, qui la lui auront révélée.

Le jour de la célébration de ce mariage, Alexandre de Fleury et moi, qui étions de toute nécessité les pivots sur lesquels devaient rouler les détails de la fête, nous partîmes pour Paris dès le matin, chacun par une voiture différente, et sans nous être donné le mot. Pour mon compte, je craignais que quelques larmes involontaires ne vinssent trahir mon émotion pendant la cérémonie, soit à la mairie, soit à l'église, et je pris le parti le plus sage, le plus prudent, celui de la fuite. Alexandre avait-il eu la même pensée, la même crainte que moi? Je l'ai toujours ignoré. Ce qu'il y a de certain, c'est que nous n'avons jamais parlé de cette circonstance bizarre, ni dans le temps ni depuis, et pourtant nous nous sommes revus à plusieurs reprises, à bien des années de là.

On doit toujours prendre garde, dans les familles, de mettre des jeunes personnes en rapports habituels avec des jeunes gens. Ainsi, voir plusieurs fois par jour Mlle Stéphanie des Touches, soit à table, soit au salon, aurait fini peut-être par nous impressionner tous les trois, et il pouvait arriver, ce qui n'est pas rare, que l'un de nous produisît sur le cœur de Mlle Stéphanie le même effet qu'elle avait produit sur le nôtre.

Il n'y avait certes pas ici de danger de scandale; d'une part, le caractère froid, réservé et pieux de Mlle des Touches, et de l'autre le respect que nous avions pour elle et pour son père, étaient une garantie certaine contre tout danger; mais il pouvait en résulter une affection profonde, et peut-être un mariage inattendu.

Le mariage, pour la fille de mon préfet, ressemblait à une énigme dans laquelle elle ne voyait qu'une pieuse cérémonie d'église et une utile adoption. Le lendemain de la noce, le bruit courut parmi les gens de la maison et les serviteurs que Mlle Stéphanie s'était jetée hors du lit à l'approche de son époux, qu'elle s'était agenouillée, le suppliant de ne lui porter aucune atteinte, et que le mari, inquiet, troublé, effrayé même de son exaltation fébrile, avait passé la nuit sur un fauteuil en vaines prières.

Puisque nous en sommes aux révélations intimes, il y en a une assez importante qui doit ici trouver sa place. La première grossesse de Mme d'Houdetot fut parfaite et tout annonçait que son enfant viendrait à merveille, mais point ; elle accoucha d'un gros garçon bien conformé, mais mort dans le sein de sa mère trois ou quatre jours avant sa naissance. Consultation des plus habiles médecins de Paris, qui tous sont d'accord sur le fait principal, à savoir la mort de l'enfant, mais qui décident, quant à la cause de l'événement, qu'ils n'y comprennent rien ; que cependant leur avis unanime est qu'à sa première grossesse Mme d'Houdetot fasse le moins de mouvements possible, et qu'elle en passe toute la durée sur une chaise longue ou dans son lit.

Les prescriptions furent, on le pense bien, religieusement suivies, et comme la première fois, aucun malaise, aucune indisposition sérieuse, aucun fait particulier ne vinrent troubler la quiétude pleine d'espérance des époux; mais au bout de ses neuf mois de repos absolu, la pauvre mère mit au monde un enfant mort dans les mêmes conditions que le premier. Consultation nouvelle des plus habiles accoucheurs qui dirent que « puisque le repos n'a pas amené les résul« tats qu'on en attendait, ils pensaient que Mme d'Hou« detot devait faire, pour sa troisième grossesse, le « contraire de ce qu'elle avait fait pour la seconde, « qu'elle prît beaucoup d'exercice, qu'elle fît de fré« quentes promenades, des parties de mer à Trou« ville, etc.... » On se remua, on s'agita dans tous les sens, et malgré cette vie active, on accoucha pour la troisième fois d'un enfant mort, mais toujours bien constitué.

Le désespoir était dans le cœur du mari et de la femme, et une vive douleur se laissait apercevoir chez M. des Touches, qui craignait que ces déplorables événements, si obstinément renouvelés, ne provinssent de quelques mauvaises dispositions, ou de quelque vice secret chez son gendre ou sa fille. Il n'y avait rien de tout cela. Enfin on appela M. le docteur Chaussier, vieillard savant, habile praticien, qu'on n'avait pu avoir jusqu'à présent, par des raisons qui échappent à ma mémoire.

J'entends encore ce médecin d'élite, dont la conversation sur les matières de son art était pleine de piquant et d'attrait, je l'entends encore dire à M. des Touches : « Monsieur le préfet, il y a des secrets de na« ture que la science ne pénètre jamais. Le triple fait si

« inquiétant qui vient de se passer à chacune des cou-
« ches de Mme d'Houdetot est de ce nombre ; il est, pour
« moi, inexplicable, et notre art ne peut rien ici. Seu-
« lement, j'engage Mme votre fille à faire, pendant sa
« quatrième grossesse, tout ce qui lui passera par la
« tête, *comme une femme de la campagne,* sans tou-
« tefois commettre d'imprudences, et de recommander
« le reste à Dieu. »

Mme d'Houdetot le fit et fit bien, son quatrième
enfant entra cette fois dans la vie en poussant de
hauts cris, mais on craignit tant pour les jours d'un
héritier si péniblement obtenu, qu'on l'a élevé, m'a-t-on
dit, avec trop de précaution, des soins trop minutieux,
et qu'on lui a fait une santé délicate d'un tempérament
robuste qu'il aurait dû avoir. Par une singularité et
une coïncidence des plus bizarres, cet enfant, aujour-
d'hui jeune homme de vingt-cinq à vingt-six ans, porte
le même prénom que mon fils, il s'appelle Gaston, et
a le même âge que lui.

J'ai perdu de vue toute cette famille depuis longtemps, mais surtout depuis 1826, époque de la mort de
M. des Touches. Mme d'Houdetot a succombé, il y a
quelques années, à une courte maladie, et ce n'est pas
sans douleur que j'ai appris la mort de cette excellente
femme.

CHAPITRE VI

Mᵐᵉ d'Houdetot avait une ravissante cousine, propre nièce de M. des Touches, Mᵐᵉ la duchesse de Castiglione.

Cette délicieuse duchesse vint en 1816 passer une semaine à la préfecture de Versailles. C'est, sans contredit, la femme la plus exquise que j'aie vue de ma vie. Elle a, je suppose, de vingt-quatre à vingt-cinq ans : son profil grec est d'une grande pureté, d'une grande noblesse ; ses yeux bleus, qui reflètent l'azur du ciel, sont surmontés de sourcils largement dessinés et retombant en arc ; quelques rares taches de rousseur, semées sur son beau visage, ne semblent se trouver là que pour faire ressortir davantage la finesse et la délicatesse de sa peau ; sa taille, bien qu'élevée, est d'une élégance admirable et d'une souplesse voluptueuse, son corsage montre les proportions les plus riches et les plus gracieuses ; une opulente chevelure noire et soyeuse semble fatiguer de son poids sa tête et son cou merveilleusement attachés ; pleine d'une grande bienveillance, et n'ouvrant jamais la bouche que pour en laisser tomber de douces, d'agréables paroles.

Mme la duchesse de Castiglione est bonne musicienne : sa voix étendue et vibrante plonge ceux qui l'entendent dans de ravissantes extases ; elle dit délicieusement surtout, et avec un cachet particulier, les romances guerrières de l'empire : *La sentinelle!* — *Quoi ! vous partez pour aller à la gloire !* — *Partant pour la Syrie*, etc., etc. Ces romances, presque séditieuses alors, remplissaient nos jeunes cerveaux pendant des semaines entières, et nous les fredonnions constamment en pensant à celle qui nous les avait chantées avec tant de mélancolie, de sentiment et de goût. La voix de la duchesse est belle comme elle, si l'on peut s'exprimer ainsi, et, lorsqu'elle chante, cette voix semble naître dans son cœur et venir mourir dans le vôtre.

Les détails du mariage de Mme la duchesse de Castiglione sont assez curieux pour être ici rapportés.

Ennuyé d'un long veuvage, le maréchal Augereau, dont le nom se rattache à tous les beaux faits d'armes de nos armées, alla trouver un beau matin M. Péan de Saint-Gilles, son ami bien plus que son notaire, et lui tint à peu près ce langage : « Je m'ennuie d'être « seul ; le rôle de femme de ménage m'est insupportable, et je ne me sens pas la force de le continuer « plus longtemps, je voudrais me remarier, et comme,

« malgré la guerre, je n'ai pas un membre de moins,
« je désirerais épouser une jeune personne, belle,
« bien élevée, et capable de faire avec tact et grâce
« les honneurs de ma maison. Je désire par-dessus
« tout qu'elle appartienne à une famille honorable,
« plutôt bourgeoise que noble. Quant à la fortune, je
« n'y tiens pas ; si la jeune personne me plaît, je la
« couvrirai d'or et de diamants.

— « La chose ainsi posée, répondit le notaire, est
« des plus faciles. Je connais une jeune fille d'une
« grande beauté et d'une rare distinction, dans les con-
« ditions que vous venez d'établir vous-même, et qui
« n'a pas un sou de dot. Venez, mon cher maréchal,
« dîner chez moi dimanche prochain, je vous placerai
« à table entre la mère et la fille, et, si celle-ci vous
« plaît, l'arrangement, je l'espère, sera bientôt con-
« clu. »

Le maréchal Augereau fut exact au rendez-vous.
C'était un homme de quarante-cinq ans, très bien
conservé, très vigoureux, mais d'un physique peu
attrayant : il avait, ce jour-là, une tenue des plus soignées : son valet de chambre y avait mis tout son
talent : mais, hélas ! on a beau faire, la jeunesse du
cerveau ou celle du cœur ne remplace pas la jeunesse
du visage, et une fois qu'un homme a passé la quarantaine, il ne fait plus guère, par ses charmes extérieurs
du moins, la conquête d'une jeune fille.

A cette époque, vivait retirée, dans un des quartiers
les plus humbles de Paris, une famille composée d'un

fils, chef d'escadrons de hussards, et d'une fille, que sa mère, femme de mérite et de distinction, élevait avec le plus grand soin. Le chef de cette famille, vieillard respectable, était lieutenant-colonel de cavalerie en retraite. Il s'appelait Bourlon de Chavanges, avait eu autrefois une grande fortune, que des revers successifs lui avaient fait perdre, et cette famille vivait de la pension de retraite de M. de Chavanges et de quelques faibles débris de sa première fortune échappés au naufrage.

Placé à table entre la mère et la fille, le maréchal Augereau fut bientôt épris et décidé ; et tous ceux qui ont connu Mme la duchesse de Castiglione savent qu'il eût été impossible qu'il en arrivât autrement.

« Augereau, a dit Napoléon à Sainte-Hélène, n'avait « pas d'instruction, pas d'étendue dans l'esprit. » Moi j'ajouterai, d'après ce que j'ai entendu répéter au baron des Touches, qu'il était bon, très facile dans sa vie intérieure et surtout d'une extrême simplicité. C'est le seul des maréchaux de France qui n'a jamais voulu prendre son titre et le nom de duc de Castiglione. « Je me f.... bien de tout cela, disait-il, je « m'appelle *Pierre Augereau* et je ne veux pas qu'on « me débaptise. »

En sortant de table, le maréchal prit à part M. Péan de Saint-Gilles et lui dit : « Mon cher ami, demandez ce « soir même la main de Mlle de Chavanges » La chose fut ainsi faite et agréée, et quelques jours après, Augereau conduisait à l'autel sa jeune et brillante épouse.

Devenue veuve à son tour [1], la duchesse de Castiglione épousa en secondes noces, quelques années plus tard, M. le comte Camille de Sainte-Aldegonde [2], colonel, aide de camp du duc d'Orléans, le futur Louis-Philippe.

Le comte de Sainte-Aldegonde était jeune et brave ; une balle, qui lui avait traversé les deux joues à la bataille de Brienne, avait labouré sa langue en passant, ce qui le faisait zézayer un peu ; mais ce léger défaut, loin de lui être nuisible, donnait au contraire un attrait de plus à son accent. C'était un homme d'excellent ton, très aimable, aimant les chevaux, les équipages, le luxe ; il monta sa maison sur un tel pied que la grande fortune de sa femme n'y résista pas et se trouva bientôt compromise.

La duchesse de Castiglione passait pour avoir cent cinquante mille francs de rente. Ne pouvant plus faire face à ses dépenses, M. de Sainte-Aldegonde quitta la France et, avec l'agrément du roi, se rendit en Russie, où l'empereur lui confia le commandement d'un des régiments de sa garde. Lorsque les embarras financiers

(1) Le maréchal Augereau mourut d'une hydropisie de poitrine le 12 juin 1816, à l'âge de cinquante-neuf ans, dans sa terre de la Houssaye (Seine-et-Marne).

(2) Sainte-Aldegonde (Charles-Camille-Joseph-Balthazar, comte de), 1787-1853. Sorti de l'École polytechnique en 1807, il devint capitaine d'artillerie en 1812, aide de camp du maréchal Ney, puis du duc d'Orléans, colonel en 1814, commandant de la Martinique en 1827. Après avoir servi la Russie pendant douze ans, il rentra en France, fut nommé maréchal de camp en 1841, et retraité en 1848. Grand officier de la Légion d'honneur, chevalier de Saint-Louis.

qui l'avaient forcé à s'expatrier furent aplanis, le colonel de Sainte-Aldegonde revint en France, où il obtint, peu après son retour, le grade de général de brigade. De son mariage avec la veuve du maréchal Augereau sont nées deux filles, connues par leur rare beauté et leurs vertus. Leurs portraits, peints par Dubuffe, attirèrent l'admiration générale, au Salon de 1834 ou 1835. L'une de ces charmantes personnes mourut à dix-neuf ans, et sa mort impressionna douloureusement tout Paris.

Les circonstances ne me rapprocheront certainement jamais de Mme la comtesse Camille de Sainte-Aldegonde, mais, s'il en était autrement, j'aurais peine, sans doute, à retrouver, sous les rides de l'âge, quelques-uns de ces traits parfaitement beaux qui la rendaient si séduisante autrefois [1].

M. des Touches quittait régulièrement son cabinet à cinq heures, entrait dans sa chambre pour s'habiller, et venait ensuite se mettre à table. Il n'aimait pas les grands dîners, les dîners d'apparat, mais rien ne lui plaisait davantage que l'arrivée inattendue de deux ou trois convives agréables. Aussi avait-il su se ménager des habitués d'élite, dont la seule annonce dans le salon nous faisait jeter à tous des cris de plaisir et de joie. Parmi ces habitués, se trouvait un vieillard d'une soixantaine d'années, plein de verdeur, de jeunesse même, et dont les prouesses galantes auraient rendu

____

[1] Mme de Saint-Aldegonde est morte le 2 décembre 1869.

jaloux les lions de cette époque. Il portait ses habits comme on les avait au temps du Directoire, c'est-à-dire à taille très basse, à larges basques, et d'une ampleur outrée sur la poitrine, qui demeurait toujours ensevelie sous les flots d'une riche dentelle. Ce vieillard avait nom M. de la Meilleraye : il appartenait à la famille du duc de la Meilleraye, grand maître de l'artillerie sous Louis XIII et sous Louis XIV, qui se distingua dans les guerres du comté de Bourgogne et qui reçut, en 1639, le bâton de maréchal, des mains du roi, sur la brèche de Hesdin.

M. de la Meilleraye était fort laid, sa tête grosse et difforme était couverte d'une épaisse chevelure inondée de poudre, à laquelle appendait une petite queue qui se tordait coquettement, à la manière de celle d'un chien carlin ; son visage, d'un rouge audacieux, était profondément sillonné par les ravages de la petite vérole, et au milieu de sa face rebondie s'étalait avec assurance un nez aux vastes proportions, que surmontaient deux petits yeux, gais, hardis, moqueurs, et qui s'agitaient sans cesse dans leurs orbites trop étroites.

Malgré ce portrait peu séduisant, il y avait tant d'esprit, tant de mouvement dans la physionomie de M. de la Meilleraye, qu'on en oubliait bien vite la laideur pour suivre sa conversation pétillante comme de la mousse de champagne. Elle était très amusante, en effet, et aussi très instructive : il avait passé sa vie dans le monde le plus élégant, le plus spirituel de Paris, et comme il était fort aimé, fort discret, il avait

été le confident ou le témoin d'une foule d'intrigues de
boudoir qu'il racontait avec une finesse et une grâce
charmantes. Nul, au surplus, ne connaissait mieux
que lui la généalogie des grandes maisons et les anecdotes scandaleuses des familles.

Vieux garçon sans fortune, il s'était retiré à Versailles dans un très modeste appartement qu'il n'occupait jamais que la nuit, car toutes les heures de la
journée étaient employées par ce joyeux viveur en visites, en promenades et en parties de plaisir dont il
était toujours l'acteur principal. Il avait son couvert
mis chez les personnes les plus distinguées de la ville,
quelles que fussent d'ailleurs leurs opinions politiques, et
il venait dîner une fois au moins par quinzaine à l'hôtel de la préfecture, où il payait très généreusement
son écot en causeries vives, piquantes, parsemées de
mots heureux et d'à-propos d'une originalité grivoise
mais de bon goût qui n'appartenait qu'à lui.

M. des Touches n'aimait pas qu'on allât sur le théâtre *faire les aimables* avec les actrices. Il disait toujours à mon collègue Alexandre de Fleury et à moi :
« Voyez ces dames chez elles tant que vous le voudrez,
« mais ne vous montrez jamais en public avec elles. »
Cette observation était parfaitement juste et convenable, mais, avec la facilité que nous avions de descendre pour ainsi dire de la loge même de la préfecture
dans les coulisses, comment résister, à vingt ans, à
l'herbe tendre, quand on n'a qu'à se baisser « pour
« tondre de ce pré, la largeur de sa langue ? » Et

puis ces jeunes filles avaient du talent; elles étaient jolies, gaies, vives et légères....

Donc, un soir, malgré la sage recommandation de notre préfet, nous nous étions, Fleury et moi, glissés furtivement, dans un entr'acte, près de la jeune première et de la soubrette. Nous avions avec elles une conversation des plus intéressantes, des plus animées, lorsque nous nous aperçûmes que Mlle Stéphanie des Touches, qui par le plus grand des hasards était venue ce jour-là au spectacle, nous observait en souriant à travers le petit *washistass* (le diable m'emporte, si je sais comment s'écrit ce nom germanique) qui donnait sur la scène. Nous demeurâmes confondus l'un et l'autre, et ce fut bien pis encore quand nous vîmes quatre ou cinq têtes de jeunes personnes avides de savourer notre embarras se succéder curieusement à ce maudit guichet. C'étaient Mlles de Lalonde, les filles du maire de Versailles. Elles étaient venues, sans la faire prévenir à l'avance, prendre leur amie de la préfecture pour aller ensemble à la première représentation du *Petit Chaperon rouge* que l'on donnait le soir même.

En découvrant ces dames, Fleury et moi nous opérâmes notre retraite le plus lestement possible derrière une des toiles du théâtre, mais il était trop tard, nous avions été vus et aucun de nous n'osa rentrer dans la loge de la préfecture où il aurait eu à subir, sans pouvoir se défendre, un feu roulant de plaisanteries et de malices féminines. Nous prîmes le prudent parti de nous retirer dans nos appartements où, après avoir

devisé jusqu'à minuit sur la manière de nous justifier
de notre équipée galante, nous nous décidâmes à aller
dormir.

Le lendemain matin, en entrant dans mon cabinet, je
trouvai, piqué sur mon grimoire, un petit chiffon de
papier qui contenait ces mots : « On vous a surpris
« hier, sur le théâtre, Fleury et vous ; c'est fort mal !
« Plus on approche l'autorité, moins il faut se com-
« promettre ! »

Je montai aussitôt près de mon complice, et je lui
lus l'arrêt fatal. Nous étions encore très préoccupés de
la juste remontrance de notre excellent préfet, lorsqu'on vint nous annoncer que le déjeuner était servi.
Il nous sembla que c'était beaucoup plus tôt qu'à l'ordinaire, et nous aurions bien voulu pouvoir renvoyer la
partie au lendemain.

Nous entrâmes dans la salle à manger ; M. des Touches nous reçut le sourire aux lèvres, et comme si
nous n'avions pas péché la veille. Il ne nous dit pas un
seul mot de notre étourderie, qu'il aurait sans doute
commise s'il eût été lui-même à notre place, car son
penchant pour les jolies femmes n'était pas toujours
bien secret : il causa gaiement, selon son habitude, de
tous ces petits riens qu'on aime à dire pendant le repas et qui délassent souvent l'esprit fatigué des travaux trop sérieux.

Au fond de l'âme M. des Touches nous excusait, car
il en avait fait tout autant à notre âge ; mais il fallait
maintenir le décorum parmi ses jeunes et bouillants

élèves, et sa mercuriale, dans la circonstance dont je viens de parler, était certainement fort juste, fort méritée, et était plus que suffisante pour nous empêcher de recommencer pareille escapade.... en public du moins!

D'un tempérament vif et sanguin, M. des Touches était bon comme le sont en général ceux qui ont le cœur chaud et bien placé. Il n'a jamais repris l'un de nous, avec quelque vivacité, qu'il n'ait paru, un instant après, en avoir du repentir. Aussi ne revenait-il pas deux fois sur la même remontrance! Et lorsqu'il nous voyait entrer au salon, l'oreille basse, la figure allongée, à la suite de quelque étourderie de lui connue et pour laquelle il nous avait, le matin ou la veille, donné un savon, il tâchait, par des mots aimables et gais, de nous remettre dans notre assiette ordinaire, et il y réussissait toujours.

Ah! c'est qu'il connaissait le cœur impressionnable des jeunes gens, c'est qu'il savait le langage qu'il faut leur tenir pour en être écouté; c'est qu'il était, en un mot, fort indulgent pour les peccadilles de la jeunesse et très sévère pour certaines fautes qui, en se renouvelant, auraient pu nous faire dévier de la bonne voie.

Si nous avons été bien accueillis dans le monde, si nous y avons trouvé des jouissances et parfois quelques éclairs de bonheur, c'est à nos manières, à notre discrétion, à notre politesse, que nous l'avons dû; et toutes ces bonnes façons étaient l'ouvrage de M. des Touches, qui ne laissait jamais échapper l'occasion de

nous donner une leçon utile et des conseils que nous
avons toujours suivis.

Nous manquions rarement, avec nos amis de la garde
royale et des gardes du corps, les parties de plaisir en
vogue ; nous étions fidèles aux fêtes de village qui se
tenaient dans un certain rayon autour de Versailles
ou bien entre Paris et cette ville ; nous étions connus
pour d'intrépides danseurs aux bals de l'Étoile, à
Saint-Cloud, à Meudon, à Sèvres, à Lucienne, aux
Loges et à Viroflay ; nous avions surtout une prédilection, une tendresse véritable pour ce dernier endroit.
Cela tenait d'abord à ce qu'étant très rapproché de
Versailles, toute la bonne compagnie venait à cette
réunion, ensuite parce que le maire du lieu était un
vieux gentilhomme aimable, plein d'esprit, de gaieté,
repoussant l'âge et les vieux, et qui donnait chaque
année, à l'occasion de sa fête patronale, un dîner
charmant auquel il invitait les jeunes gens les plus
spirituels de la ville et de la garnison. Il y avait à
Viroflay une salle de bal du plus délicieux aspect ;
une demi-douzaine de tilleuls séculaires étendaient
sur une pelouse toujours verte leurs rameaux enlacés
et protégeaient ce salon de verdure contre les ardeurs
du soleil et l'humidité de la nuit. Cette salle était
splendidement éclairée dès que le soir arrivait, et les
échos lointains répétaient de vallon en vallon les brillants refrains du célèbre orchestre de Collinet, le
joyeux *Musard* de notre époque. A quelques pas en
arrière de la salle de danse, on voyait, sur la lisière

d'un bois ombreux, un riant bosquet dont les allées, bordées d'arbustes odorants, étaient foulées, pendant les courts entr'actes du bal, par les pieds impatients des danseurs et des danseuses. Combien de fois nous nous sommes promenés le soir, la tête penchée vers la jeune femme qui, suspendue nonchalamment à notre bras, nous racontait d'une voix émue les gracieuses impressions qu'elle avait conservées du bal ou du concert de la veille.

Nous trouvant à Versailles il y a quelques années, nous eûmes la fantaisie d'aller faire une course à Viroflay, pour y revoir des lieux où nous avions passé des heures si douces, si mélancoliques, si pleines d'espérance et de bonheur; mais nous avons cherché vainement, et la salle de danse, et le bouquet parfumé. Le tracé du chemin de fer, sur la rive gauche de la Seine, a tout détruit : un réseau de fonte recouvre la pelouse que nos danseuses effleuraient à peine sous leurs pas capricieux, un vaste atelier de construction occupe la place de notre cher bosquet, de ses fraîches allées, et l'on n'entend plus aujourd'hui que le bruit monotone du marteau retentissant sur l'enclume, dans ces lieux discrets où l'on ne soupirait autrefois que des paroles de mystère et d'amour. L'industrie est certainement une belle et noble chose et nous profitons de ses bienfaits : mais l'industrie, par malheur, glace et dépoétise tout.

Dans ce beau temps on aimait mieux passer ses soirées dans le salon d'une jolie femme, près d'une table

chargée des livres, des gravures à la mode, et entourée
de vases remplis de fleurs parfumées, que d'aller au
café faire avec quelques camarades une causerie saugrenue, un cigare ou une pipe à la bouche, en face
d'un arsenal de cruchons débouchés ou d'un bol de
punch à la flamme pétillante.

Mon préfet avait l'habitude, chaque fois que des
grands acteurs du Théâtre-Français venaient donner
une représentation à Versailles, de les inviter à dîner.
Cette politesse était d'autant mieux appréciée par ceux
qui en étaient l'objet, qu'à cette époque, la Restauration semblait vouloir rappeler ou plutôt ressusciter, à
l'égard des comédiens, de faux et gothiques préjugés.
Talma vint dîner un jour de 1816 avec Mlle Duches-
nois.

Talma n'était ni grand ni petit; il avait des traits
fins et délicats, l'œil vif et observateur, ses manières
étaient très élégantes. C'est peut-être le seul homme
de talent que j'aie vu parler pour l'amusement des
autres et non pour le sien propre; exemple malheureusement peu suivi. Il ne se laissait guère entraîner à
la causerie que lorsqu'on le provoquait ou quand il
s'apercevait qu'il était agréable. Dans un aparté en
sortant de table, il nous conta mille charmantes historiettes sur ce qu'il appelait la *naïveté* de Mlle Duches-
nois : « Une fois, nous dit-il, j'allais avec elle don-
« ner quelques représentations à Troyes ; nous voya-
« gions ensemble dans la même chaise de poste, et,
« tout le long de la route, elle ne cessait de me répé-

« ter : *Il me tarde bien de voir les remparts de cette*
« *fameuse ville de Troyes, autour desquels Achille a*
« *traîné le corps d'Hector.* — Il me fut impossible de
« la faire revenir de cette sotte et stupide erreur. »

Talma nous raconta ensuite que le prince Henri de
Prusse, frère du grand Frédéric, l'avait engagé à plusieurs reprises à aller passer quelques jours avec lui,
dans son château de Reinsberg. « Je me rendis à son
« invitation, continua Talma. Ami passionné des arts
« et de la littérature française, le prince avait le goût
« des tableaux et des statues, et dépensait beaucoup
« d'argent en acquisitions de ce genre. Dans un
« voyage qu'il fit à Rome, il avait acheté une fort
« belle statue d'Antinoüs. Or, lorsque je vins le voir,
« son parc venait d'être dessiné et replanté dans le
« genre de nos grands jardins français, et, dans une
« allée droite, rappelant le *Tapis Vert* de Versailles,
« il avait fait placer de chaque côté des piédestaux
« destinés à recevoir les statues nombreuses comman-
« dées aux plus habiles artistes de la France et de la
« Prusse. Mais, impatienté de voir ces piédestaux
« veufs des chefs-d'œuvre qu'il attendait, il eut la sin-
« gulière idée de faire mouler son Antinoüs et d'en
« faire tirer assez d'exemplaires pour orner entière-
« ment l'allée principale de son parc. Seulement, lors-
« qu'il recevait la visite de quelques étrangers de dis-
« tinction, il s'empressait de leur montrer ses jardins
« et les conduisait à cette fameuse allée aux statues,
« qui était devenue son allée de prédilection.

— « Voilà, disait-il, un superbe Antinoüs. — Celui-ci,
« c'est un Antinoüs. — Oh ! pour celui-là, c'est en-
« core un Antinoüs. »

« Il allait ainsi jusqu'au bout de l'allée, répétant la
« même phrase, mais prenant soin de varier autant
« que possible l'inflexion de sa voix et ses gestes. »
Et Talma imitait le prince de la manière la plus sérieuse, la plus plaisante et avec une telle originalité
que l'on croyait toujours qu'il allait dire autre chose
que ce qu'il venait de dire.

En cette même année 1816, nous eûmes la visite du
général Lejeune, l'habile peintre militaire auteur de
l'*Attaque du convoi*. Il venait d'avoir un accident
assez curieux. Étant allé passer quelques jours chez
son vieux camarade, le général du Taillis, lequel avait
laissé un de ses bras sur le champ de bataille d'Eylau,
il assista à une partie de chasse donnée dans le parc
du château. Le général Lejeune suivait la chasse
sous bois quand un braconnier, caché dans un massif
épais, sortit tout à coup de sa retraite et cria au général, qui n'était plus qu'à quelques pas : « Monsieur,
« si vous avancez, vous êtes mort ! » L'autre continua
froidement sa marche, sans tenir compte de cette menace brutale : mais le braconnier ne manqua pas à sa
parole, il tira. Le général tenait son fusil des deux
mains et croisé devant lui dans l'attitude d'un chasseur
en quête ; le coup l'atteignit en pleine poitrine, mais en
raison de la petite distance, le plomb n'écarta pas et le
général reçut presque toute la charge dans les avant-bras

et fut renversé. On s'empara du meurtrier qui ne connaissait point sa victime et n'était pas connu d'elle, puis on le livra à la justice. Au bout de six semaines, le général était sur pied, mais ne pouvait se servir ni de ses bras ni de ses mains toujours emprisonnés dans un appareil. C'est dans cet état qu'il vint, conduit par le général du Taillis, prendre gîte à la préfecture de Versailles pendant que la cour d'assises jugeait le braconnier. Celui-ci fut sauvé, grâce à la déposition bienveillante du général qu'il avait mutilé sans raison, et ne fut condamné qu'à cinq ou six ans de travaux forcés.

Le général, quand nous le vîmes à cette époque, ne pouvait faire usage encore ni de ses bras ni de ses mains: son domestique lui donnait à manger comme à un enfant. C'était un douloureux spectacle que la vue de cet homme encore jeune, que la guerre avait épargné, et qui tombait en pleine paix, victime de la folie d'un scélérat. Depuis, le général, soigné par un habile médecin, a recouvré complètement l'usage de ses membres mutilés, et c'est même après cet événement qu'il a composé et peint son beau tableau de la bataille de la Moskowa.

Le général Lejeune avait une charmante figure, pleine de douceur et de distinction; ses manières étaient des plus élégantes et sa taille était souple et bien prise. Ses allures n'avaient rien de militaire, et on l'eût pris bien plutôt pour un préfet que pour un général. J'ai fait avec lui de longues promenades, son esprit était cultivé: il racontait avec une grâce toute

particulière les épisodes dont il avait été le témoin ou
les aventures intéressantes dans lesquelles il avait
figuré. Je n'ai point oublié et n'oublierai jamais les
quatre ou cinq jours que le général Lejeune a passés
au milieu de nous à Versailles,

Une des femmes les plus à la mode et les plus
aimées de nos salons de Versailles était, au début de
la Restauration, Mme de Laporte. Son mari, ancien
capitaine aux grenadiers à cheval de la garde impériale, était gros, grand, et.., bon pour la garde; il
portait des moustaches démesurément longues, à la
prussienne, et terminées par un petit balai de poils
qui produisait le plus singulier effet du monde : son
nez d'un rouge violet était flanqué de deux gros yeux
surpris, ouverts comme des portes de grange, et tout
son ensemble le faisait ressembler, trait pour trait, à
ces grotesques que les débitants de tabac placent sur
le devant de leur boutique. M. de Laporte avait entendu répéter si souvent, lorsqu'il se promenait dans
les rues de Versailles, coiffé de son bonnet à poil :
« Ah! le bel homme! Quel magnifique officier! »
qu'il ne se trouvait jamais en face d'une glace sans
s'admirer avec complaisance et avec cet air satisfait
qui semblait indiquer que nul ne pouvait lui disputer
la place sur aucun terrain. Cette suprême confiance en
lui-même était heureuse pour la sécurité de la femme
et du mari.

Mme de Laporte n'était ni une belle ni une jolie

femme, mais c'était une femme charmante dans toute l'acception du mot : son visage n'offrait pas les purs contours grecs ou romains, et n'était pas du nombre de ceux qui inspirent une passion durable, mais il était impossible, en la voyant, de ne pas éprouver un violent caprice ; et puis, à sa tournure, à sa respiration haletante lorsque son cavalier la serrait d'un peu près, dans une valse ou une anglaise, on jugeait aisément qu'elle devait avoir des ardeurs enivrantes et des transports de bacchante affolée.

Donc un soir, c'était à un bal chez l'amiral de Linois, elle avait une toilette ravissante, une gaieté et un esprit qui ajoutaient encore à sa grâce habituelle. J'eus la tête bouleversée, non pas de la toilette, mais de celle qui la portait, et je résolus de dire à Mme de Laporte tout ce que j'éprouvais pour elle. L'occasion ne tarda pas à se présenter. En dansant avec elle, je lui glissai plusieurs phrases très aimables, très douces, très pressantes, et comme je me plaignais de ne pouvoir tout dire à cause de la foule qui nous entourait : « Venez demain à Paris, me dit-elle, j'y vais moi-même « par la gondole de dix heures, et nous causerons en « route. »

A ce moment, la dernière figure de la contredanse expira et l'on annonça que le souper était servi. Je glissai le bras de Mme de Laporte sous le mien, la conduisis dans la salle à manger, et m'emparant pour elle d'une des meilleures places de la table, je restai debout derrière sa chaise pour la servir. C'était alors

l'usage des soupers au milieu du bal, usage charmant
dont les maîtresses de maison ont bien tort aujourd'hui
de faire l'économie. Ces soupers étaient toujours
somptueux et les cavaliers cherchaient, par les soins
les plus délicats, à prouver l'amour qu'ils avaient
pour telle ou telle dame. Mme de Laporte ne manqua
de rien. A elle les morceaux les meilleurs, à elle les
pâtisseries les plus friandes. Je n'oubliai pas non plus
de remplir son verre d'un pétillant vin de Champagne
dont la bouteille ne me quittait pas. Mme de Laporte
avait, il faut en convenir, — ce qui n'était guère de
bon ton alors, surtout parmi les Anglaises — oui, elle
avait l'appétit grossier d'une grisette et la soif désordonnée d'une commère ; elle fit un délicieux souper
et sortit de table le teint coloré et l'œil agaçant.

Lorsque les femmes eurent quitté leurs places, les
hommes s'assirent. Ce nouveau, ou plutôt ce second
souper fut des plus bruyants et on rentra dans le
salon, disposé à faire durer le bal jusqu'au jour. Toutefois un grand nombre de personnes se retirèrent :
Mme de Laporte était de ce nombre. Je fis comme elle
et sortis assez tôt pour la rejoindre au bas de l'escalier, et lui dire en lui serrant la main de ce tremble-
ment convulsif que donne l'espoir d'un prochain succès : « A demain ! »

Après une nuit de fièvre pendant laquelle il me fut
impossible de fermer l'œil, je commençai, dès l'aube,
une toilette des plus soignées, et j'arrivai au bureau de
la gondole une demi-heure avant le départ.

Les gondoles étaient de grandes et belles voitures, organisées à la manière anglaise, par M. de Bonnecarrère qui avait joué un petit bout de rôle pendant la Révolution, grâce à Mirabeau, lequel, ayant quelque sympathie pour lui, l'avait fait nommer ambassadeur dans une petite principauté d'Allemagne. Je me rappelle avoir vu dans la chambre à coucher de M. de Bonnecarrère une lettre fort curieuse du grand orateur, à lui Bonnecarrère ; elle était encadrée avec luxe et placée à côté du lit de ce dernier. Les gondoles se divisaient en trois compartiments, le coupé, l'intérieur et la gondole. Quand j'arrivai, il n'y avait plus de place dans l'intérieur où s'était installée Mme de Laporte et je fus obligé de monter dans le coupé, sans avoir pu, malgré les manœuvres les plus savantes, les plus diplomatiques, réussir à changer de place. Je pris donc mon parti en brave, mais, avant de monter en voiture, je m'approchai de Mme de Laporte et lui dis : « Permettez-moi, au moins, puisque le sort me « sert aussi mal, d'espérer que nous ferons ensemble « un tour de promenade aux Tuileries. — Un tour « aux Tuileries ? s'écria-t elle avec un air qui affectait « la surprise, oh ! c'est impossible, mais nous pourrons « causer quelques instants en quittant le bureau. »

J'ai déjà parlé de mon camarade Alexandre de Fleury ; la porte de sa chambre à la préfecture était vis-à-vis de la mienne, il n'avait pas de secrets pour moi, je n'en avais point pour lui. Nous allions presque toujours ensemble dans les mêmes soirées, pourtant

il était plus répandu que moi dans les salons du quartier Saint-Louis, qui est le faubourg Saint-Germain de
Versailles. Moi, j'avais une préférence marquée pour
les salons du quartier Notre-Dame, dont le public était
plus en harmonie avec mes opinions et mes goûts.
Quelle que fût l'heure à laquelle nous rentrions, celui
qui revenait le dernier entrait dans la chambre de
l'autre et on se redisait les historiettes et les émotions
de la soirée. Mais Fleury, pour la première fois, n'a-
vait pas plus que moi résisté aux regards de Mme de
Laporte ; il en était devenu fort épris, et remarquant
que nous courions le même lièvre, il ne me dit rien de
ses projets : je ne lui parlai pas davantage des miens.
Comme il savait le départ de Mme de Laporte, il se
rendit aussi à la gondole, mais en évitant de me rencontrer, afin de se soustraire à toute question de ma
part. Il avait pris une place dans la rotonde et s'était
traîtreusement blotti dans une allée voisine, d'où il
ne sortit qu'au moment du départ de la voiture.

Nous voilà donc tous trois en route vers Paris, livrés
chacun à nos rêves amoureux, à nos espérances toutes
roses.

Arrivés devant le bureau des gondoles, situé à cette
époque où il est encore aujourd'hui, rue de Rivoli, en
face même du guichet qui débouche sur la place du
Carrousel, nous nous élançâmes au même moment,
Fleury, de la rotonde, moi, du coupé, pour offrir le
bras à Mme de Laporte. A peine avions-nous fait notre
conversion mutuelle vers le centre, que nous aperçû-

mes un jeune et bel officier des cuirassiers de la garde, en bourgeois, donnant la main à Mme de Laporte qui, comme une sylphide, avait volé dans ses bras ; ils traversèrent rapidement la rue et disparurent, joyeux, sous le guichet du Louvre. A cette vue le sang s'arrêta dans nos veines glacées ; mais en voyant la piteuse figure que faisait chacun de nous, un fou rire nous prit, si vif, si bruyant, si tenace, que les passants surpris s'arrêtèrent pour savoir ce que signifiait cette comédie. Tirés enfin de notre extase comique par les regards ébahis de la foule, nous nous rapprochâmes et nous allâmes faire un excellent déjeuner pour nous remettre de cette mystification imméritée.

C'est la seule vengeance que Fleury et moi avons tirée de cette espièglerie de mauvais goût.

(1817) Le prince de Poix est venu déjeuner aujourd'hui à la préfecture : on était tout à fait en famille ; je me trouvais placé à côté de lui : il a causé beaucoup avec moi, et le soin presque minutieux avec lequel il m'a interrogé sur mon pays, ma famille, mes espérances, m'a prouvé que M. des Touches lui avait déjà parlé de moi en termes bienveillants.

Le prince de Poix était avant la Révolution colonel du régiment des dragons de Noailles qui avait été levé par son grand-père, dans la guerre de Succession. Il devint, au retour du roi en 1815, capitaine d'une compagnie des gardes du corps, poste qu'il céda peu de temps après à son fils, le duc de Mouchy.

Le prince de Poix n'est pas un homme d'esprit ; c'est encore moins un soldat ; mais il a l'air d'un bien bon, d'un bien honnête homme. Il est gouverneur du château de Versailles. Ses manières, d'un sans-façon un peu affecté, m'ont paru bien communes pour un homme d'aussi haute naissance. Il a dans son langage rarement élégant un laisser aller qui passerait pour trivial chez un bourgeois, mais qui, chez un prince, est mis sur le compte de la simplicité et de la bonhomie. J'ai vu rire beaucoup, mais sans doute par politesse, de quelques-unes de ses plaisanteries niaises et plates, et souvent par trop décolletées, surtout en présence d'une jeune personne.

Après le déjeuner, nous avons accompagné le prince de Poix dans une sorte d'inspection qu'il avait à faire du château et du parc de Versailles. Il a passé en revue tous les employés, tous les gardiens, tous les concierges, il a parlé à tous avec bienveillance et il nous a été facile de nous convaincre qu'il était tendrement aimé de tout ce personnel.

D'un excellent cœur, d'un caractère obligeant, le prince n'avait contre lui qu'une éducation vulgaire, peu en harmonie avec son rang et le poste élevé qu'il occupait, mais, je le répète, il y avait de l'afféterie dans ses manières, et je suis convaincu que c'était un genre bien déplorable certes, mais un genre qu'il voulait se donner.

CHAPITRE VII

C'était en 1817. J'étais allé un samedi, selon mon habitude, coucher à Paris chez mon ami Oudard, avec lequel j'avais travaillé côte à côte pendant un an, dans le cabinet particulier du préfet de Seine-et-Oise ; Oudard était alors attaché au cabinet de M. le duc d'Orléans et suppléait presque constamment près de ce prince le chevalier de Broval, dont la santé délabrée forçait celui-ci à garder la chambre pendant des mois entiers. Oudard habitait au Palais-Royal, dans le pavillon de l'Horloge, un petit appartement des plus coquets, dont les trois principales fenêtres donnaient sur la cour d'honneur. La chambre dans laquelle je couchais était éclairée par une de ces fenêtres.

En me voyant entrer, vers les cinq heures, Oudard me serra la main en me disant: « Dépêchez-vous d'aller « vous habiller; on donne ce soir *Tartufe* aux Fran- « çais et nous avons la loge du prince tout entière. » Après le spectacle, où Mlle Mars se montra d'une per-

fection rare et fut couverte de fleurs et d'applaudissements, nous nous rendîmes au café de Foy pour y
prendre des glaces.

Au milieu du salon, sous l'hirondelle de Vénus, il y
avait quatre jeunes gens dont un seul ne m'était pas
connu ; ils vinrent à nous aussitôt qu'ils nous aperçurent et nous engagèrent à nous joindre à eux. La conversation s'anima. Je remarquai surtout la parole
pleine d'intérêt, de distinction, d'élégance, ainsi que le
brillant esprit de celui de ces messieurs que je ne connaissais pas ; je l'examinai alors avec une véritable curiosité. C'était un grand et beau jeune homme qui paraissait
avoir de vingt-cinq à vingt-huit ans au plus ; il avait le
teint d'une blancheur teintée de rose qui faisait ressortir
le limpide azur de ses yeux ; des moustaches blondes et
fines se relevaient fièrement de chaque côté d'une lèvre
quelque peu dédaigneuse ; des cheveux châtain clair
et soyeux, négligemment rejetés en arrière, laissaient
à découvert un front dont le développement et les contours gracieux révélaient l'intelligence et la pureté, sa
taille était souple et mince, et l'uniforme devait lui
aller à merveille ; il avait encore la mise élégante des
derniers jours de l'empire et portait un pantalon de
tricot blanc avec des bottes molles à la chevalière ; une
redingote polonaise fermée sur la poitrine à l'aide de
nombreux brandebourgs et un ruban de plusieurs
couleurs noué autour de l'olive la plus élevée du
côté gauche. décelaient en lui des habitudes toutes
militaires.

Au moment de se lever, notre inconnu trouva le moyen d'aborder la politique, car, dans ces temps d'agitation, il était impossible de se frotter les uns contre les autres sans parler des affaires du jour, qui enchantaient ou mécontentaient selon les couleurs du drapeau adopté. Après avoir dépassé le but dans une sortie des plus violentes, des plus imprudentes, contre la famille des Bourbons, notre jeune homme termina ainsi : « Messieurs, j'ai promis à Elmire [1] de la reconduire ce soir et de prendre le thé avec elle ; un galant cavalier ne doit pas faire attendre une si charmante femme. Bonsoir donc, Messieurs. »

— « Quel est ce monsieur aux allures militaires ? » demandai-je aussitôt qu'il eut le dos tourné. — « C'est « le colonel Fortuné de Brack. Comment ne le con- « naissez-vous pas ? — Je le connais beaucoup de « réputation, et quoiqu'il soit fort répandu, le hasard « ne me l'a point fait encore rencontrer dans le monde, « où il n'est bruit que de sa galanterie, de sa valeur, « de son esprit et de sa beauté. » Depuis, les circonstances m'ont rapproché du colonel de Brack ; son humeur était si affable, son caractère si séduisant que

---

(1) Le beau colonel Fortuné de Brack prenait ses Elmire tantôt au théâtre, tantôt dans les salons du faubourg Saint-Germain, tantôt même sur le trône. Celle de ce soir-là était Mme Mars, alors en rivalité d'amour avec une grande dame ; on fit circuler à ce propos la nouvelle suivante : « Il a été perdu, depuis la rue de la Tour des Dames jusqu'à la rue de ***, un beau *brac*, répondant au nom de Fortuné : ceux qui le trouveront sont priés de le ramener à Mme la duchesse de X...., ou à Mlle Mars, sociétaire de la Comédie française. »

je l'aimai bientôt comme un vieil ami, et nous sommes restés, jusqu'à sa mort, liés de la plus étroite affection.

Pendant la nuit même qui suivit l'entrevue dont je viens de parler, le beau colonel me revint plus d'une fois à la mémoire, et me rappelant une des plus jolies aventures qu'il nous avait racontées, j'en arrangeai une nouvelle que j'intitulai *Adolphe et Herminie* et dont Brack est le héros ; elle a été imprimée dans l'*Album dolois*, en 1823, et se ressent de l'âge auquel elle fut écrite.

Le colonel de Brack [1] avait été doué en naissant des qualités les plus précieuses dont la Providence puisse combler les hommes. D'une physionomie pleine de douceur, d'intelligence et de distinction, il était fait à merveille et avait une tournure des plus élégantes ; on le trouvait presque trop joli, trop gracieux pour un homme, bien que cet excès de perfection n'ait jamais paru nuire à ses succès. Brack apportait dans le monde un commerce excessivement agréable, et quand il

[1] Brack, *dit* de Brack (Antoine-Fortuné), 1789-1850. Fils d'un censeur royal, il devint sous-lieutenant au 7ᵉ hussards en 1807, capitaine aux chevau-légers-lanciers de la garde impériale en 1813, colonel du 9ᵉ chasseurs en 1815. Mis en demi-solde sous la Restauration, il alla servir au Brésil, rentra au service en 1830, fut nommé colonel du 4ᵉ hussards en 1832 et général de brigade, commandant l'école de cavalerie, en 1838. La publication des *Manuels pour les classes régimentaires* et surtout des fameux *Avant-postes de cavalerie légère* a placé le général de Brack au premier rang des écrivains militaires. Son aspect fin, délicat, efféminé, le faisait appeler par ses camarades *Mⁱˢˢ de Brack*, mais c'était un soldat d'une énergie et d'une bravoure superbe. Il était le neveu de Cuvier.

voulait briller et qu'il se trouvait dans ses jours d'entrain, nul n'y réussissait mieux que lui. Il peignait avec beaucoup de facilité, beaucoup de grâce et écrivait de la même manière ; quelques articles qu'il a publiés dans la *Revue de Paris* sont fort attrayants, et les ouvrages qu'il a laissés sur son métier ont été lus avec fruit et appréciés par des gens compétents. Brack était encore un excellent musicien qui chantait avec un goût exquis la musique italienne, et qui disait avec une verve et une gaieté communicative les couplets les plus bouffons. Chose curieuse, mon beau-frère Clère [1], lieutenant-colonel du 4e hussards sous les ordres de Brack, avait la même tournure élégante et distinguée, et la plupart des goûts artistiques de son chef. Très musicien comme lui, il possédait une fort jolie voix et j'ai entendu à diverses reprises, en 1837 et en 1838, ces deux brillants officiers supérieurs chanter ensemble à ravir des scènes populaires comme *la Métempsycose*, ou des romances comme *l'Ange des premiers amours*. Souvent aussi, pour distraire le soir quelques enfants maussades, Brack découpait des cartes à jouer, qui devenaient entre ses doigts habiles de véritables petits chefs-d'œuvre. Tantôt c'était une cathédrale gothique, tantôt un effrayant site de la Suisse ou des Alpes, tantôt une scène d'intérieur de taverne ; ces cartes ainsi ouvragées ne restaient ja-

[1] Clère (Pierre-Gaspard), 1791-1866. Sous-lieutenant au 26e chasseurs en 1813, colonel du 5e hussards en 1840. Commandeur de la Légion d'honneur, chevalier de Saint-Louis.

mais aux petits enfants qui les avaient inspirées, les grandes personnes se les disputaient à l'envi, et en faisaient une des curiosités les plus coquettes de leur album.

Brack savait un peu de tout, et pouvait soutenir avec succès une conversation sur quelque matière que ce fût ; son esprit fin, observateur, quêteur même, le forçait à étudier les questions les plus étrangères à son métier, et c'est pour cela qu'il pouvait donner en toute chose des conseils toujours sérieux, des indications toujours utiles.

Étant en garnison à Nevers, Brack traversait chaque matin une des places principales de la ville pour se rendre au quartier de cavalerie. Toujours il remarquait en passant une espèce de baladin qui avait établi une baraque en planches dans un des angles et faisait, dès l'aube, des efforts inouïs, mais souvent inutiles, pour arrêter les villageois venant au marché, devant un grand tableau dont les sujets qui le composaient étaient presque entièrement effacés par le temps et par la pluie. Dans l'intérieur de son théâtre en plein vent, le baladin montrait des figures de cire représentant les diverses scènes indiquées sur le tableau qui servait d'amorce aux curieux. Cet homme, à l'œil intelligent, à l'air actif, ne jouait pas mal du violon, et le colonel était surpris que son talent n'attirât pas plus d'amateurs à son spectacle. Un jour notre musicien parut au colonel triste et sombre, il n'avait pas son entrain habituel, il se promenait en long et en large, les bras

croisés, devant sa baraque vide, et semblait être sous
le poids d'un profond abattement. Touché de l'air malheureux du pauvre diable, Brack, qui s'intéressait toujours à tout ce qui souffrait, l'aborde et lui dit : « Eh
« bien, mon camarade, vous me semblez vivement
« affligé ? Est-ce que les affaires ne vont pas?
« — Non, monsieur le colonel; j'ai, dit-on, un peu de
« talent, l'activité et le courage ne me manquent pas,
« et pourtant, nous voilà réduits, ma femme et mes
« enfants, à mourir de faim. S'il ne m'arrive pas un
« secours inattendu de la Providence, je n'ai plus qu'à
« me jeter à l'eau. — Bah ! Bah ! répondit le colo-
« nel, on ne se jette pas à l'eau quand on a les res-
« sources que vous possédez ; et puis vous avez raison
« de compter sur le ciel, il n'abandonne pas les gens
« laborieux et honnêtes qui ont confiance en lui. Mais
« à quoi, vous devez le savoir, attribuez-vous ce dé-
« laissement complet dans lequel vous êtes depuis que
« je vous vois ici? — C'est facile à expliquer, mon-
« sieur le colonel. On ne distingue plus rien sur mon
« tableau qui roule avec moi depuis plus de dix ans ;
« chacun sait par cœur ma complainte et mon specta-
« cle n'intéresse plus personne. — Eh bien, reprit
« le colonel, il y a un remède bien simple, c'est de
« changer votre tableau et de faire jouer une autre
« scène à vos personnages de cire. — Hélas ! je
« suis sans le sou, fit l'autre, et ce qui m'enlève toute
« mon énergie, c'est que je vois, comme vous, ce qu'il
« faut faire pour me tirer de peine et que je ne le puis

« pas. — Eh bien, répliqua le bienveillant officier,
« qu'à ça ne tienne, je vous peindrai moi-même un
« autre tableau, et je vous ferai une ou deux com-
« plaintes nouvelles qui en donneront l'explication,
« puis, nous déguiserons vos figures de cire et nous
« leur donnerons ainsi une vogue nouvelle. Cela ne
« vous coûtera rien, je me charge de tout. » Le joueur
de violon attendri ne pouvait croire à ce qu'il venait
d'entendre ; il saisit avec respect, mais avec feu, la
main du colonel, et en y imprimant ses lèvres recon-
naissantes, il la mouilla de deux grosses larmes.

Dès le lendemain, Brack se mit à l'œuvre et acheva
en trois jours un tableau qui contenait une série de
douze sujets des plus populaires, des plus comiques,
et fit deux complaintes racontant en détail l'histoire
de l'empoisonneuse La Ga.... et celle d'un grenadier
de la garde impériale, lequel, prisonnier de guerre
en Russie, trouve moyen de détruire à lui seul un redoutable dragon qui désolait l'empire des czars. Plusieurs
officiers et plusieurs dames du régiment voulurent concourir à cette bonne œuvre du colonel. On fit aux
costumes des bonshommes de cire les changements
qu'exigeaient leurs nouveaux rôles et on les plaça
dans les postures analogues à celles des personnages
du tableau. La forme du monstre, à laquelle Brack
avait lui-même présidé, était à la fois des plus hideuses
et des plus drôles.

Quand cette historiette fut connue dans la ville,
chacun voulut voir le spectacle inventé par le com-

mandant du 4e hussards ; les populations d'alentour
eurent la même fantaisie et, pendant plus de six mois,
la salle de spectacle du baladin ne désemplit pas. Le
brave homme parcourut toutes les villes voisines avec
le même succès et, après quelques années de travail,
il se retira des affaires, jouissant d'un petit capital dû
aux bontés de Brack. On nous a assuré, et nous l'a-
vons cru sans peine, que le baladin reconnaissant,
agenouillé chaque soir au milieu de ses enfants, adressait toujours une prière au ciel pour le repos de l'âme
de son bienfaiteur, mort général de brigade, il y a
quelques années.

(Juillet 1818.) La belle Virginie, maîtresse en titre
du duc de Berry, est venue hier dimanche au spectacle
à Versailles [1].

Elle avait fait retenir en face même de la scène la
loge la plus centrale, la plus apparente, et elle ne s'y
est montrée, bien entendu, qu'à la manière d'une du-

[1] C'est le 2 mai 1814 que le duc de Berry avait fait la connaissance
de Virginie Oreille, l'ancienne maîtresse du maréchal Bessières. Elle
lui donna deux fils : Charles-Louis-Auguste Oreille, né à Paris le
4 mars 1815, et Ferdinand Oreille, né le 10 octobre 1820. L'aîné, officier
d'infanterie en Autriche, mourut à Passy en 1858. Il avait épousé Eli-
sabeth Jugan, dont il eut un fils : Charles-Casimir Oreille de Carrière,
artiste dramatique, marié en 1876 à Marguerite-Caroline Chausse-
blanche, également artiste dramatique. Le cadet servit en France
comme capitaine de cavalerie, fut retraité en 1866 et mourut sans
alliance.
Virginie épousa en 1843 François Touchard, entrepreneur des mes-
sageries, dont elle avait une fille depuis 1834. L'ancienne maîtresse du
duc de Berry est morte en octobre 1875, à l'âge de quatre-vingts ans.

chesse en renom, c'est-à-dire après le lever du rideau.
Il fallait produire son effet et présenter au public la
plus charmante toilette du monde, portée par la plus
jolie femme du moment.

Virginie était accompagnée de *Monsieur* son père,
grand mannequin sec, maigre et engainé dans un
habit bleu-clair boutonnant militairement jusqu'au cou,
tel un parapluie dans son étui. C'est un homme qui se
donne beaucoup d'importance et de mouvement. Il est
frisé, pommadé, et porte son chapeau sur l'oreille à
l'instar d'un perruquier de la rue du Faubourg-Saint-
Denis, perruquier vraiment qu'il était naguère, et dont
la nouvelle *dignité* de sa fille ne lui a plus permis de
continuer l'honorable emploi.

La maîtresse du duc de Berry est parfaitement belle ;
sa taille est remarquable, ses yeux noirs sont remplis
tout à la fois de douceur et de vivacité, et sa brune
chevelure, trop à l'étroit sous son chapeau, déborde en
touffes abondantes. Bien que sa physionomie ne manque pas d'expression, de cette expression surtout qui
plaît et captive, il reste toujours dans sa tenue et ses
manières, malgré les efforts qu'elle fait pour les dissimuler, quelque chose qui trahit la fille d'Opéra.
Elle parle haut, gesticule sans cesse, souvent même
d'une façon désordonnée, et sa gaieté de femme à la
mode se traduit en éclats trop bruyants pour être de
bon goût.

Cinq ou six gardes du corps sont allés lui faire leur
cour pendant la seconde pièce, et la causerie et les rires

de ce petit aparté ont pris un développement tellement indiscret qu'ils ont provoqué, à plusieurs reprises. les murmures du parterre.

Simple figurante dans le chœur des danseuses de
l'Opéra, où la lorgnette de son auguste amant était
allée découvrir sa beauté et ses charmes, Virginie
recevait alors douze cents francs d'appointements et
se croyait riche ; elle a aujourd'hui un hôtel confor-
table à Paris. un élégant équipage, et elle habite en
ce moment la délicieuse villa de Madrid, d'où elle vient
de temps en temps. en partie de plaisir, se promener à
Versailles.

M. Dumanoir était un fort bel homme d'une tournure élégante et qui. dans son très jeune temps. avait
été chambellan de la princesse Pauline Borghèse [1].
D'un caractère des plus honorables. d'une conversation spirituelle. attrayante, M. Dumanoir était l'ami

[1] D'après certains racontars, il occupait encore auprès de cette
princesse une autre situation analogue à celle du comte de L. et de
plusieurs autres. Celui-ci, qui avait été lié fort intimement avec la
sœur de Napoléon sous le premier Empire, lui rendit visite à Rome
vers 18:o. pendant un voyage qu'il fit en Italie. Reçu au petit lever de
la princesse auquel assistaient une dizaine de personnes, il se montra
aimable et charmant selon son habitude. Le soir même, dans un bal,
il rencontrait Pauline qui s'approcha de lui : « Vous avez été très
« gentil de venir me voir ce matin. lui dit-elle, et j'en suis fort tou-
« chée, mais vous avez manqué de grâce en ne vous faisant pas pré-
« senter a mon mari. — Votre mari ?.... Je suis confus, princesse...
« où était-il donc ? — Belle question par exemple : vous l'avez bien
« vu. il était à côté de moi dans mon lit. — Toutes mes excuses,
« répondit le comte de L... j'ignorais que ce fût lui ! »

d'enfance de M. des Touches. Ils se tutoyaient. Homme simple et modeste, il n'avait qu'une prétention à une seule chose, mais il la poussait à l'excès : c'était de jouer au billard mieux que qui que ce fût.

Il venait souvent à la préfecture, n'y passait jamais moins de trois ou quatre jours et y gaspillait tout son temps à jouer au billard du matin au soir avec le comte d'Houdetot, très fort amateur également. On jouait la partie à écrire et toujours de vingt ou quarante francs ; le marqué était de cent points. M. Dumanoir n'en pouvait pas gagner un seul, et, plus il perdait, plus il s'acharnait, comme cela se pratique d'ordinaire ; puis la mauvaise humeur et les nerfs s'en mêlant, il jouait tout de travers, finissait par se fâcher, et dans son courroux, jetait sa queue sur le billard, en disant au colonel d'Houdetot : « J'ai perdu, « mais vous n'en êtes pas moins une mazette, un mas- « sacre. »

Le colonel riait, et on recommençait de plus belle, après le déjeuner et après le dîner, car le jeu n'était jamais interrompu que pendant l'heure des repas, et ces messieurs y mettaient tant d'action, que la sueur ruisselait sur leur front, malgré qu'ils eussent ôté leurs cravates, leurs gilets, leurs habits, et même leurs bretelles ; ils étaient vraiment curieux dans leur acharnement comique. On a tort de mettre ainsi de l'amour-propre et de l'entêtement au jeu.

M. Dumanoir arrivait toujours avec une énorme bourse et les poches remplies de napoléons, et lorsqu'il s'en retournait, les voleurs pour lui n'étaient point à craindre, il était même si complètement à sec, que je l'ai vu souvent emprunter quelques pièces de cent sous pour regagner Paris.

Le maréchal Jourdan avait pris M. des Touches en goût et venait le voir assez souvent. C'était un homme de taille moyenne, un peu gros, et portant des *oreilles de chien* à la manière des généraux de la république : il avait les cheveux très blancs et, quoiqu'un peu cassé, était encore vigoureux.

Le vieux maréchal m'a paru être un homme très fin sous l'enveloppe de ce que l'on appelle un bon homme ; il était aimable et causait avec entrain. Bien que n'ayant pas été traité par l'empereur Napoléon de la façon à laquelle ses services lui donnaient droit de prétendre, il parle toujours avec respect du souverain déchu. C'est même chose curieuse, lorsqu'un homme du jour l'interroge sur *Buonaparte* ou *le Corse*, de l'entendre répondre par *Sa Majesté l'Empereur*.

(1819) M. Ravez [1], président de la Chambre des

(1) Ravez (Auguste-Simon-Hubert-Marie, comte), 1770-1849. Fils d'un marchand de parapluies, avocat à Lyon, député de la Gironde en 1816, conseiller d'État. Il présida la Chambre pendant dix sessions successives et acquit une grande influence sur la majorité parlementaire. Grand officier de la Légion d'honneur en 1821, commandeur des ordres du roi en 1825, premier président à la cour royale de Bordeaux en 1824, il fut élevé à la pairie en 1829 et resta étranger à la politique pendant le règne de Louis-Philippe.

députés, a passé la journée d'hier à la préfecture de
Versailles avec M. Laîné, frère du ministre de l'intérieur.

Après le déjeuner, on proposa une promenade dans
le parc. M. Ravez offrit son bras à Mlle des Touches et
nous suivîmes. En descendant une des allées latérales
du Tapis-Vert, le président de la Chambre s'arrêta
tout à coup en s'écriant : « Ah ! mon Dieu, je suis pris
« par un accès de goutte des plus violents ! » Il remit
Mlle Stéphanie à son père, et jetant les yeux sur moi,
il me dit: « *Surgat junior!* Venez, jeune homme, venez
« me prêter le secours de votre bras, sur lequel je
« pourrai m'appuyer avec sécurité. » Me voilà donc
l'Antigone mâle de M. Ravez.

Nous retournâmes péniblement sur nos pas pour
regagner la préfecture : mais, au moment où nous
débouchions sur la pièce d'eau, appelée le bassin de
Neptune, la grille du parc qui fait face au côté droit de
ce bassin s'ouvrit avec fracas et nous vîmes paraître
un peloton de gendarmes d'élite, dont les chevaux
étaient couverts d'écume. C'était l'avant-garde de l'escorte de Louis XVIII, dont la calèche découverte entra
une minute après dans le parc, et alla se placer au
centre, en face du bassin de Neptune, qui allait être
mis en jeu pour le plaisir particulier de Sa Majesté.
Nous nous approchâmes de la voiture.

Dès que le roi eut aperçu M. Ravez et M. des Touches, il leur fit signe de la main de venir à lui, et
grâce à l'office de béquille que je remplissais en ce

moment, j'abordai le souverain avec ces messieurs. Sa Majesté dit à l'oreille de M. Ravez quelques mots que je me détournai pour ne pas entendre, puis elle demanda à M. des Touches comment se portait *Madame sa femme.*

C'était toujours la question de bienveillance que Louis XVIII adressait au préfet de Versailles chaque fois qu'il le voyait, et parmi les nombreux gentilshommes ou autres fonctionnaires présents, il ne s'en est jamais trouvé un seul *qui eût le courage* de dire au roi qu'il se trompait, que M. des Touches était veuf depuis vingt ans. Comment veut-on, après cela, que les princes sachent la vérité, quand on ne croit pas devoir la leur dire pour de semblables bagatelles ?

(1819) Après avoir couché à Paris, j'avais rendez-vous hier matin avec mon camarade Xavier Huvelin, brigadier à la compagnie de Noailles, pour aller rendre visite à notre cher député du Doubs, M. Courvoisier. Celui-ci, qui venait de recevoir une cinquantaine de bouteilles de vin d'Arbois, a voulu nous en faire déguster une, malgré l'heure peu propice à cette opération. Tout en causant, le vin nous a paru si excellent que nous avons vidé deux bouteilles sans difficulté aucune.

Quelques instants après, nous passions près des Tuileries, et comme onze heures allaient sonner, Huvelin me proposa d'assister à la parade des gardes du corps. C'étaient les nobles Gramont. Ils débouchèrent du Pont Royal, entrèrent dans la cour, et la musique joua l'air presque national de la duchesse d'Angoulême : *le Premier Pas*. Nous regardions là, plantés au soleil, lorsque Huvelin se mit à fredonner quelques paroles sur le refrain joué par la musique : peu à peu il prononça plus clairement et c'est avec stupeur que j'entendis :

> Vive le roi ! Pour maintenir en France
> L'honneur, la paix, l'abondance et la loi,
> Aux ennemis il livre par prudence
> Argent, vaisseaux et places de défense.
>> Vive le Roi !
>> Vive le Roi !
>
> Vive le Roi ! D'une ligue étrangère
> Contre son peuple, il implore la foi,
> Des alliés....

Il continuait plein d'abandon et je commençais moi-même à chantonner lorsqu'un éclair jaillit. je saisis le bras de Xavier et lui dis : « Tais-toi donc ! » Il sursauta, me regarda, fit un demi-tour brusque et fila rapidement pendant que je le suivais à grands pas, tout ému du danger couru. Un garde du corps très attaché aux Bourbons et un secrétaire de préfet chantant ensemble un refrain *bonapartiste* de 1815 à la parade des Tuileries ! Si la moindre oreille nous avait entendus, nous étions perdus. Coquin de vin d'Arbois !

(1819) Le parti ultra-royaliste était tellement exaspéré à la suite de l'ordonnance du 5 septembre que les préfets, ceux surtout des départements entourant Paris, ne pouvaient plus exercer une influence capable de lutter avec avantage contre l'opposition royaliste extrême, si le roi ne prenait à l'égard des personnages haut placés les mesures de répression les plus décisives.

Lors des élections nouvelles qui suivirent ce coup d'État, Louis XVIII désirait voir arriver à la Chambre des députés bien connus par leurs principes constitutionnels et par leur modération. Il avait demandé à plusieurs reprises à M. le baron des Touches quels étaient les candidats les plus en mesure de réussir dans son département, et si la monarchie et l'intérêt public devaient se réjouir des choix faits par les électeurs. Sur la réponse du préfet que ces candidats étaient tout ce qu'on pouvait espérer de mieux, le roi avait témoigné à ce fonctionnaire toute la satisfaction que lui causait cette bonne nouvelle, et l'avait même félicité, à cette occasion, sur la manière habile dont il administrait son département.

Quelques jours après cet entretien, M. des Touches apprend que l'un des antagonistes les plus acharnés des candidats ministériels est M. le comte de Berthier de Sauvigny, colonel du 3e régiment d'infanterie de la garde royale, et que ce militaire, loin de rester passif dans une question aussi délicate, intrigue au contraire de tous les côtés pour s'opposer à la nomination de M. le baron Delaître.

Les démarches actives, audacieuses même, de M. de Berthier de Sauvigny et des personnes puissantes qui agissaient de concert avec lui, éveillèrent l'attention du gouvernement, et l'opposition cavalière d'un colonel de la garde aux volontés du trône arriva bientôt aux oreilles du roi.

Plusieurs jours avant la réunion des collèges électoraux, Louis XVIII vint dîner et coucher au Petit-Trianon. Il y eut, le soir même de son arrivée, une grande réception à laquelle se trouvaient conviées les autorités civiles et militaires. Lorsque tout le monde fut réuni, le roi appela lui-même M. de Berthier et lui dit de sa voix nerveuse et stridente : « Monsieur le co- « lonel, j'ai appris que vous vous occupiez d'élections « et que vous manifestiez même, dans cette grave cir- « constance, des vues entièrement contraires à celles « de mes ministres et par conséquent aux miennes ; « si ces démarches de votre part continuent et si vous « vous mêlez de choses qui doivent rester étrangères « à un homme de votre métier, je vous casserai à la « tête de votre régiment. » Ces paroles nettes, prononcées avec énergie, produisirent l'effet désiré.

Le baron Capelle [1], dont l'extérieur lourd, empesé,

(1) Capelle (Guillaume-Antoine-Benoît, baron), 1775-1843. Préfet du département de la Méditerranée en 1808, puis du Léman en 1810. Nommé préfet du Doubs en 1815 et conseiller d'État, il devint secrétaire général du ministre de l'intérieur en 1822, préfet de Seine-et-Oise en 1828 et entra le 19 mai 1830 dans le cabinet Polignac. Condamné à la prison perpétuelle à la suite des ordonnances, il rentra en France

n'annonçait ni esprit ni caractère, était un homme excessivement fin et adroit ; il a su, sous tous les gouvernements, se maintenir sur l'eau, et les divers ministres qui se sont succédé au pouvoir lui ont toujours confié de hauts emplois.

Il y a des hommes qui ressemblent à des plaques de liège que l'on enfonce du pied dans l'eau ou dans la boue, mais qui, quoi que l'on puisse faire, reviennent toujours à la surface.

Courtisan sous l'empire, M. Capelle qui a débuté, dit-on, par être comédien et qui n'a dû son entrée dans la carrière administrative qu'à la protection d'une des sœurs de l'empereur, dont il avait attiré l'attention par sa belle tenue, sa figure et sa jeunesse, M. Capelle est demeuré courtisan sous la monarchie légitime ; c'est le rôle qu'il devait préférer quand il était acteur, car il le joue à merveille. A l'époque du ministère Decazes, il se trouva bien un peu embarrassé, mais, aidé par le génie de l'intrigue que nul ne possédait mieux que lui, et grâce encore à la circonstance que voici, il fut bientôt raffermi sur ses étriers.

Les princes, ne voyant pas d'un bon œil la politique constitutionnelle de Louis XVIII, avaient jugé à propos, par l'entremise de quelques affidés, d'exercer une contre-police, qui, par des rapports exagérés, souvent même absurdes, cherchait à faire croire au comte

quelques années après par suite de l'amnistie et mourut oublié. — Le baron Capelle était l'oncle de Marie Capelle, qui, devenue Mme Lafarge, fut malheureusement célèbre.

d'Artois et aux autres membres de la famille royale que le système de M. Decazes tendait à bouleverser la société et à amener une révolution, dont les résultats seraient terribles.

Toutes ces menées de la faction ultra-royaliste avaient pour but d'effrayer le vieux roi et de le forcer à adopter un ordre de choses rétrograde, que leurs vœux et leurs manifestations contre-révolutionnaires appelaient depuis longtemps ; mais Louis XVIII était fort entêté ; il suivit imperturbablement son système, sans s'inquiéter de la frayeur plus ou moins affectée de son frère et de ses neveux.

Dans cette position, les princes, ne pouvant rien obtenir en ce qui touchait à la politique générale, et voyant leurs recommandations devenir plus nuisibles qu'utiles aux leurs, sentirent la nécessité de se rapprocher du ministre favori afin d'arriver, par des moyens conciliants, à des concessions qu'ils avaient tâché, en vain, d'obtenir par l'adresse et la ruse.

Pour atteindre ce but, il fallait un homme souple, capable de conduire cette négociation avec tact et, en outre, assez habile pour ne pas compromettre les augustes personnages au nom desquels il allait agir. M. Capelle était là.

On jeta aussitôt les yeux sur lui. Ses fonctions, indépendamment de celles plus officielles qu'il occupait au Conseil d'État, se bornaient à faire connaître à M. Decazes les désirs des princes, non pas pourtant en ce qui concernait le système adopté, mais seulement pour des objets de détail, tels que le placement de protégés dans l'armée, l'administration ou la magistrature. Au moyen des mystérieux messages de M. Capelle, les princes obtenaient à peu près ce qu'ils désiraient, et les choses marchèrent ainsi jusqu'au jour de l'assassinat du duc de Berry.

Cette anecdote, bien que je ne puisse l'appuyer d'aucune pièce officielle, est néanmoins de la dernière exactitude. Je puis la certifier autant qu'il est possible de certifier un fait que les personnes haut placées, au milieu desquelles je vivais, regardaient comme parfaitement vrai, lorsque je la leur ai entendu raconter.

Le baron Capelle était ministre des travaux publics dans le cabinet Polignac, ce qui faisait dire, fort malignement, que pour ses apostasies et ses méfaits, on l'avait à juste raison *condamné aux travaux forcés*.

J'ai connu personnellement M. Capelle ; il avait été préfet du Doubs et était resté en relations avec ma famille ; c'était aussi un habitué du salon de Mme la marquise de Montcalm, et je le voyais souvent chez elle.

(Décembre 1819.) J'ai été présenté à M. le comte Decazes, ministre de l'intérieur et président du conseil des ministres.

M. Courvoisier, député du département du Doubs, a bien voulu se charger de ce soin.

M. Decazes est, chacun le sait, le favori, le benjamin de Louis XVIII. La réputation de talent qu'on lui ac-

corde, les brillantes qualités qui le distinguent, en font
un des hommes les plus remarquables de cette époque ; ajoutez à cela qu'il est tout-puissant sur l'esprit
du roi, et qu'il obtient tout ce qu'il veut. De plus,
M. Decazes est grand, bien fait, d'une charmante figure,
et plein de finesse et d'esprit ; il est aimable, gracieux,
insinuant, et son regard vif et scrutateur semble plonger dans le vôtre et arracher les pensées enfouies au
fond de votre cœur. Sa haute position excite une jalousie universelle, et les ultras, avec leurs opinions gothiques, ne peuvent pardonner à un petit garçon sans
naissance d'avoir usurpé dans l'affection du roi une
place qui ne devrait être jamais accordée qu'à un gentilhomme pur sang, et dont les ancêtres auraient joui
en tout temps des faveurs de la cour.

Quoi qu'il en soit, en entrant dans le salon de M. le
comte Decazes, une émotion extrême s'empara de
moi, mes idées se troublèrent de telle sorte que je sentis parfaitement que si le ministre m'adressait la parole en ce moment même, il me serait impossible de
lui répondre.

Quand je l'abordai, sous l'aile protectrice de
M. Courvoisier, il s'aperçut très bien de l'émotion qui
m'agitait, et je lui dois cette justice qu'il chercha tout
aussitôt par un mot bienveillant à me remettre dans
mon assiette ordinaire ; il y réussit. Après quelques
questions particulières sur mes études, mes travaux à
la préfecture de Versailles, il me promit solennelle-
ment, ainsi qu'à M. Courvoisier, l'un de ses plus fidèles

et de ses plus éloquents soutiens à la tribune nationale, de me comprendre sur la première ordonnance de nomination de sous-préfets qu'il aurait à soumettre à la signature de Sa Majesté.

Je quittai le ministère la joie au cœur, et crédule que j'étais, je m'endormis avec l'espoir de me réveiller coiffé d'un chapeau à plumes et l'épée au côté. Mais, hélas! les promesses des ministres sont plus fragiles encore que celles des femmes, il faut les écrire sur le sable, avec une plume tirée de l'aile d'un papillon.

Pendant deux longs mois qui me parurent des siècles, je me rendis avec une religieuse exactitude aux soirées du premier ministre, et chaque fois qu'il m'adressait la parole, c'était toujours pour me dire que ma nomination paraîtrait incessamment. Un soir, entre autres, que je causais dans un des coins du salon avec mon ami, M. Dupeloux, sous-préfet de Corbeil, l'un des plus jeunes, des plus charmants magistrats de notre département de Seine-et-Oise, auquel le ministre de l'intérieur avait dès longtemps annoncé une préfecture. Son Excellence nous aborda, et, sans donner la moindre attention à mon voisin, elle me dit : « Vous « saurez, avant la fin de la semaine, quelle sera votre « résidence. » Convaincu que je n'avais plus qu'à commander mon habit brodé, j'allais quitter le bras de Dupeloux et m'esquiver, quand je m'aperçus que le pauvre sous-préfet avait la figure renversée ; il ne pouvait revenir du silence obstiné que le ministre avait gardé

vis-à-vis de lui, silence qui lui enlevait tout espoir d'a-
vancement.

Je tâchai, à l'aide de raisons détestables, car il ne
m'en venait pas de bonnes, de consoler mon ami malheureux, mais je ne pus y parvenir. « Bah ! bah ! me
« répondait-il sans cesse en regagnant notre hôtel,
« vous allez être nommé et je ne le serai pas ! Il faut
« me résigner à rester sous-préfet toute ma vie, ou
« bien à donner ma démission. » Et Dupeloux a vingt-
huit ans, une des plus jolies sous-préfectures de
France, et l'avenir s'ouvre immense pour lui ! Cet âge
serait-il par hasard l'âge de l'impatience, de l'ambition ?
Eh bien ! le sous-préfet de Corbeil vient d'être appelé
récemment à la préfecture des Basses-Alpes, et je suis
en expectative.... La phrase si précise du ministre s'a-
dressait à Dupeloux et non à moi, seulement M. Decazes se sera trompé de masque.

Maintenant le ministère Decazes résistera-t-il aux
attaques violentes dont il est l'objet ? S'il tombe un de
ces matins sous les coups redoublés et furieux des ultras, mon chapeau à plumes fera sans doute naufrage
avec lui.

L'abus des promesses, c'est le cas de le dire à cette
occasion, m'a toujours paru une chose révoltante. On
dirait vraiment que plus un homme est élevé, plus il
est en droit de se jouer de sa parole. Ah ! si l'on pen-
dait un ministre lorsqu'il manque à ses engagements,
qui, en raison de sa haute position, devraient être toujours sacrés, il y aurait plus de moralité dans le gou-

vernement et moins de solliciteurs aux portes des ministères ! D'une part, les fonctionnaires ne se feraient pas illusion sur leur avenir, et, de l'autre, les coureurs d'emploi, dont les titres ne seraient pas sérieux, se trouveraient promptement éconduits.

(Février 1820). Depuis le 13 de ce mois, jour de l'assassinat du duc de Berry, M. le comte Decazes, attaqué avec une violence extrême par la presse légitimiste et par les différentes factions de la Chambre des députés, a été contraint, avant-hier 17, de résigner entre les mains du roi son portefeuille de ministre de l'intérieur et de la présidence du conseil.

Pour se venger de ce qu'on le mettait dans la nécessité de renvoyer un homme qu'il aimait, et que dans l'intimité il se plaisait à appeler du doux nom de fils, en même temps, pour donner encore à son favori un témoignage de son affection et de ses regrets, Louis XVIII vient de lui accorder, comme fiche de consolation, une gratification considérable, le cordon du Saint-Esprit, l'ambassade de Londres et le titre de duc et pair. Il y a plus, c'est que, par une de ces attentions délicates qui ne se révèlent d'habitude que pour une maîtresse bien-aimée, le roi a dicté lui-même les mots d'ordre et de ralliement que voici : « *Elie*, « prénom de M. Decazes, et *Chartres*, nom de la ville « où celui-ci allait coucher. » Puis il a fait mettre, le lendemain matin, dans son cabinet de travail le portrait

du nouvel ambassadeur à Londres. à la place de celui
de François Ier.

M. Lepelletier d'Aulnay, qui est venu dîner ce soir à
la préfecture en arrivant à Paris, nous a raconté fort
spirituellement ces diverses anecdotes, qu'il a terminées
par un coup de griffe sanglant contre les ultras, dont
il ne peut souffrir, comme tant d'autres. la morgue, la
jactance et l'impéritie.

(Octobre 1820). Après ma nomination de secrétaire général de la préfecture de la Lozère, datée du
30 septembre. j'ai été présenté lundi dernier 5 courant
au roi Louis XVIII et à la famille royale par M. le duc
de Richelieu, premier ministre de Sa Majesté. Mon entrée aux Tuileries me causait beaucoup moins d'effroi
que ma première visite à M. Decazes. Je connaissais.
pour les avoir vus tour à tour dans les différents salons ministériels, presque tous les personnages que de
vieux services rendus pendant l'émigration avaient
placés autour du trône. et je dois avouer que cette connaissance n'était pas propre à me donner une haute
idée de l'intelligence gouvernementale des conseillers
de la couronne. Pendant que je faisais quelques réflexions à cet égard, les deux battants de la porte placée derrière le groupe où je me trouvais s'ouvrirent
avec fracas et le silence le plus profond succéda au bruit
confus des voix qui bourdonnaient dans cette salle.
C'était l'audience du roi. Un huissier annonça d'abord
les députations des corps constitués qui venaient com-

plimenter Sa Majesté à l'occasion de la naissance du
duc de Bordeaux, puis ensuite, il jeta rapidement les
noms des divers fonctionnaires de tous les ordres ad-
mis à cette audience. Ceux-ci, poussés par un autre
huissier au fur et à mesure qu'ils étaient appelés, dé-
filaient méthodiquement les uns après les autres,
comme des capucins en procession, et se bornaient à
faire en passant un salut au Roi, qui répondait par un
signe de tête bien grêle, bien sec, ne leur adressant la
parole qu'à de fort rares intervalles. Lorsque mon tour
fut venu et que M. le duc de Richelieu, qui se tenait
debout à côté du fauteuil de Sa Majesté, m'eut pris par
la main pour me conduire près d'elle, Louis XVIII
sourit en me voyant paraître et dit avec une bienveillance marquée : « Voilà, mon cher duc, un de vos pro-
« tégés ; il est bien jeune : tant mieux, cela prouve en-
« core plus pour lui. » A l'instar de mes devanciers,
je tirai une révérence à me rompre l'épine dorsale et je
m'éloignai de quelques pas pour laisser le Roi causer
librement avec son ministre.

En sortant des appartements du souverain à travers
une foule peut-être envieuse de mon *bonheur* et qui
me prenait sans doute pour le fils d'un grand personnage, nous entrâmes chez les princes, où je trouvai le
cérémonial beaucoup moins sévère. Il faut en excepter
pourtant Mme la duchesse d'Angoulême, dont l'étiquette
est absolument semblable à celle de son oncle. *Monsieur* était debout dans son salon et causait d'une manière simple, aimable, presque familière, avec chacune

des personnes qui s'y trouvaient réunies. Dès que le duc de Richelieu fut annoncé, le prince vint au-devant de Son Excellence, échangea quelques paroles avec elle, et quand mon protecteur m'eut présenté à *Monsieur* : « Vous êtes bien jeune, me dit Son Altesse Royale, mais élevé à l'école de M. le baron des Touches, ainsi que vient de me l'apprendre M. le duc de Richelieu, vous ne pouvez que faire bientôt un bon administrateur. — Monseigneur, répondis-je sans la « moindre hésitation, je suis jeune, il est vrai, mais « peut-on jamais avoir trop d'années à consacrer au « service du Roi et de son auguste famille? — J'ap- « prouve vos sentiments et vos bonnes disposi- « tions, reprit le comte d'Artois, et j'aime à croire « qu'ils seront durables. » Le prince s'entretint pendant quelques instants encore avec le duc de Richelieu et nous prîmes congé de lui. J'accompagnai le président du conseil à son hôtel, place Vendôme, où je fus retenu à dîner pour le soir même. De là, je revins en toute hâte retrouver aux Tuileries M. le baron des Touches, qui me conduisit chez M. le duc d'Angoulême, dont les paroles ne vinrent pas jusqu'à moi, tant Son Altesse était pressée par ceux qui l'entouraient. Le prince, d'ailleurs, causait avec tout le monde à la fois : il est petit, manque de physionomie et n'a pas de distinction. Son uniforme de général surtout contraste singulièrement avec sa tournure antimilitaire, et un balancement qui ne le quitte pas rappelle trop celui de certains animaux sauvages du Jardin des plantes.

En nous rendant chez Mme la duchesse d'Angoulême, nous traversâmes une grande pièce coupée en deux dans sa longueur par une petite barrière à hauteur d'appui. assez semblable à celles qui se trouvent dans les bureaux de diligence ; derrière cette barrière était le berceau de M. le duc de Bordeaux, au chevet duquel se tenait, droite comme un cierge pascal, Mme la comtesse de Gontault. sa gouvernante. Un huissier, placé au pied du berceau et de notre côté, demandait le nom de chaque personne et le jetait à haute voix dans l'espace lorsqu'on passait. Quand vint mon tour, je m'inclinai profondément devant l'auguste enfant, ou l'enfant du miracle, comme on l'appelle, et je pensai que si ce petit prince, plus avancé en âge, se montrait aussi insensible à la flatterie qu'aujourd'hui, ce serait d'un bon augure pour le peuple qu'il aurait à gouverner.

J'ai trouvé fort ridicule cet usage de présenter de graves personnages à un enfant au berceau qui ne sait encore que crier et pleurer pour exprimer ses désirs ou ses douleurs.

Ma présentation à Mme la duchesse d'Angoulême me causait une excessive frayeur, car cette princesse est la plus impopulaire de tous les membres de la famille royale. Pourtant j'entends dire à mes amis de la garde qu'il est difficile de rencontrer, dans la vie intérieure, une bienveillance plus soutenue qu'en elle et une égalité de caractère plus complète. Quoi qu'il en soit. j'étais vivement ému lorsque je me trouvai en sa présence ; sa figure, qui m'avait paru sèche et guindée, se dérida tout à coup, un sourire, sourire dont elle est toujours avare, effleura ses lèvres, et le dialogue suivant s'établit entre elle et moi :

La princesse. — Ah ! vous allez dans la Lozère ?

Moi. — Oui, Madame.

La princesse. — La Lozère n'est-elle pas l'ancien Gévaudan ?

Moi. — Oui, Madame.

La princesse. — Ah ! mon Dieu ! c'est le pays de la bête ?

Moi. — Oui, Madame.

La princesse. — A-t-on jamais su ce que c'était que cette bête et d'où elle sortait ?

Moi. — Oui, Madame ; c'était une hyène qui s'était échappée d'une ménagerie ambulante et qui était venue se réfugier dans les montagnes de la Lozère. Elle causait de grands ravages et jetait l'épouvante dans toute la province. Une compagnie de dragons, envoyée par ordre de votre auguste père pour la traquer, en délivra le pays.

La princesse. — Je me rappelle toujours la frayeur dont j'étais saisie dans mon enfance lorsqu'on me racontait l'histoire de la bête du Gévaudan. — Quel est votre préfet, non pas à propos de bête, je vous prie ?

Moi. — M. Moreau, Madame.

La princesse. — Est-ce le frère du maréchal ?

Moi. — Oui, Madame, c'est le frère cadet.

La princesse. — Avec un homme qui porte le nom de Moreau, vous devez vous trouver heureux ?

Moi. — On l'est toujours en servant le Roi et son auguste famille.

Mes réponses aux princes n'étaient pas, comme on le voit, d'une grande variété, mais elles avaient le mérite d'être utilisables dans presque toutes les circonstances officielles. On me trouvera peut-être bien versé aussi dans l'histoire du Gévaudan pour avoir répliqué avec autant de précision à la fille de Louis XVI. Je ne veux pas faire le fin. Dès que ma nomination m'a été connue, j'ai recherché les divers ouvrages qui traitaient du pays dans lequel j'allais ouvrir ma carrière et je les ai lus avec avidité en prenant sur chaque fait curieux une note analytique. Voilà pourquoi je connais si bien le Gévaudan.

CHAPITRE VIII

Je partis bientôt pour Mende, ma nouvelle destination. La veille de mon départ de Paris, je dinais chez M. le duc de Richelieu, alors président du conseil des ministres. Lorsque je fus annoncé, le duc vint à moi, me prit par-dessous le bras, selon son habitude familière, et m'entraîna dans l'embrasure d'une des fenêtres du salon. Là, il me tint ce langage : « Mon cher Armand, « rappelez-vous bien la recommandation que je vais « vous faire. Le département de la Lozère n'a qu'un « seul député à nommer ; trois candidats se mettent « sur les rangs, le comte René de Bernis, M. André (de « la Lozère) et le général Brun de Villeret. Le premier « de ces candidats ne saurait nous convenir ; je ne dis « pas qu'il soit l'auteur des horribles massacres qui « ont eu lieu à Nimes, mais, en sa qualité de général « inspecteur des gardes nationales revêtu de pleins « pouvoirs, son devoir rigoureux, au lieu de rester « froidement l'arme au bras et de laisser faire, était

« d'empêcher par des mesures énergiques que le sang
« ne coulât dans cette malheureuse cité. Nous n'en
« voulons donc pas. — M. André (de la Lozère) affi-
« che des opinions royalistes extrêmes : on dit encore
« que lorsqu'il était commissaire des guerres sous
« l'Empire, il a payé cent mille écus en pays ennemi
« pour se faire acquitter d'un jugement qui devait le
« condamner à une peine grave, pour prévarication
« dans ses fonctions. Dans le doute, abstiens-toi, a dit
« le sage. Il faut donc éloigner M. André à tout prix.
« Reste le général Brun de Villeret : c'est un brave
« militaire, un homme des plus honorables, ancien
« aide de camp du maréchal Soult ; c'est de plus un ex-
« cellent citoyen fort aimé dans son pays. Le général
« Brun est libéral, très libéral même, mais allié en
« quelque sorte au parti royaliste par son mariage avec
« la fille du marquis de Lafarre ; il est de ceux qu'on
« peut facilement ramener. Voilà le candidat qui plaît
« le mieux au gouvernement ; rapportez à votre préfet
« ce que je viens de vous dire et ajoutez encore que
« nous lui saurons gré d'obtenir, par sa sage et dis-
« crète influence, que les choses tournent comme nous
« le désirons. »

Quelques jours avant l'anecdote que je viens de raconter, je dînais chez M. Paravey, banquier, rue de
Paradis, à Paris, et l'un des plus anciens et des meilleurs amis de mon père : j'y dînais avec le prince de
Talleyrand, auquel le maître de la maison avait bien
voulu me présenter. — Le vieux diplomate, après

m'avoir adressé un gracieux compliment, me dit :
« Il n'y a pas besoin de vous demander quelle est la
« rivière qui traverse le département de la Lozère ?
« — Oh! non, prince, répondis-je, c'est le Lot. —
« Comment, le Lot ? s'écria l'ancien évêque d'Autun. Eh
« bien, je suis pris ! Je croyais véritablement que c'é-
« tait la Lozère. — La Lozère, Monseigneur, est une
« des principales montagnes de la chaîne des Céven-
« nes, c'est elle qui donne son nom au département.
« Au surplus, l'erreur que vous venez de commettre,
« si c'en est une, est d'autant plus permise que la ri-
« vière du Lot prend sa source dans une des cavi-
« tés de ces montagnes. — Bah! bah! répliqua le
« prince de Bénévent, vous avez beau vouloir, très
« aimable sous-préfet, colorer ma faute d'une explica-
« tion bienveillante, vous n'en resterez pas moins con-
« vaincu que je suis plus fort en diplomatie qu'en
« géographie. »

Depuis 1820, ce court dialogue avec le prince de
Talleyrand m'est revenu souvent à l'esprit, et j'ai
pensé parfois que le vieux roué ne m'avait fait cette
question que pour mettre à l'épreuve mes connaissances topographiques. Ceux qui savent ce diplomate
mieux que moi en décideront. Ce qu'il y a de certain,
c'est que, s'il a voulu me faire une malice, sa physionomie ne m'en a rien révélé, et que, comme s'il eût
reçu un coup de pied dans le derrière, elle est restée
impassible.

En arrivant à Mende, je m'empressai de faire con-

naître à mon préfet, M. Moreau, frère du célèbre
général de ce nom, la mission confidentielle dont le
duc de Richelieu m'avait chargé pour lui : « Bravo,
« me dit le spirituel préfet de la Lozère, bravo, je
« suis heureux de la nouvelle que vous m'apportez,
« car nulle puissance n'aurait empêché le général
« Brun de Villeret d'être nommé aux prochaines élec-
« tions ; il aura même une très grande majorité, s'il
« n'a pas l'unanimité des suffrages. » Le général Brun
de Villeret fut, en effet, élu peu après, à une majorité
des plus imposantes.

Malgré mes antécédents appréciés, malgré mon zèle
dans les doubles fonctions de secrétaire général et de
sous-préfet de Mende, malgré ma jeunesse, je fus compris dans les grandes épurations inventées par le ministère Villèle. Ce cabinet ne voulant plus pour député,
d'ailleurs, du général Brun de Villeret, imposait au
préfet de la Lozère (c'était alors M. de Valdenuit, lequel occupait la préfecture du Jura lors de la révolution
de 1830) l'élection des deux candidats que repoussait
précisément, deux années auparavant, le ministère du
duc de Richelieu. De nature indépendante et vivant
d'autre part dans une grande intimité avec le général
Brun de Villeret et sa famille, M. Jean-Jacques Guizot,
sous-préfet à Marvejols, et moi, nous refusâmes de
concourir l'un et l'autre à cette élection. Le crime, on
le pense bien, était impardonnable et nous le payâmes
de notre place.

Au moment de quitter Mende, après ma destitution

signifiée le 8 janvier 1823, je reçus du général Brun de Villeret le mot suivant :

« Votre départ va laisser un grand vide dans notre
« pays. Guelfes et Gibelins, tout le monde annonce
« des regrets, et c'est du moins quelque chose que
« ceux qui ont travaillé à vous faire perdre votre place
« n'osent pas se réjouir ouvertement de vous l'avoir
« enlevée.

« Des temps meilleurs, mon cher ami, vous dédom-
« mageront plus tard, j'en conserve l'espoir, de l'injus-
« tice qui vient de vous frapper ; mais j'ai peur que
« vous n'ayez pas un grand goût pour revenir dans
« notre triste pays. Mais qu'importe le lieu où vous
« soyez, nos vœux pour votre bonheur et nos affec-
« tions vous accompagneront. Vous avez laissé dans
« nos cœurs une impression profonde et, d'après votre
« caractère, vous êtes assuré de produire le même ef-
« fet partout où vous vous trouverez. »

Disons, en passant, que les temps meilleurs annon-
cés par cette lettre prophétique arrivèrent pour le général Brun de Villeret ; c'était justice. Après la révolution de juillet, et lorsque le maréchal Soult fut appelé
au ministère de la guerre, et prit dans le gouvernement une autorité quasi suprême, le général Brun fut
nommé général de division, commandant à Clermont,
et peu de jours ensuite pair de France. Ayant été pro-
posé avec une vivacité bienveillante, pour de l'avancement, par un de mes préfets, j'écrivis à cet homme du
jour, qu'on venait d'écraser de cordons, de grades, de

titres et d'appointements, en le priant d'appuyer la demande faite en ma faveur ; le général me répondit avec la plus grande franchise, avec le sans-façon le plus décourageant, « *qu'étant en ce moment même occupé à* « *faire nommer deux préfets dans sa famille, il lui* « *était impossible de recommander toute autre de-* « *mande analogue, qu'il le regrettait vivement, etc.* »

Et c'était pour soutenir la cause personnelle du général Brun de Villeret que j'avais, à vingt-six ans, sacrifié ma place, mon avenir, sans hésitation. Ah ! les hommes, et dire qu'on n'en rencontre guère d'autres !

C'est le cas de faire observer ici qu'à cette époque, l'influence du ministère dans les élections était parfaitement légitime ; elle se montrait surtout sous les formes les plus polies et ne s'exerçait pas d'une manière brutale comme on l'a fait depuis. On se bornait à prévenir un préfet soit par un inspecteur général des finances en tournée, soit par tout autre intermédiaire, que tels noms seraient plus agréables que tels autres, mais le préfet n'était menacé ni d'une destitution ni même d'une disgrâce s'il ne réussissait pas. Ce n'est que plus tard, sous le ministère sans pudeur de M. de Villèle, que le système d'intimidation fut mis en pratique et qu'on se décida à donner aux préfets des ordres formels pour faire nommer, *sous leur responsabilité personnelle,* tel ou tel candidat à l'exclusion de tout autre. Et le gouvernement qui dictait ces ordres immoraux affectait les dehors de la probité la plus légale et de la piété la plus austère !

Durant mon séjour dans la Lozère, je me rencontrai avec un homme dont les exploits pacifiques faisaient grand bruit. C'était une espèce de capucin, si l'on en croyait son costume, sortant on ne sait d'où et qui prenait le nom de P. Hilarion. Disant appartenir à je ne sais quelle corporation religieuse, il avait acheté à crédit, à quelques lieues de Mende, un vieux château en ruine qu'il espérait pouvoir payer, comme il l'avançait, avec l'argent que Dieu lui enverrait au moment venu, et il l'avait transformé en établissement gratuit pour les aliénés, établissement où ceux-ci étaient très simplement mais très efficacement soignés.

Lorsque je demandai au capitaine de gendarmerie ce qu'il connaissait du P. Hilarion, il se pencha vers moi et me dit tout bas : « C'est l'Empereur ! — Quoi ! fis-je stupéfait, l'Empereur ?.... mais il est mort depuis deux ans ! » L'autre sourit d'un air incrédule et me fit de la tête un signe négatif; la plupart des villageois d'alentour et nombre de citadins avaient la même conviction et jamais nous n'avons pu les désabuser à cet égard. Il est vrai qu'en voyant le P. Hilarion, je fus frappé de son extraordinaire ressemblance avec Napoléon. Paraissant âgé de trente à trente-deux ans, il était d'une taille un peu au-dessus de la moyenne, avec une belle figure et des traits parfaitement réguliers; de plus, actif et entreprenant; aussi, grâce à l'idée que ce pays naïf se faisait de sa personnalité, obtenait-il de la charité publique des sommes considérables nécessaires à l'entretien de son établissement.

Je ne sais pas et ne saurai probablement jamais si le P. Hilarion était un illuminé, un fanatique ou un homme de mauvaise foi; mais je sais qu'avec du tact, de l'esprit et d'excellentes manières, il vous disait des contes de grand'mères à leurs petits-enfants. Dans ces narrations, sa tête s'exaltait peu à peu à peu et il nous semblait alors beaucoup plus fou que les malheureux rassemblés chez lui.

Cet élégant capucin nous disait un jour, par exemple, qu'il rencontrait très souvent le diable sur son chemin; que celui-ci lui disputait toujours le passage, mais que, grâce à certaine prière et à certaine conjuration, il l'avait bientôt mis en fuite. Je lui ai aussi entendu raconter qu'il avait visité les enfers; il donnait sur cette visite les détails les plus étendus et les plus curieux, détails qui, s'ils n'étaient pas arrangés et appris par cœur, dénotaient un cerveau atteint d'une monomanie singulière, bizarre et surtout fort originale. Le P. Hilarion semblait convaincu de ce qu'il disait, ses expressions étaient choisies, ses gestes vifs et gracieux, et le mysticisme fabuleux de sa conversation avait étendu sa renommée au loin.

Engagés par lui à aller visiter son établissement, nous nous mîmes en route un beau matin, le préfet, M. de Valdenuit, le capitaine de gendarmerie, quelques autres fonctionnaires et moi. Prévenu du jour et de l'heure de notre arrivée, le P. Hilarion vint au-devant de nous, à cheval, escorté d'une douzaine de moines qui semblaient tous de bons cavaliers. Ils se mêlèrent à nous et notre cortège, bariolé de costumes brodés, d'uniformes militaires et de robes de bure, était du plus curieux effet.

Arrivés au château, nous trouvâmes l'établissement tout à fait dans l'enfance. C'était une réunion d'aliénés contenus dans de vastes salles et surveillés par des moines ; mais ces malheureux, mal vêtus, mal nourris dans leurs villages, étaient bien soignés, jouissant d'un doux repos et offrant l'apparence de la santé. C'était donc un service réel que le P. Hilarion rendait à la société ; il méritait l'encouragement de l'administration locale et le préfet lui promit de l'aider.

En visitant la classe où deux frères instituteurs apprenaient à lire et à écrire aux enfants pauvres du pays, M. de Valdenuit éprouva le besoin de leur adresser une allocution pompeuse et ampoulée sur le mérite, le talent et la modestie des instituteurs. Pendant que le préfet parlait, je levai machinalement les yeux sur la figure du maître auquel ces belles choses se débitaient, et me voilà tout à coup persuadé que j'avais vu ce masque quelque part. Ne pouvant me rappeler où j'avais rencontré ce jeune homme, je restai le dernier pour lui faire part de ma préoccupation, car tout me semblait mystère dans ce couvent. Au moment où j'allais lui adresser la parole : « Monsieur, vous ne me reconnaissez donc pas ? — Non, mon ami, répondis-je. — Ah ! « Monsieur, c'est bien étonnant, c'est moi qui étais domestique, il y a deux ans, chez M. le préfet, et qui « vous ai bien souvent donné des assiettes à table. » La

figure du jeune frère, qui était, d'ailleurs, un fort joli
garçon, dénaturée par son accoutrement monastique,
me revint complètement alors et je m'amusai à lui faire
raconter par quelle série de circonstances il avait été
amené à changer ainsi d'état. Il me donna tous les détails que je lui demandais; un naïf amour contrarié
était la cause de sa nouvelle situation.

Je signalai le fait au préfet, mais très vexé de s'être
mis en frais d'éloquence pour un de ses anciens valets
et furieux d'avoir été ainsi mystifié, M. de Valdenuit
se permit de faire quelques observations au chef de la
corporation sur la matière première avec laquelle il
formait ses frères. Celui-ci répondit très carrément au
préfet : « Plus les gens sont humbles, plus ils nous
« conviennent; plus ils nous arrivent de bas, plus ils
« s'élèvent ici. »

L'autre ne répondit rien. Nous sortîmes et le capitaine de gendarmerie, me tirant par la manche, me dit
tout bas : « L'Empereur a raison ! »

Pendant que Louis XVIII descendait peu à peu vers
la tombe, on pouvait remarquer, à différents symptô-
mes, un commencement de désaffection vis-à-vis de son
gouvernement, et cela parmi ses plus fidèles soutiens.
Beaucoup ne se gênaient pas pour critiquer ouvertement la politique néfaste des hommes de la Terreur
blanche qui grossissait chaque jour les rangs des libé-
raux et contribuait à former l'armée par laquelle le
trône allait plus tard être emporté. Les attaques mor-

dantes, les satires spirituelles étaient souvent dirigées contre le pouvoir par des gens chez lesquels on eût dû trouver plus d'indulgence, à défaut de gratitude. C'est un fonctionnaire de mon entourage qui me citait un jour ces vers peu respectueux destinés à être placés sous un portrait du roi peint par Legros :

> Legros l'a peint, ce portrait plein de vie,
> Qui de la France a fixé le destin ;
> De la peinture admirez la magie,
> En le voyant, chacun d'abord s'écrie :
>> Legros l'a peint.

> Voyez ce port, cette aimable noblesse,
> Voyez ce port et vous serez d'accord
> Que ce morceau de l'art sera sans cesse
> Bien préférable à tous ceux de la Grèce ;
>> Voyez ce port.

De cette épigramme j'en rapprocherai une autre entendue chez M. Nourrisson [1], député de la Haute-Saône, un soir qu'il m'avait convié à dîner. Ayant fait en cette aimable maison la connaissance d'un jeune compatriote à la physionomie fine, M. Genoux-Prachée [2], qui devait devenir, par la suite, député de Vesoul et qui,

---

[1] Nourrisson (Jean-Baptiste-Antoine, chevalier), 1768-1855. Député de la Haute-Saône de 1803 à 1806, puis substitut du procureur impérial à Besançon, il reprit sa place a la Chambre sous la Restauration. Chevalier de l'Empire.

[2] Genoux-Prachée (Georges), 1794-1846. Conseiller de préfecture, député de la Haute-Saône de 1831 à 1847. Chose rare chez les parlementaires, il était fort désintéressé et remettait au bureau de bienfaisance de Vesoul la partie de son traitement de conseiller, correspondant au temps qu'il passait à la Chambre.

pour l'instant, se lançait dans l'opposition, je lui parlai
de littérature et d'art, voulant éviter de mettre la conversation sur un terrain brûlant. Comme je lui signa-
lais avec des éloges une jolie maquette en plâtre de
Louis XVIII, que j'avais admirée le jour même, il
m'envoya le lendemain l'épigramme suivante :

> C'est à bon droit que la sculpture
> Passe pour le premier des arts,
> Puisqu'il nous rend en miniature
> De Louis les serins regards.
> En buis, en épine, en albâtre,
> Il fait le charme de nos yeux ;
> Il n'est déjà pas mal en plâtre,
> En terre, il serait beaucoup mieux.

Une autre fois, me promenant avec un receveur général du centre de la France que je ne nommerai pas
et mon camarade de collège Thorigny, des pauvres
Luxembourgs, nous croisâme la calèche de Mme du
Cayla qui revenait des Tuileries faire son service auprès de Louis XVIII. Thorigny salua respectueusement,
Je ne connaissais pas la vice-reine et encore moins ses
équipages, aussi demandai-je le nom de la personne à
laquelle s'adressait un salut aussi solennel. — « C'est
Mme la comtesse du Cayla, la nouvelle conquête du
roi. — Et une conquête qui est *de bonne prise*, »
fit X.... d'un air détaché. — « Le choix est bizarre, repris-je, car j'ai entendu dire qu'elle avait eu déjà plusieurs amitiés. — Oui, *ça varie !* » répondit Thorigny avec innocence. Étant donnés les bruits qui cou-

raient sur la façon spéciale dont le roi choisissait sa tabatière [1] et sur l'ancienne liaison de Mme du Cayla avec le duc de Rovigo, je constatai que mes compagnons ne se gênaient pas pour jeter des pierres dans le jardin dont ils mangeaient les fruits.

Il y a dans notre pauvre espèce des natures qui ne se sentant aucune vocation prononcée pour tel ou tel parti, veulent, avant d'embrasser franchement une profession quelconque, tâter de chacune d'elles en particulier. Tel était le cas de mon frère Alphonse, qui avait l'esprit vif, pétulant, avec du mordant et de l'imprévu, mais se pliant difficilement à une discipline quelconque. Aussi a-t-il goûté un peu de tout. Il fut tour à tour sous-directeur de la verrerie de Bélieu qui appartenait à mon père, élève-consul, inspecteur des télégraphes, puis après sa destitution, il étudia les moulins, les forges, les tuileries, l'éclairage au gaz et partit en 1830 faire son droit à Paris. La révolution le trouva suivant les cours de l'École ; il lâcha aussitôt le Code pour le fusil et participa à l'attaque du Louvre, de la porte Saint-Denis et de la caserne de Babylone.

[1] Voici un huitain explicatif trouvé dans les papiers de l'auteur :
> Quoique toujours s'escrimant
> A lancer des propos lestes,
> Le roi, par tempérament,
> N'a soif que d'amours célestes.
> Complice de ses desseins,
> Du Cayla le favorise,
> Car Louis entre les saints
>   L'a prise.

Rentré à Besançon dès que l'ordre fut rétabli, il s'occupa de l'organisation de l'artillerie de la garde nationale, dans laquelle il avait été nommé lieutenant ;
bref, pendant toute sa vie, il a dévoré, dans ses ambitions mensongères, plusieurs destinées dont une seule
aurait suffi à remplir son existence, et il a tout désiré
sans rien vouloir. La place qu'il occupa le plus longtemps — trois ans, et pour lui c'était énorme — fut
celle des télégraphes, grâce à l'appui et à la bienveillance de Chappe, le directeur général du moment.
Cette protection lui avait été obtenue par notre ami
Rouget de Lisle, l'illustre auteur de la *Marseillaise* (1).

Mon père s'était lié avec lui à Lons-le-Saunier vers
la fin de l'Empire, et le brave Rouget ayant eu plusieurs
fois recours à son obligeance, reconnut cette bonté en
aidant mon frère dans ses débuts.

C'est en 1823, après ma destitution, que je fis la connaissance du Tyrtée français, et j'avoue avoir éprouvé
une certaine désillusion à ma première visite. Bien
que mon père et mes frères m'eussent souvent parlé

(1) Rouget de Lisle (Claude-Joseph), né le 10 mai 1760 à Lons-le-Saunier, mort à Choisy-le-Roi le 26 juin 1836. Sous-lieutenant à l'École du
génie en 1782, il devint capitaine en 1791, chef de bataillon en 1796 et
démissionna la même année. La *Marseillaise* fut composée à Strasbourg, dans la nuit du 25 au 26 avril 1792, à la suite d'un dîner donné
par le baron de Dietrich, maire de la ville, dîner auquel assistaient les
généraux d'Aiguillon, Broglie et du Chastellet, les capitaines Caffa-
relli et Rouget de Lisle et les lieutenants Desaix et Masclet. Rouget
de Lisle habitait alors un petit appartement rue de la Mésange, et c'est
très probablement là qu'il conçut son chef-d'œuvre.

du poëte et me l'eussent dépeint avec exactitude, je le voyais immense, majestueux, superbe, une tête à la Danton, les cheveux au vent, entouré de trophées guerriers et son violon à la main, prêt à lancer d'une voix tonnante sur le monde la tempête de son inspiration. Or, lorsque je pénétrai dans son appartement (si je puis nommer appartement la pauvre chambre qu'il habitait), je trouvai un vieillard à la figure fatiguée, légèrement voûté, d'assez belle taille, habillé d'un ample pantalon qu'on apercevait sous la robe de chambre ouverte, coiffé d'un bonnet grec d'où sortaient de rudes cheveux roux et écrivant sur une petite table de bois. Les murs de la pièce étaient à peu près nus, et si l'on n'apercevait aucune porcelaine ni aucune faïence sur la modeste commode, il n'en allait pas de même en regardant du côté du lit. A mon entrée, l'aimable homme se leva, m'embrassa paternellement, et quand je vis ses yeux vifs, francs et flamboyants, je compris l'éclair de génie qui les avait une fois illuminés.

Que d'agréables moments j'ai passés avec cet excellent Rouget de Lisle, moi l'interrogeant et lui fouillant ses souvenirs pour me répondre. Un jour qu'il me parlait avec orgueil de son petit vin de Montaigu [1], je lui avouai que je préférais le corton ou le chambertin : « Parbleu ! me riposta-t-il de son bon accent comtois, si je n'avais bu que du Montaigu chez ce

____

(1) Montaigu était la petite propriété familiale que Rouget de Lisle possédait près de Lons-le-Saunier. Elle fut vendue en 1817.

pauvre Dietrich, il est probable que je n'aurais pas écrit la *Marseillaise !* » Il ajoutait que le champagne, en outre de la fièvre patriotique du moment, l'avait aidé dans la composition de son hymne immortel.

Mon frère Alfred, doué d'un véritable talent musical, le taquinait, mais fort innocemment, en lui chantant, chaque fois qu'il le voyait, le couplet :

> Nous entrerons dans la carrière
> Quand nos aînés n'y seront plus ;

et en s'accompagnant avec fracas sur le piano. Ce couplet était le seul qui ne fût pas de Rouget de Lisle [1] !

Si la *Marseillaise* a donné la gloire à son auteur, elle lui a attiré aussi bien des ennuis et bien des déboires : c'est indirectement à cause d'elle qu'il eut avec Bonaparte et Carnot de malheureux démêlés qui ne furent pas à son avantage. Le dernier de ces deux hommes était pour lui un véritable cauchemar, et quand je parlais d'un être méprisable, haineux, faux, égoïste ou indélicat, il ne manquait jamais de soupirer : « Que diriez-vous si vous aviez connu Carnot ! » Cette haine contre l'ancien ministre de 1815 était solidement implantée dans son cœur. Je le reconduisais parfois chez lui passage Saulnier, rue du Battoir ou rue des

[1] On n'est pas d'accord sur l'auteur de ce couplet. Les uns l'attribuent au journaliste Louis Dubois, qui dans une brochure imprimée en 1848, déclare l'avoir composé en octobre 1792 ; les autres le prêtent à l'abbé Peyssoneaux, professeur au collège de Vienne au début de la Révolution.

Grands-Augustins; il avait alors l'habitude de donner quelques bonbons aux enfants des boutiquiers ses voisins, mais quand il oubliait ses sucreries, les moutards couraient après lui en hurlant et en s'attachant aux pans de sa vaste redingote. Rouget se dégageait doucement et criait : « Ah! petits *carno-* « *tins....* petits *carnotins....*, voulez-vous finir? » Il tenait aussi en piètre estime Casimir Périer, avec lequel il avait eu une affaire d'argent assez désastreuse : « Voyez, me disait-il, comme la muse ne livre « rien au hasard ; elle a voulu que cet homme se « nommât Périer à cause de la rime si riche et si na- « turelle *usurier.* »

Bon, sensible et débonnaire, Rouget de Lisle a passé une partie de sa vie à s'apitoyer sur les malheurs des autres et à redresser des torts ; après avoir si superbement enfourché Pégase, il a voulu monter Rossinante. Aimant à captiver l'attention publique, il mettait une ardeur et une conviction entière dans sa course aux chimères, mais innocent comme l'enfant, ses apostrophes, faites souvent de façon maladroite et sur un mode emphatique, atteignaient rarement leur but. « J'ai toujours navigué, me disait-il, sur la mer des espérances. » Comme il vivait plus dans les nuages que sur la terre, c'est peut-être pour la réalisation de ses utopies qu'il fit preuve de convictions assez versatiles dont l'affirmation bruyante ne lui apporta pourtant jamais le bien-être.

Toute ma famille, à l'instar de notre fidèle Charles

Weiss [1], avait voué à ce géant tombé un attachement
sans réserve, attachement fait d'admiration pour son
œuvre magnifique et de pitié pour sa triste situation.
De l'Olympe où il plana, Rouget de Lisle termina sa
vie dans la misère; pendant quarante ans il gravit un
calvaire au sommet duquel l'attendait la mort. Seul, le
gouvernement de Louis-Philippe, grâce aux sollicita-
tions réitérées de Béranger, adoucit ses derniers
jours [2]. Ce sera une honte éternelle pour les contem-
porains d'avoir laissé souffrir de la pauvreté le génie
qui a doté la France du chant national le plus gran-
diose de tous les temps; du chant qui avait sauvé la
patrie à Jemmapes et aurait pu encore la sauver à
Waterloo.

A cause de sa susceptibilité, il était fort difficile de
venir en aide à Rouget de Lisle. La publication de ses
Chants français, qui parurent en 1824, nous permit à
peine un témoignage prévenant [3], bien que mon frère

(1) Weiss (Pierre-Charles), né le 15 janvier 1779 à Besançon, mort
dans cette ville le 11 février 1866. Poète, littérateur et historien, il a
attaché son nom à la grande entreprise biographique des frères Mi-
chaud. C'était un homme d'esprit fort érudit. Il eut pour camarades
Charles Nodier, Abel de Rémusat, Martin de Gray, etc., et mourut
comme bibliothécaire de Besançon.

(2) Le 5 août 1830, le duc d'Orléans lui accorda une pension de
1,600 fr. qui fut portée à 3,500 fr. deux ans plus tard. Sur la demande
du général Blein, son ami, Rouget de Lisle fut décoré le 6 décembre 1830.

(3) «.... Le recueil tire à sa fin, grâce à vous, à M. Marquiset et à
« Béranger. » (Lettre de Rouget de Lisle à Charles Weiss, 13 septembre 1823.)

«.... Conjurez M. Marquiset de nous seconder dans cette bonne
« œuvre *(propagation du recueil).* » (Lettre du même au même, 11 juillet 1824.)

Alfred, avec son amour de la musique et son amitié pour l'auteur, eût fait son possible pour propager ces morceaux d'une belle venue [1].

Ma mère, dont la tendre nature compatissait à toutes les douleurs humaines, avait une franche sympathie pour le pauvre Rouget, qui le lui rendait bien en reconnaissance [2]. Combien s'est-elle ingéniée pour soulager discrètement la détresse du poète ! Ces vers qui lui sont adressés et que je retrouve en sont la preuve.

> Par un mystère inconcevable,
> Chez moi j'ai trouvé deux billets,
> Je revis donc au temps aimable
> Des esprits et des feux follets ?
> Bonne fée à nulle autre égale,
> Bonne fée aux instincts si bons,
> Vous sauvez la pauvre cigale
> Pour l'amour de vos papillons.
> Aussi, de ma voix qui décline
> Quand les échos faibles et doux
> Mourront à travers la colline,
> Le dernier jaillira pour vous.

ROUGET DE LISLE.

[1] « ... Virtuose comme il l'est, Alfred a-t-il daigné jeter les yeux « sur le recueil ? Qu'en dit-il ? » (Lettre de Rouget de Lisle à Charles Weiss, 3 décembre 1824.)

« .... Vous me feriez un véritable chagrin de prendre l'argent (*prix du recueil*) d'Alfred, de M. Viancin, etc.... » (Lettre du même au même, 27 janvier 1825.)

[2] « .... Si Mme Marquiset n'y répugne pas trop, en aveur d'un pres- « que mort de faim, demandez-lui la permission de l'embrasser de ma « part. » (Lettre du même au même, 31 janvier 1823.) Extraits de la correspondance entre Rouget de Lisle et Charles Weiss. Bibliothèque de Besançon.

C'est d'un bon cœur...., mais je préfère la *Marseillaise.*

Les œuvres du glorieux barde sont aujourd'hui presque toutes inconnues et aucune d'elles n'a pu le sortir de l'adversité qui empoisonna la moitié de sa vie. Rouget de Lisle a succombé sous le poids de son hymne, il aurait dû tomber sur un champ de bataille à la tête des armées républicaines. Il est mort trop vieux.

(1823.) Une fête brillante a été donnée dimanche dernier, 14 de ce mois, par M. le lieutenant général baron Lanusse, commandant la 6e division militaire, à Besançon, à l'occasion du retour de S. A. R. Mgr le duc d'Angoulême. Les illuminations de la façade de l'hôtel annonçaient l'heure de la réunion, à laquelle ont assisté toutes les autorités, ainsi que les principaux habitants de la ville. Un transparent de circonstance, dû au talent du colonel chef d'état-major, décorait l'entrée principale des appartements. Le vestibule, qu'on pourrait appeler le salon de la guerre, était rempli de trophées et de faisceaux d'armes, disposés avec goût. Le capitaine du génie Lefaivre, qui avait bien voulu présider à cette distribution, en a recueilli tout l'honneur. Le second salon, d'un caractère moins imposant que le premier, mais plus gracieux, était orné des bustes du roi et de sa famille. Parmi les devises qui signalaient les différentes phases de la guerre d'Espagne, on remarquait celle-ci au-dessous du buste de Mgr le duc d'Angoulême :

> L'espérance le suivit,
> La victoire le ramène.

Au commencement de cette soirée, Édouard de Charnage, ancien préfet de l'empire, avec lequel j'étais lié depuis longtemps, se promenait avec moi, bras dessus bras dessous, dans les salons du général, et critiquait d'une manière fort piquante les nombreuses devises inscrites sur les cartouches qui décoraient les murs. Ces devises étaient toutes de moi et Charnage l'ignorait ou faisait semblant de l'ignorer : « Que « pensez-vous, me dit-il, de ces inscriptions adula- « trices? tout cela me semble bien froid et bien « guindé. — Que voulez-vous. répondis-je, le général « a prié de ce soin une personne pour laquelle il « était difficile de trouver des mots heureux puis- « qu'elle parlait contre sa pensée. »

(Mai 1824.) Il vient de paraître une petite brochure de cent à cent vingt pages qui a pour titre : *Relation d'un voyage à Bruxelles et à Coblentz en 1791*, et qui, d'après son épître dédicatoire, décèle, à n'en pas douter, une production royale. J'ai lu cette brochure d'un bout à l'autre et, en cela, j'ai montré de la persé- vérance, du courage même. car il est impossible de rien rencontrer de plus vide. On n'y découvre ni pen- sées ni descriptions, il ne s'y trouve pas une anecdote digne de rester dans la mémoire. C'est, depuis la pre- mière à la dernière page, un tissu de sottises qui ne s'expliquent pas, et dont s'amusent à l'égal le recteur et l'écolier. Est-il rien de plus plaisant, en effet, que le frère d'un roi qui, sur deux voitures qu'on lui offre pour son départ, choisit de préférence le vis-à-vis, et pourquoi? Parce qu'il est trop lourd pour monter dans un cabriolet. Voyez ensuite comme quoi ce prince craint de ne pouvoir cacher l'émotion qui l'agite au moment de son départ, et comme quoi, pour faire disparaître le trouble répandu sur sa physionomie, il se teint les sourcils avec un bouchon de liége qu'il a eu la précaution de mettre dans sa poche pendant le dîner!

Entre Soissons et Laon, le comte de Provence propose de déjeuner : il avait un pâté et du vin de Bordeaux. Cet article, sur lequel il s'étale avec complaisance, peut être intéressant pour un homme qui ne vit que pour manger, mais il n'est à coup sûr que déplacé dans la narration d'un frère de roi, et les lecteurs n'ont goûté ni ce pâté ni ce vin de Bordeaux.

D'Avaray éprouve une rude alarme en voulant entrer dans le petit appartement où l'attend Monsieur, parce que la clef a refusé de tourner dans la serrure ; mille idées plus sinistres les unes que les autres lui tourbillonnent à l'instant dans la tête, mais il essaie de tourner la clef à droite au lieu de la tourner à gauche, et la porte s'ouvre. Quelle présence d'esprit! Quelle capacité intelligente! Qui pourrait se tirer d'un aussi grave embarras avec tant de courage et d'adresse?

A Mons. le souper de l'auberge ne valait rien, mais Mme de Balbi, qu'on ne croyait pas encore arrivée, appela ces messieurs de sa fenêtre, et leur fit donner un poulet froid avec du vin de Bordeaux. Ils mangèrent avec appétit et burent à l'avenant. On remarque avec satisfaction que le chagrin de quitter sa famille captive et d'abandonner sa patrie n'a point affligé le prince et son fidèle compagnon, et que le triste souvenir d'un pays en butte à toutes les horreurs de la guerre civile ne troublait pas leur digestion [1].

Quand parut l'écrit dont nous parlons, chacun s'empressa de se le procurer et plusieurs éditions furent épuisées en très peu de temps. J'avoue que la curiosité me poussa comme les autres, et que la lecture de cette production faite un soir devant un assez nombreux auditoire fut bien mal et bien irrévérencieusement accueillie. En fermant le livre, je pensai comme cet habitant de Pékin qui, croyant que son empereur faisait du musc, courut certain jour, pour s'en assurer, derrière une haie où le souverain venait de s'arrêter et s'écria : « Mon Dieu, ça sent encore plus mauvais que ce que je fais ! »

Revenu en Franche-Comté à la suite de ma révocation, j'épousai, le 21 septembre 1825, une compatriote,

---

[1] Voici ce qu'à ce propos rimait l'opposition :

> Du *Voyage à Coblentz* quel est le noble auteur ?
>> A ce style de cuisine,
>> A ce gigot de la voisine,
>> Aux pigeons à la crapaudine
>> Chacun dit : c'est le *restaurateur*
> D'un pays dégradé que le ventre domine.

fille d'un grand maître de forges du pays, Mlle de Mandre, et j'eus le bonheur d'avoir bientôt un fils [1] et une fille qui se maria plus tard avec M. Monnot-Arbilleur, homme des plus distingués et d'une ancienne famille bisontine [2]. Ah ! comme les mariages d'alors étaient moins froids, moins solennels, moins compassés que ceux d'aujourd'hui ! La cordialité la plus sincère, la gaieté la meilleure régnait dans ces cérémonies, et l'usage des chansons de circonstance était encore dans toute sa vogue ; j'ai religieusement conservé celles qui furent chantées en mon honneur, et je ne résiste pas au plaisir de citer les strophes de mon spirituel ami Charles Viancin [3]. Pour la comprendre, il

(1) Marquiset (Jean-Gaston), 1826-1889. Reçu à Saint-Cyr, il donna sa démission avant d'entrer à l'école, fit dans le corps Bourras la campagne de 1870 pendant laquelle il fut décoré. Conseiller général, puis député de la Haute-Saône de 1878 à 1889. — Lorédan Larchey, fils du général de division Larchey, lequel fut, au lycée de Besançon, le camarade de l'auteur de ces souvenirs, a écrit une intéressante *Notice sur le lieutenant Marquiset*, publiée en 1893. Un autre de ses compagnons d'armes pendant la guerre lui a consacré aussi plusieurs pages dans le livre d'Ardouin-Dumazet : *Le colonel Bourras et le corps franc des Vosges* (Berger-Levrault. Paris, 1893).

(2) Monnot-Arbilleur (Antoine-Alexis), 1818-1876. Fils d'un président à la cour royale de Besançon. Élu député du Doubs à l'Assemblée nationale de 1871, puis sénateur du même département le 30 janvier 1876, six mois avant sa mort. — Pour la famille Monnot-Arbilleur, voir d'Hozier : *Armorial de Franche-Comté* ; R. de Lurion : *Nobiliaire de Franche-Comté*, etc.

(3) Charles Viancin (1788-1874). Poète et humoriste plein de finesse. Secrétaire général de la mairie de Besançon pendant cinquante-trois ans. Auteur des *Époques bisontines* (1817), des *Mélodies irlandaises* (1829-1834), des *Carillons franc-comtois* (1840), du *Miroir du diable* (1865), etc. Charles Viancin fut nommé maître ès jeux floraux en 1851.

faut savoir qu'elle fut écrite à Besançon après une mission formidable dont toute la ville s'entretenait, et que la maison de mon père, où eut lieu le dîner de mariage, était un ancien couvent des Carmes.

> N'attendez pas une chanson :
> Je ne fais plus que des cantiques
> Et je vous réserve un sermon
> Parmi tous vos refrains bachiques ;
> Je n'ai pourtant pas le projet
> De vous émouvoir jusqu'aux larmes.
> Or me voici dans mon sujet,
>   Je vais chanter les Carmes.

> Jeunes mondains qui m'écoutez,
> Tâchez d'imiter leur sagesse,
> Mettez un frein aux libertés
> De votre bruyante allégresse ;
> N'allez pas au milieu de nous,
> Renouvelant certains vacarmes,
> Transformer en maison de fous
>   L'ancien couvent des Carmes.

> N'oubliez pas que dans ces murs
> Jadis ils ont fait pénitence,
> Ils y vivaient sobres et purs,
> Dieu sait avec quelle constance.
> A ces martyrs du célibat
> La plus belle rendait les armes.
> Heureux qui dans pareil combat
>   Peut ressembler aux Carmes.

> Femmes dont les attraits puissants
> Viennent ici d'entrer en lice,

A troubler nos cœurs et nos sens
Mettez un peu moins de malice ;
Aux lieux qu'ont habités des saints
Tempérez l'éclat de vos charmes,
Epargnez de pauvres humains
    Qui ne sont pas des Carmes.

Et vous, qui d'un hymen bien doux
Naguère avez serré les chaines,
Songez que pour tous les époux
Au plaisir se mêlent des peines.
Lorsque des moments de tiédeur
Vous causeront quelques alarmes,
Allez prier avec ferveur
    Sur les tombeaux des Carmes.

Du bonheur, si vous m'en croyez,
Vous saurez étendre l'empire ;
Croissez, créez, multipliez,
Un carme ne saurait mieux dire.
Que vos enfants, de toutes parts,
Peuplent la finance et les armes,
La cour, la robe et les beaux-arts,
    Et, s'il le faut...., les Carmes.

J'étais alors complètement étranger aux affaires politiques et je vivais la plupart du temps à Besançon, mais chaque année je faisais un assez long séjour dans la capitale.

En 1829, je rendis visite un matin à M. Courvoisier, alors ministre de la justice, qui me retint à déjeuner. Je le trouvai sombre, triste et pessimiste à l'égard de l'avenir qu'il voyait en noir avec juste raison. Comme je lui en avais fait la remarque à diverses reprises pendant le repas, et comme mes paroles témoignaient de la profonde affection que j'avais pour cet homme parfait, un vieux maître d'hôtel me dit tout bas lorsque je quittai la table : « *Monseigneur s'harcèle ! Monseigneur s'harcèle !* » Il me fallut un instant pour comprendre la réflexion du brave serviteur dont les collègues ne montraient d'ailleurs pas tous le même attachement à leur maître.

M. Courvoisier ne se reposait des travaux de la journée et des charges de la représentation qu'en allant chaque soir faire à pied, avec un ami intime, une promenade à travers les rues et les boulevards les plus solitaires de Paris. Ces courses nocturnes commençaient vers les dix ou onze heures du soir et se prolongeaient souvent jusqu'à une heure ou deux heures du matin. Débarrassé des plis de sa simarre, le garde des sceaux causait, comme il aimait à causer, sans façon, sans contrainte et surtout sans que des échos indiscrets se plussent à raconter les anecdotes hasardées de sa vie militaire ou les réflexions politiques qui l'agitaient alors. Un des compagnons les plus habituels du ministre était M. Accarier, nommé député de l'arrondissement de Gray en juin 1830, homme d'un esprit fin, original et d'une grande simplicité de mœurs et de manières. Couché presque toujours en même temps que les poules, M. Accarier était presque toujours aussi sous la main de son vieux camarade. Enveloppé d'une longue redingote bleue boutonnant jusqu'à la cravate, et les pieds enfouis dans

une lourde chaussure guêtrée, à peu près pareille aux
souliers classiques du président Dupin. M. Courvoisier se rendait seul, à pied, à l'hôtel de Piémont, rue
Richelieu, où logeait son compatriote, à côté de notre
vénérable ami M. Clément. Une fois réveillé, ce qui
n'était pas toujours facile, M. Accarier se levait rapidement et on partait. Dieu seul sait tout ce qui se disait dans ces promenades solitaires où chacun parlait
à cœur ouvert, où chacun se laissait aller à son inspiration.

Un matin que M. Courvoisier rentrait à l'hôtel de la
Chancellerie plus tard encore que de coutume, il aperçut, en fermant la porte, une aigrette de flammes qui
s'échappaient du centre de la seconde cour dont le bâ-
timent principal donne sur la rue Neuve-du-Luxem-
bourg. Effrayé de cette lueur qui semblait annoncer un
violent incendie, il traverse à la hâte la longue avenue
plantée d'arbres par laquelle on arrive à la seconde
cour, et il voit avec surprise un petit marmiton, le bonnet blanc sur l'oreille, attiser de son mieux un brasier
considérable formé de troncs d'arbres empilés et qu'il
alimentait incessamment avec d'énormes morceaux de
bois qu'il allait chercher dans le bûcher le plus voisin.
Après l'avoir un instant observé, le garde des sceaux
s'approcha de lui et lui demanda ce qu'il faisait en cet
endroit à pareille heure de la nuit : « Pardieu, Monsieur, répondit le petit bonhomme d'un air étonné et
mutin, vous le voyez bien, je fais des cendres pour le
cuisinier de Monseigneur. » — On sait que dans

chaque ministère, comme dans presque toutes les grandes maisons, les cendres sont un des nombreux profits du chef, et c'était pour augmenter ses bénéfices *d'une manière honnête* que le cuisinier de Monseigneur faisait le commerce illicite auprès duquel M. Courvoisier avait surpris son marmiton. Il y a encore aujourd'hui, comme il y a eu de tout temps, des fonctionnaires et des employés qui, à l'instar de ce cuisinier, font brûler le bois de Monseigneur.

CHAPITRE IX

(Besançon, 31 août 1829.) Albert de Berthier de Sauvigny, lieutenant au 36e d'infanterie de ligne, en garnison ici, est venu nous faire ses adieux ce matin ; un ordre qu'il a reçu hier soir du ministre des affaires étrangères l'oblige à partir immédiatement pour Paris, d'où il sera dirigé sur un pays étranger qu'on ne lui désigne point. Cet ordre qu'il m'a laissé comme autographe est écrit en entier de la main du prince de Polignac, l'ami intime de son père et le protecteur de ses enfants. Je suis heureux du changement qui vient de s'opérer dans la position d'Albert de Berthier, parce que n'abandonnant pas la carrière militaire, le grade de capitaine et la décoration seront certainement la récompense du service qu'il est appelé à rendre. Je regrette beaucoup son éloignement ; c'est un jeune homme distingué, d'une nature hardie et aventureuse ; sa physionomie est vive et agréable, sa conversation

variée, sa gaieté communicative. Il est royaliste ardent,
mais il n'impose point son opinion ; quoique nous ne
soyons presque jamais d'accord en politique, nous
n'en sommes pas moins très liés, et j'espère que l'absence ne diminuera pas nos bonnes relations d'amitié.

Albert de Berthier, dont je parle plus haut, s'est acquis une célébrité assez triste quelques années plus
tard en voulant, disait-on, essayer d'écraser avec son
cabriolet le roi Louis-Philippe qui se promenait à pied
dans la rue Saint-Honoré. Traduit pour ce fait devant
la cour d'assises de la Seine, il a été acquitté. Je dois
dire à sa louange qu'Albert, que j'ai revu plusieurs
fois depuis, m'a juré sur l'honneur qu'il n'avait jamais
eu l'ignoble projet de faire du mal au roi, mais seulement de lui *faire peur*.

Ruiné par les événements et peut-être aussi par ses
dépenses à l'occasion d'une ou deux émeutes républicaines dans lesquelles le parti légitimiste prit couleur,
Albert de Berthier s'est adressé directement à Louis-
Philippe qui, sans la moindre rancune du passé, lui a
fait donner une place assez importante en Algérie. On
m'a dit qu'il avait eu, dans ses fonctions, des manque-
ments regrettables à la suite desquels il fut révoqué. Je
l'ai retrouvé à Paris où il publiait un journal sur l'Algérie ; il est mort presque dans la misère une ou deux
années après son retour en France ; il était marié.

Ce jeune homme si distingué et dont la carrière s'é-
tait ouverte si brillante ne devait pas finir ainsi.

Mon père, dont les rapports avec la capitale étaient
fort nombreux, avait l'habitude, pour que ses commis-
sions fussent faites avec régularité, de choisir, parmi
les courriers de la malle desservant la route de Paris à
Besançon, celui d'entre eux que son ami le directeur
de la poste, M. Gauffre, lui désignait comme le plus intelligent et le plus actif. Le dernier de ces courriers
que j'ai vus à la maison s'appelait Décageux.

C'était un homme d'une soixantaine d'années ; il
avait l'habitude de la bonne compagnie et son excellente tenue l'aurait fait prendre aisément pour un préfet en visite, s'il eût porté à sa boutonnière la rosette
classique d'officier de la Légion d'honneur. Je le vois
encore se promenant à Granvelle, vêtu d'un habit *gris
de souris effrayée* et manœuvrant avec une grâce d'autrefois l'élégante badine qu'il avait à la main. Le *père*
Décageux, comme nous le nommions toujours, était
dans sa toilette d'une recherche extrême ; gai de nature, il savait beaucoup d'anecdotes curieuses qu'il racontait avec esprit, tout en laissant échapper de temps
à autre de ces cuirs fastueux qui révèlent bien vite
l'oubli d'une éducation première. Voici une de ces
anecdotes narrée par lui-même :

« J'étais, en 1787, piqueur chez M. le comte de Provence. Une grande chasse à laquelle devaient assister
le Roi et toute la cour avait été ordonnée à l'occasion,
je crois, de l'arrivée d'un prince étranger à Paris. On
devait se réunir dans la forêt de Bondy, où un pavillon
rustique, fort élégamment décoré à l'intérieur, avait

été construit tout exprès pour cette réunion. C'était vers la fin de septembre. Chargé avec mon frère, qui occupait les mêmes fonctions que moi, du soin de remettre un cerf dans le canton qui nous avait été assigné, nous partîmes avant le jour et nous ne revînmes qu'après avoir accompli notre mission. Ayant marché pendant plus de quatre heures par un temps froid et humide, nous mourions de faim et de soif, et ce ne fut pas sans un plaisir extrême que nous retrouvâmes notre halte.

« Mon frère et moi avions été élevés dans les principes religieux les plus sévères et nous remplissions avec exactitude les lois prescrites par l'Église. Le jour de la grande chasse du roi était, par hasard, tombé un vendredi. Pour ne pas être exposés à manquer à nos habitudes pieuses au milieu de camarades moins scrupuleux que nous, et qui nous auraient sans doute poursuivis de leurs plaisanteries plus ou moins légères, nous nous étions munis d'un long pain dont ma mère avait remplacé la mie par une omelette copieuse. Après nous être réchauffés devant un grand feu qu'entouraient les meutes, nous nous retirâmes dans une clairière prochaine et nous nous mîmes à dévorer en secret notre maigre repas. Quelques œufs, pour des piqueurs affamés, sont vite engloutis. Nous retournions à notre poste lorsque des éclats de voix attirèrent notre attention du côté opposé à celui du rendez-vous général. Curieux de savoir ce qui se passait sur ce point, je me glissai facilement et sans bruit à travers les massifs, en faisant signe à mon frère de m'attendre un moment. Je n'étais pas à cent pas de lui que le spectacle le plus inattendu s'offrit à mes yeux. Monseigneur de Toulouse, qui avait fait demander au Roi la permission de suivre la chasse, déjeunait sous une tente élégante avec deux ou trois abbés de sa suite et plusieurs officiers de la vénerie. J'aperçus distinctement le noble prélat et ses *pieux* convives autour d'une table chargée de volailles, de gibier et de viandes froides de toute sorte, le vin coulait à flots dans des gobelets d'argent et une gaieté des plus folles se traduisait par de bruyants éclats. Non, jamais surprise ne fut égale à la mienne ; je regardais, je regardais encore, et quand je me fus bien assuré que je n'étais pas le jouet d'une illusion, je me hâtai de rejoindre mon frère qui ne demeura convaincu, à son tour, qu'après avoir lui-même vérifié le fait.

Qu'on se figure alors les réflexions que cette conduite scandaleuse d'un des plus hauts dignitaires de l'Église fit naître en notre esprit à une époque où les gens de notre classe, moins éclairés qu'aujourd'hui, auraient regardé comme une énorme faute la moindre infraction aux saints devoirs. Les volailles de Monseigneur de Toulouse bouleversèrent mes idées de fond en comble, mes sentiments religieux s'évanouirent et, dès lors, je n'ai pu me résoudre à faire maigre le vendredi ni à retourner m'agenouiller dans un confessionnal. Je ne dis pas certes que j'aie eu raison d'agir ainsi, mais j'étais jeune, impressionnable et ardent;

j'aimais le plaisir et je secouai, sans plus de réflexion,
les entraves qui gênaient mes penchants et mes goûts.
Si je suis coupable, Monseigneur de Toulouse l'est
beaucoup plus que moi. »

Pendant la fin de la Restauration, j'habitai surtout
la Franche-Comté, secondant les entreprises industrielles de mon père.

Celui-ci avait eu souvent occasion de s'exprimer sur
la politique générale, soit en présence des ministres,
soit en présence des princes de la famille royale qui
traversèrent Besançon à plusieurs reprises dans l'espace de trois ou quatre ans. Il n'en fallait pas davantage, sous un gouvernement ombrageux, pour le mettre
au nombre des citoyens dont on soupçonnait et dont on
redoutait l'influence; aussi échoua-t-il lorsque, en 1824,
il fut porté comme candidat à la Chambre des députés
par les électeurs de l'opinion libérale du grand collège
de Besançon. On lui préféra M. Emonin [1] l'aîné, l'un
des hommes les plus nuls de la ville et qui n'avait
d'autre titre à ce poste éminent que d'être le plat valet
de M. le premier président Chifflet [2], royaliste empesé,
fanatique et dévot.

[1] Emonin (Jean-Louis-Aubin), 1780. Député du Doubs de 1824 à 1827.
Il était ministériel jusqu'au fanatisme et la *Biographie des députés de
la Chambre septennale* dit de lui : « Il a obtenu la croix de la Légion
« d'honneur; on ignore si c'est à titre de ministériel ou à titre de né-
« gociant, ou bien à tous les deux. »
[2] Chifflet (Marie-Bénigne-Ferréol-Xavier, vicomte), 1766-1835. Fils
d'un président du parlement, il émigra pendant la Révolution et

A la révolution de juillet, on nomma mon père membre de la commission de cinq membres chargée d'administrer le département du Doubs, puis en septembre 1830, il partit pour Paris avec quelques notables chargés par la ville de présenter une requête à Louis-Philippe au sujet de l'école l'artillerie, mais ses forces le trahirent et il mourut dans la capitale, le 28 septembre, entre les bras de trois de ses enfants.

Dès qu'éclata la révolution de juillet, je lui prêtai mon concours en assistant à la réunion qui eut lieu à Besançon, le 2 août, chez le lieutenant général baron Lanusse, commandant la division, pour aviser aux meilleurs moyens à employer dans les circonstances critiques où l'on se trouvait. Appelé, comme officier de la garde nationale, par le général, je me rendis chez lui à cinq heures du soir, avec M. Maire, mon colonel, et M. Ducat, mon lieutenant-colonel. Nous trouvâmes là les généraux Chabert, commandant le département; Dellard, commandant la place, et Boulard, commandant l'artillerie: MM. de Lacombe, colonel du 3ᵉ régiment d'artillerie; le baron Mylius, colonel du 46ᵉ de ligne; Pàris, chef de bataillon d'état-major; de Jouffroy, secrétaire général faisant fonctions de préfet, et le marquis de Terrier-Santans, maire de la ville de Besançon.

entra dans l'armée des princes; conseiller à la cour impériale de Besançon, puis député en 1815, il fut nommé président la même année. Non réélu en 1816, il reparut à la Chambre le 13 novembre 1820, fut appelé à la pairie en 1827 et disparut de la scène politique à la chute de Charles X.

Le baron Lanusse, après nous avoir fait asseoir, s'adressa directement à moi et me dit : « Monsieur Marquiset, vous qui passez pour être d'une grande franchise, dites-nous s'il est vrai que la garde nationale ait le projet de faire arborer ce soir la cocarde tricolore ? — Non, mon général, répondis-je, il n'en a point été question jusqu'à présent, et la réunion qui doit avoir lieu dans une heure à Chamars n'a d'autre but que d'organiser les moyens de maintenir la tranquillité publique et d'arrêter les désordres que quelques malveillants seraient tentés de commettre. — Mais, ajouta le général, s'il paraissait un groupe portant le drapeau tricolore, pensez-vous que la garde nationale le repousserait par la force ? — Non, répliquai-je, elle ne le ferait pas. — Alors, reprit le général, quel parti, dans votre opinion, y aurait-il à prendre si ce cas se présentait ? — Il faudrait arborer bien vite le drapeau tricolore sur la façade de l'hôtel de ville afin d'éviter toute espèce de collision et de trouble. En allant ainsi au-devant des justes exigences du moment, les troupes de ligne et la garde nationale seront tout à fait en mesure d'exercer une police sévère pendant la soirée et pendant la nuit. »

Le colonel de Lacombe fut le premier de mon avis, puis ensuite le colonel Mylius, et enfin toutes les autorités civiles et militaires. Il s'établit alors un vif colloque entre le baron Lanusse et le marquis de Santans pour savoir qui donnerait l'ordre d'arborer le drapeau tricolore. Cet incident vidé, le maire me dit : « Prenez

une compagnie de la garde nationale et allez placer le
drapeau tricolore sur la façade de l'hôtel de ville, je ne
m'y oppose pas. — Non, monsieur le maire, répondis-je,
les choses ne peuvent se faire ainsi; donnez-moi un
ordre par écrit et j'irai. » En ce moment même, la
porte du salon s'ouvrit bruyamment et le capitaine
d'état-major Charlon annonça que le drapeau tricolore
était promené dans toute la ville et que la foule qui
l'accompagnait venait du côté de l'hôtel du général.
L'officier de garde se présenta presque au même instant pour demander ce qu'il y avait à faire. Le général
Lamusse lui donna tout simplement l'ordre de mettre
ses soldats en bataille et de laisser passer le drapeau.
A peine cet ordre était-il donné que l'on entendit au
dehors des cris tumultueux de *Vive la charte!* Un des
officiers généraux présents ouvrit aussitôt la porte
donnant sur les jardins et, de là, nous aperçûmes dans
la rue Neuve un groupe nombreux dont le chef portait
un immense drapeau bleu, blanc, rouge. « Il n'y a pas
de temps à perdre, s'écrièrent plusieurs des officiers
supérieurs, car les chefs de poste des différents corps
de garde sont dans leurs petits souliers. » Telle fut
l'expression. — « Si M. le maire veut m'y autoriser,
repris-je aussitôt, je vais dire de sa part à un valet de
ville d'arborer le drapeau tricolore. » Le maire y consentit en présence de toute l'assemblée et cette autorisation ou cette adhésion, comme on voudra l'appeler,
me fut répétée par un des généraux. La décision prise,
le général Dellard prescrivit, ensuite de l'ordre qu'il

en reçut de M. le baron Lanusse, au commandant
Pâris de se transporter immédiatement sur la place
Saint-Pierre pour donner aux officiers de service
l'ordre de laisser arborer le drapeau tricolore et aux
troupes l'ordre de prendre la cocarde aux mêmes couleurs. Le commandant Pâris et moi sortîmes précipi-
tamment pour faire exécuter les ordres donnés [1].

Le nom du maire de Besançon, lequel était d'ailleurs
fort galant homme, me remet en mémoire une particu-
larité touchant la famille de Terrier-Santans, une des
meilleures de notre province.

Au moment de la révolution de 1789, un jeune de
Terrier, venu à Paris on ne sait trop ni comment ni
pourquoi, fut réduit à se faire garçon de magasin chez
un célèbre confiseur de la rue des Lombards ; il montrait dans cet état tant d'intelligence, tant d'aptitude,
que le maître de l'établissement le prit bientôt en
grande affection et finit, lorsqu'il eut atteint un âge
raisonnable, par l'associer à son commerce. Ce maître,
dont le nom m'échappe, étant venu à mourir, le jeune
de Terrier reprit la suite de ses affaires, et alla, peu de
temps après, établir dans la rue Saint-Honoré, en face
du passage de l'Orme, un grand magasin de confiserie
qu'il a rendu célèbre sous son nom et qui avait pour
enseigne : *Au Palmier.*

(1) Cette rédaction, sous orme de procès-verbal, fut signée par tous
les officiers généraux et supérieurs et les autorités civiles présentes,
le 5 août 1830, enregistrée à Besançon le 9 août, et l'original fut déposé
le 7 août en l'étude du notaire Rolle, pour être mis au rang de ses
minutes.

La révolution de 1830 m'avait trouvé dans les idées de progrès que j'avais toujours professées ; j'avais pris la charte de 1814 au sérieux, et m'étais toujours aussi borné à en demander l'application sincère ; je faisais partie, sous la Restauration, de ce libéralisme sage, auquel la génération nouvelle accordait toutes ses sympathies ; je ne pouvais pas oublier non plus que, vierge de toute opinion politique autre que celle du gouvernement royal, j'avais été brutalement destitué de mes fonctions, et qu'une carrière qui semblait s'ouvrir pour moi sous les plus heureux auspices avait été brisée tout à coup dès mes premiers pas ; cet acte injuste avait irrité mon cœur, et j'en conservais contre les Bourbons une aigreur que je ne dissimulais pas.

Appelé le 16 août 1830 à la sous-préfecture de Dole, j'abandonnai des intérêts certains de fortune pour reprendre des fonctions qui ne m'avaient laissé que des chagrins et des regrets. Mais il s'agissait de coopérer à la fondation d'un gouvernement qui plaisait à mes opinions modérées, à mes goûts, enfin à mes sentiments patriotiques, je n'hésitai donc point.

Mes débuts n'eurent pourtant rien de fort engageant, avec le préfet que je possédais et dont je veux ici faire le portrait : M. Pons, de l'Hérault, est un excellent père de famille : il ne se trouve heureux qu'auprès de sa femme et de ses enfants qu'il aime à la passion. L'intérieur de ce petit ménage ressemble à une Académie de province dont tous les membres passent leur temps à s'admirer et à se le dire.

Il y a, en apparence, chez M. Pons, une extrême bonhomie, on est reçu chez lui avec bienveillance et cordialité ; il est honorable sans ostentation et son abord est simple et facile. Ces qualités qu'on apprécie dans l'homme du monde doivent l'être davantage dans celui qui occupe de hautes fonctions publiques, mais seules elles ne suffisent pas pour constituer l'administrateur.

Et d'abord, l'extérieur de ce brave préfet ne prévient pas en sa faveur ; il est commun, voire même un peu chargé et nuit beaucoup à l'effet que doit produire dans les salons et sur l'esprit des masses celui que le gouvernement a revêtu d'une mission toute de dignité et de délicatesse. Son nez d'une grosseur phénoménale attire toujours l'attention. Imaginez-vous une énorme truffe écarlate s'épanouissant entre deux joues empourprées et portant avec une fatuité comique une lourde paire de lunettes en or qui chevauche péniblement sur son éminence la plus prononcée. En voyant ce nez fabuleux que connaissent tous les enfants du Jura, le facétieux général Verdière, qui commande le département, s'est écrié : « Ah ! quel beau nez (bonnet) rouge ! »

M. Pons, que l'on peut regarder comme un honnête homme, est loin de posséder le mérite et la tenue qu'on exige ou plutôt qu'on devrait exiger dans les préfets du jour. Son accent méridional se marie peu avec l'accent des habitants de notre pays, mais il convient parfaitement à ses allures et à son genre de conversation. Toujours il est en scène, toujours il parle de lui en termes exagérés. Ses longues histoires, ses anecdotes dans lesquelles il figure, bien entendu, en héros, sont tellement en dehors de la vérité que l'on ne croit guère à ce qu'il dit.

A entendre M. Pons, l'empereur le consultait chaque fois qu'il avait un discours à faire ; le gouvernement actuel ne peut se passer de lui dans son conseil privé et le ministère de la marine ne marchera que le jour où on lui en aura confié la direction.

Si l'empereur Napoléon débarquait de nouveau, il retrouverait M. Pons tel qu'il l'a laissé il y a seize ans. Ce magistrat n'a pas fait depuis lors un seul pas en avant. C'est une pâle décoration de l'empire que le temps a respectée.

M. Pons est libéral, très libéral même en fait de despotisme ; il est républicain parce qu'il est persuadé que la république le nommerait consul.

Un des défauts les plus saillants de cet ancien préfet du Rhône est la susceptibilité ; il le pousse si loin que pour savoir ce qu'on pense de lui, il ouvre souvent, mais toujours par hasard, des lettres qui ne lui sont pas adressées. J'ai ressenti deux fois moi-même les effets de sa coupable curiosité. Toutefois, il est confiant et son amour-propre ne s'offense pas de la vérité, pourvu qu'on la lui présente sous un manteau chamarré d'éloges.

Son caractère est un mélange confus de tant de choses opposées qu'il faudrait un immense talent pour le définir. M. Pons peut être comparé à une mosaïque de

mille couleurs diverses dont la première vue jette quelque éclat, mais ce moment passé, les couleurs disparais-
sent et il ne reste plus au fond qu'une nuance uniforme
et des plus ternes.

M. le préfet du Jura passe son temps à écrire en
style lourd et ampoulé des circulaires qu'on ne lit pas,
et dont il remplit chaque semaine les feuilles de son
mémorial. Il aime beaucoup aussi les proclamations et,
en ce genre, il n'est pas toujours heureux.

M. Pons est trop habituellement dans l'exagération
pour être d'accord avec le jugement et avec lui-même.
Ceux qui le connaissent. ses amis les plus intimes lui
reprochent ce travers dont il ne se corrigera jamais. Il
m'écrivait dernièrement : « La loi ne m'autorise point
« à déplacer les prêtres : je ne puis pas même les at-
« teindre et mon bras n'est vigoureux qu'alors que je
« puis frapper la loi à la main. Toutefois je ferai enle-
« ver au premier jour tous ceux qui seront dangereux
« dans cette mauvaise engeance. »

Les lettres de M. Pons offrent souvent des contradictions aussi marquées, mais ces mêmes contradictions
reparaissent à chaque instant dans ses causeries inter-
minables ; il en résulte des observations, des propos et
des plaisanteries qui enlèvent à un premier magistrat
le respect dont il a besoin.

En définitive, malgré ses défauts, M. Pons n'est point
un méchant homme, il est même obligeant et je crois
qu'il faut le laisser à la préfecture qu'on lui a donnée.
D'ailleurs, il n'a pas de fortune, et, puisqu'on lui a fait

abandonner la direction des affaires qu'il avait à Paris, il y aurait cruauté à lui enlever aujourd'hui des fonctions dont le traitement est indispensable à son existence et à celle de sa famille.

Mes services furent sans doute appréciés par mes chefs, car au moment de quitter le Jura par suite de la douloureuse maladie névralgique dont il était atteint, le comte d'Orfeuil, ancien préfet de l'Empire et fils d'un ancien intendant de Champagne, donna sa démission en 1831 et me désigna pour lui succéder. Il écrivit donc à M. de Montalivet une lettre très chaleureuse à mon égard et je partis pour Paris muni de cette précieuse dépêche.

En arrivant à Troyes, où la malle-poste s'arrêtait quelques heures, j'entrai au café le plus voisin et, pendant qu'on me préparait à déjeuner, je jetai un coup d'œil sur le *Moniteur* du jour que le garçon venait de placer près de moi. Stupéfaction ! En tête de la feuille officielle s'étalait une ordonnance royale qui nommait M. Casimir Périer ministre de l'intérieur en remplacement du comte de Montalivet ! J'envoyai le malencontreux garçon au diable, mon déjeuner à sa suite et je sortis brusquement du café, cherchant un moyen d'aborder le nouveau ministre qui ne me connaissait pas, alors que je connaissais personnellement son prédécesseur. Découragé, je continuai ma route sur Paris, où j'arrivai à cinq heures du matin. Je courus m'installer à l'*Hôtel d'Italie*, je m'habillai, et à neuf heures j'étais au ministère de la rue de Grenelle. Comme je deman-

dais à être introduit auprès du ministre *pour une mission importante* de la part d'un préfet : « Cela est
« impossible, me dit le cerbère en habit noir, M. le
« ministre est en conférence avec les ambassadeurs de
« la Porte et de la Perse et je ne puis interrompre cette
« audience, mais si vous voulez parler à M. de Rému-
« sat, chef du cabinet, je puis vous annoncer à l'instant
« même. » J'acceptai cette proposition et me voilà en
présence de M. de Rémusat. ne sachant par où com·
mencer mon discours ; mais en échangeant avec lui
quelques phrases banales, préliminaires ordinaires de
ceux qui hésitent à entrer franchement en matière, je
me rappelai tout à coup que mon interlocuteur était un
ami intime de Théodore Jouffroy et qu'ils avaient coo-
péré ensemble à la création du *Globe*. Je savais M. de
Rémusat homme d'esprit, et son air bienveillant m'en-
hardit à lui faire la confidence de l'objet de mon
voyage : « Votre mission est sérieuse. me dit-il. un pré-
« fet obligé de se retirer dans des circonstances sem-
« blables, cela mérite l'attention du cabinet. et, dès
« que M. Casimir Périer en aura fini avec ses ambassa-
« deurs, je lui proposerai de vous recevoir. Prenez la
« peine d'attendre un moment. » Une demi-heure
après, j'étais introduit près de M. Casimir Périer ;
c'était un fort bel homme au teint bilieux, à la physionomie énergique, et portant relevées sur le front d'é-
normes lunettes d'or ; il était appuyé, les mains croi
sées derrière le dos, contre la tablette de la cheminée.
En me voyant entrer et en m'entendant nommer. le

ministre baissa les lunettes sur son nez et me fouilla,
en plein visage, d'un regard scrutateur que je soutins
bravement, sans baisser les yeux.

MOI

« Monsieur le ministre, je suis chargé de remettre à
« vous seul une dépêche importante de la part de mon
« préfet, M. le comte d'Orfeuil, préfet du Jura. »

LE MINISTRE

« Donnez, monsieur le sous-préfet. »

Le ministre ouvre la lettre et la lit avec une grande
attention, puis, après l'avoir achevée, il me dit :

« Cette lettre est fort honorable pour vous, et je suis
« heureux de connaître par moi-même un fonctionnaire
« si favorablement apprécié et qui donne de si pré-
« cieuses garanties à l'administration et au gouverne-
« ment; mais je dois vous déclarer avec franchise que
« j'ai des engagements sérieux avec le *Constitutionnel*
« pour la première préfecture vacante. »

MOI (ébahi)

« Mais, monsieur le ministre, si vous faites préfets
« les rédacteurs de journaux qui déclarent la guerre au
« gouvernement, ne craignez-vous pas que la presse ne
« devienne pour vous une sorte d'hydre de Lerne, qui
« doublera ses têtes à chaque vacance d'une pré-
« fecture ? »

LE MINISTRE

« Je ne le pense pas; mais, au surplus, j'examinerai

« votre position particulière et je réfléchirai à ce que
« je dois proposer au roi. Retournez à votre hôtel et
« attendez-y dans le calme ma décision, que je vous
« ferai connaître probablement après-demain mer-
« credi. »

MOI

« Permettez-moi de vous remercier, monsieur le mi-
« nistre, de la manière bienveillante avec laquelle vous
« m'avez accueilli, etc., etc. »

Rentré près de M. de Rémusat, je lui rendis compte
de mon entretien avec M. Casimir Périer ; il me promit affectueusement de s'occuper de mon affaire, et je
retournai chez moi le cœur plein d'espérance et le visage tout radieux. Pauvre naïf ! La semaine entière se
passa sans que je reçusse un seul mot ni du ministre ni
de son chef de cabinet. Après trois semaines d'une
attente vaine et cruelle, et plusieurs tentatives infruc-
tueuses pour revoir le ministre, je pris congé de M. de
Rémusat, qui persistait à vouloir me retenir, et je revins à Dole.

Six semaines après mon départ de Paris, M. Léon
Thiessé, auquel la publication des *Lettres normandes*
et sa coopération à la rédaction du *Constitutionnel*
avaient valu en 1830 la sous-préfecture de Compiègne,
fut nommé préfet du Jura.

M. Casimir Périer, comme on le voit, avait hésité
longtemps entre les deux candidats. Si j'étais resté à
Paris, ainsi que M. de Rémusat m'y engageait, et avec

l'appui des amis députés influents que j'avais alors à la Chambre, j'aurais pu peut-être l'emporter sur mon concurrent. Il était un peu tard pour y songer.

Qu'un gouvernement naissant cherche à avoir pour lui les savants, les littérateurs, les artistes, les supériorités de tout genre, rien de mieux : mais il ne fallait cependant pas considérer les préfectures et les sous-préfectures comme des places taillées indistinctement pour toutes les capacités, toutes les encolures. La preuve la meilleure et la plus décisive de ce que j'avance, c'est que les hommes qui s'étaient fait une réputation comme écrivains n'ont rien ajouté à cette réputation en devenant préfets ou sous préfets : ils ont même laissé dans ces emplois les plus belles plumes de leurs ailes, c'est-à-dire qu'ils ont cessé d'être écrivains, poètes, historiens, sans avoir rien innové, rien inventé, rien amélioré comme administrateurs. On peut les comparer tous à cet incomparable Lamartine qui a brisé son luth, et que ce sacrifice malheureux et si regrettable n'a point fait devenir un homme d'État.

Il est remarquable, d'autre part, que le personnel des procureurs généraux, qui ne compte que vingt-six titulaires, a fourni, pendant les dix-huit années du dernier règne, plus d'hommes de valeur que celui des quatre-vingt-six préfets. MM. Sylvain Dumon, Hébert, Barthe, Martin du Nord, Vivien, étaient sortis des rangs du parquet et l'on ne peut citer que M. Jayr qui, de préfet, soit devenu ministre sous la dernière monarchie, et quelles traces de monuments, d'institutions utiles,

M. Jayr a-t-il laissées de son passage aux affaires, soit
à Lyon, soit à Paris ?

Quoi ! on ne peut pas devenir, en France, ingénieur,
piqueur des ponts et chaussées, garde général des
eaux et forêts, employé des contributions directes ou
indirectes, sans passer par une école spéciale ou un sur-
numérariat quelconque, et un préfet, qui est appelé à
donner la direction, à imprimer le mouvement à toutes
les branches si compliquées du service administratif
et à les contrôler. peut être pris au hasard, sans avoir
fait d'études spéciales, dans les rangs les plus infimes de
la société ! A l'exception de quelques rares talents d'é-
lite qui surgissent quand même, comment veut-on que
des administrateurs, ainsi créés, puissent accomplir
convenablement pour l'État les fonctions importantes,
difficiles, délicates qui leur sont confiées ?

Je vécus en fort bons termes avec M. Thiessé qui, le
10 septembre 1831, envoya à Casimir Périer des notes
trop flatteuses à mon endroit ; elles furent appuyées
quelque temps après par une lettre charmante de l'excellent général Delort et le résultat fut.... que le ministre m'oublia complètement.

(Mars 1833.) J'ai dîné hier soir chez M. le comte
d'Argout, ministre de l'Intérieur.

M. d'Argout, que je ne connaissais pas même de vue,
m'a donné l'idée la plus complète d'un pantin vivant.
D'une très haute stature, ses jambes et ses bras sont
d'une longueur sans bornes et s'agitent incessamment

comme si ces membres désunis n'avaient pas de nerfs
pour en contenir les mouvements désordonnés. Son
corps souple, flexible, ressemble à celui d'une anguille
qui se mettrait en frais de coquetterie. M. le ministre
de l'intérieur se tord, se ploie et se reploie avec une
prodigalité comique et jette invariablement, à chacun
des arrivants, des saluts multipliés qui ne s'arrêtent
que lorsque son nez gigantesque va toucher le parquet [1]. Il m'a très gracieusement accueilli et m'a fait
placer à table entre mon compatriote le général Bernard et lui. Après le dîner, comme nous prenions le
café au salon, on annonça le baron de Roujoux. Ce préfet, qui comptait de très honorables services sous l'Empire, venait d'être destitué pour n'avoir pas, disait-on,
prêté un concours assez actif au gouvernement dans
les recherches alors ordonnées pour l'arrestation de
Madame la duchesse de Berry.

J'étais debout près de la porte d'entrée, causant avec
le général Bernard, lorsque parut le baron de Roujoux,
petit homme rond comme un *mounin* de marchand de
tabac et paraissant embarrassé d'un ventre que ses efforts visibles ne parvenaient pas à dissimuler. Le
comte d'Argout vola près de lui plutôt qu'il n'y courut
et lui dit en lui serrant la main avec une sorte de fré-
nésie : « Bonjour, mon cher, bonjour. Comment vous
« portez-vous ? — Monsieur le ministre, répondit le pré-

---

(1) Voici comment le *Ricarol de 1842* décrit M. d'Argout : « Un nez
majuscule, naguère ministre, actuellement directeur de la Banque de
France. »

« fet destitué, je ne vais pas bien, et je n'irai mieux que
« quand je serai rentré dans vos bonnes grâces. —
« Mais, mon cher, riposta M. d'Argout, vous ne les
« avez pas perdues, mes bonnes grâces, vous les avez
« au contraire en entier et vous les aurez toujours. »
Et le ministre quitta brusquement le baron de Roujoux
pour aller jouer avec un nouveau venu la même comédie.

S'il faut être ainsi roué pour parvenir, je ne parvien-
drai pas.

CHAPITRE X

Le général Bernard, ministre de la guerre [1], m'a-
vait en affection particulière. mais c'était un homme
faible, tiède, qui avait toujours peur de s'entendre reprocher sa protection à ses compatriotes. J'ai écrit une
notice historique sur lui à la suite d'un dîner que je fis
à Dole en 1836. chez mon vieil ami, le comte de Saint-
Maurice, colonel du 7e régiment de cuirassiers. Comme
on parlait du nouveau ministre de la guerre, ma surprise fut grande en entendant tous les officiers présents
se plaindre de ce que le général était tout à fait étranger à la France et que sa nomination n'inspirait aucune

[1] Bernard (Simon, baron), 1779-1839. Sorti de l'École polytechnique,
il devint aide de camp de l'empereur, général de brigade sous la première Restauration et fut exilé en 1816. Il partit pour les États-Unis,
où le gouvernement utilisa ses vastes connaissances techniques. De
retour en France en 1830, Louis-Philippe le prit comme aide de camp
et le nomma lieutenant général. Ministre de la guerre en 1834 et en
1836. Pair de France, grand-croix de la Légion d'honneur.

confiance aux troupes. Je rappelai succinctement les
services du général, les dégoûts dont il avait été
abreuvé aux premiers jours de la Restauration, ses
beaux travaux en Amérique, etc., et comme l'auditoire
entier trouvait fâcheux que ces détails ne fussent pas
connus de l'armée, je rédigeai le lendemain une notice
biographique. A-t-elle rempli son but?

Un jour de grande réception, je dînais chez le ministre de la guerre avec un de mes bons amis, le comte
de Boisdenemetz, aujourd'hui maire de Dole. Au moment où l'on allait se mettre à table, le général Bernard s'approcha de nous, et nous pria de ne pas sortir qu'il n'eût congédié tout son monde. « Nous avons,
« dit-il, beaucoup de choses importantes à traiter, et
« lorsque nous serons seuls, nous pourrons en causer
« tout à notre aise. » Le général Bernard était fils
d'un simple plâtrier de Dole: mais il était troublé,
craintif, quand on lui demandait quelque chose pour
sa ville natale, et tremblait toujours de se compromettre, soit en faisant accorder une faveur à son département, soit même en provoquant pour quelqu'un de ses
compatriotes un acte de justice. C'est ainsi que n'ayant
rien voulu faire, ni pour sa province ni pour ses habitants, son nom, qui à son retour d'Amérique était en
très grande vénération dans sa localité, a perdu tout
son prestige. Le général Bernard s'est occupé de ses
gendres, encore de ses gendres, et son égoïsme a été
au même niveau que celui des êtres vulgaires.

Les dernières personnes qui avaient à parler au mi-

nistre étant parties, le général vint s'asseoir près de
nous, sur un vaste canapé où la lassitude d'être restés
deux grandes heures sur nos jambes, Boisdenemetz
et moi, nous tenait cloués depuis quelques instants, et
nous voilà à parler de beaucoup de choses d'un intérêt
tout local. Au moment de nous séparer, il était plus de
minuit, le général Bernard me dit textuellement en tenant mes deux mains dans les siennes : « Mon cher
« sous-préfet, il a été question hier soir, en conseil
« des ministres, d'une très prochaine promotion de
« préfets, et votre nom a été prononcé comme devant
« figurer un des premiers sur la liste. M. de Salvandy
« surtout a été pour vous très chaleureux ; je suis heu-
« reux de vous l'apprendre. » — Je remerciai le général de sa communication, et j'ajoutai : « Vous
« avez vous-même, Monsieur le ministre, un gendre
« qui est sous-préfet, et que vous tiendrez sans doute
« à faire passer avant moi ; ce désir est trop naturel
« pour que je puisse m'en blesser ; mais dans tous les
« cas, un ministre de la guerre peut très bien, sans être
« obligé pour cela de mettre la main sur la garde de
« son épée, peut très bien faire comprendre deux pré-
« fets de son choix sur la même ordonnance. — Ah!
« mon jeune ami, vous ne me connaissez pas encore,
« répliqua vivement le ministre, comme si quelque
« mouche l'eût piqué ; M. Vernois de Saint-Georges
« doit aux bontés du roi une des plus jolies sous-pré-
« fectures de France, celle de Nogent, *et pour devenir*
« *préfet il faut que, comme vous, il ait gagné ses épe-*

« *rons* ; il est très bien à Nogent, où il doit rester quel-
« ques années encore, avant de songer à mieux. »

Les nominations annoncées parurent au *Moniteur*
dans le courant de l'année 1836; mon nom ne se trouva
pas sur l'ordonnance nouvelle; mais celui de M. Vernois de Saint-Georges y était au premier rang.

Je me plaignis au ministre de la guerre d'un manque
de parole si blessant pour moi ; et ma lettre contenait
quelques expressions de mécontentement assez vives.
« C'est avec peine, me répondit le général Bernard,
« que je n'ai pas vu figurer votre nom dans la dernière
« ordonnance, mais je vous promets que lors des nou-
« velles promotions à l'avancement, nul ne veillera
« avec plus de sollicitude que moi à l'accomplissement
« des assurances réitérées que M. le ministre de l'in-
« térieur a bien voulu me donner en votre faveur. »

Malgré des assurances si positives, malgré les cha-
leureuses recommandations de mes préfets et les fré-
quentes démarches des députés de ma province, je n'ai
point été nommé à une préfecture. De tout temps, hélas ! les hauts emplois n'ont presque jamais été donnés
à ceux qui ont porté le sac sur le dos, et qui ont sou-
tenu de leurs épaules la machine gouvernementale
dans les rudes ébranlements que des vents contraires
lui ont fait éprouver; ces hauts emplois sont tous, à
peu d'exceptions près, dévolus entièrement aux parents, aux amis des ministres, aux favoris.... et surtout aux intrigants.

En 1832, on me décora tout à coup pour orner l'uniforme que je traînais dans ma petite sous-préfecture et que je quittai dix ans plus tard, à la suite d'un démêlé avec mon chef direct. Le préfet du Jura était alors M. Thomas, ancien commis du magasin de nouveautés des *Deux Magots*, ancien facteur à la halle au beurre de Paris et beau-frère du carbonaro Barthe. Le ministre Rémusat disait que sur les quatre-vingt-six préfets de France, le gouvernement de Louis-Philippe n'en avait pas *dix* occupant convenablement leur poste ; le fait n'a rien d'exagéré, étant donnée la façon dont on les choisissait.

Parti pour Paris afin de parler au comte Duchâtel, ministre de l'intérieur, du différend survenu entre mon préfet et moi, le ministre m'écouta avec bienveillance et me dit : « Vous ne pouvez pas rester avec ce préfet ; voulez-vous, en attendant mieux, prendre un des meilleurs bureaux de mon ministère ? » J'acceptai avec l'espoir qu'on reconnaîtrait plus tard ma bonne volonté. J'avais l'innocence indéracinable.

Dans ce voyage de Paris, je vis M. Guizot, alors ministre des affaires étrangères, dont je fus loin d'être satisfait. Celui-ci se retrancha derrière son portefeuille, dit que la querelle entre le préfet et moi ne le regardait pas, et qu'il ne pouvait s'immiscer dans une affaire étrangère à son département. Je ne fus pas surpris de ce lâche abandon, car je commençais, un peu tard, par malheur, à connaître les hommes, et surtout nos amis politiques devenus ministres. J'ai besoin de raconter ici ce qui m'était arrivé avec M. Guizot deux ou trois années avant l'entrevue dont je viens de parler. Me trouvant à Paris, où j'allais d'ordinaire passer cinq ou six semaines par an, je dînais un soir chez mon vieil ami Flavien de Magnoncour [1], avec une partie des illustrations de notre province, les généraux Pajol, Delort, Morand, M. Clément, questeur de la Chambre, etc. En sortant de table, Flavien proposa d'aller faire une visite en corps à M. Guizot, dont c'était le jour de réception. « Pour mon compte, lui dis-je, j'accepte volon-« tiers, mais si M. Guizot était ministre, je n'irais cer-« tainement pas. » En entrant dans la petite maison de l'illustre orateur, 4, rue de la Ville-l'Évêque, nous trouvâmes l'ancien ministre dans son premier salon, causant debout et tête à tête avec un de nos compatriotes et amis, Charles Paravey ; les notables de mon pays que j'accompagnais s'approchèrent d'abord du maître de la maison pour le saluer, et lorsque vint mon tour, M. Guizot me serra très affectueusement la main et me dit : « Quoi ! vous êtes toujours à Dole ? — Oui, « répondis-je, et vous m'aviez promis que je n'y reste-« rais pas plus de six mois. — Ah ! ce que vous di-« tes là est très mal, reprit l'ancien président du con-« seil de sa voix la plus solennelle, c'est quand j'étais « ministre qu'il fallait me rappeler cette promesse.

---

(1) Magnoncour (Césaire-Emmanuel-Flavien Henrionstaal, baron de), né à Dole le 24 décembre 1800, mort à Paris le 29 décembre 1875. Garde du corps sous la Restauration, il fut maire de Besançon en 1830, député du Doubs, puis pair de France en 1846. Par sa mère, il était le petit-fils du marquis de Froissard.

« — Eh bien, repris-je, si vous oubliez de nouveau la
« parole que vous m'avez donnée, je vous la rappelle-
« rai en temps opportun, car, selon toute apparence,
« vous redeviendrez bientôt ministre. » Mais la mémoire des hommes d'État est courte et M. Guizot n'eut
souvenance ni de nos anciennes relations ni de l'amitié si tendre qui m'unissait à son frère, ni enfin de
l'engagement qu'il avait pris avec moi et qu'il m'avait
renouvelé à plusieurs reprises.

Le ministère Guizot-Duchâtel s'est plu à barboter
perpétuellement dans la fange électorale et n'est sorti
de là que couvert de confusion, de mépris et de boue.
Il est fâcheux que deux hommes aussi corrompus
n'aient pas payé, au moins de l'exil, le mal qu'ils ont
fait au pouvoir et à la France. — « Ne cherchez pas à
« m'émouvoir, disait l'Empereur à Joséphine, après
« lui avoir annoncé son projet de divorce, je vous
« aime toujours, mais la *politique n'a pas de cœur*,
« elle n'a que de la tête. » Les ministres de Louis-Philippe étaient sans cœur, mais, en revanche, ils n'avaient
pas de tête.

A propos de M. Guizot, je me rappelle une réplique
assez drôle de M. Genoux-Prachée, représentant du
centre gauche, chez lequel je me rencontrai avec le
jeune député de Gray, M. François Jobard [1]. Ce dernier, qui devait quelques années plus tard devenir par

---

[1] Jobard (François), né à Gray en 1803, mort à Besançon en 1881.
Issu d'une vieille famille grayloise. Député de la Haute-Saône de 1834
à 1839. Président à la cour impériale de Besançon.

son mariage le neveu du précédent, était pour l'instant ministériel de convictions ; aussi, lorsque dans la conversation j'avouai mon peu d'enthousiasme pour M. Guizot, il me répliqua courtoisement par un éloge pompeux du premier ministre et termina par ce vers qu'il lui appliqua :

Chêne au tronc vigoureux, chêne aux rameaux puissants.

M. Genoux-Prachée, qui nous écoutait sans rien dire depuis un instant, continua avec emphase :

.... Qui de ses fruits tombés nourrit ses partisans.

L'allégation était peut-être exagérée. Nourrir ses amis de glands et ses sous-préfets de promesses, voilà en tout cas de la manne à bon compte.

Je n'ai pas connu le général Voirol dans sa jeunesse, mais il avait dû être un superbe soldat. C'était un homme grand, mince, élancé, peut-être même trop mince, trop élancé, ayant les gestes, les manières et la tenue d'un comédien de haut bord ; il s'écoutait parler avec une complaisance marquée et gesticulait sans cesse ; ses bras et ses mains démesurément allongés étaient toujours en mouvement à la façon d'un télégraphe et prêtaient à rire. Il racontait et disait agréablement ; toutefois, c'était souvent délayé et quelque peu soporifique. Le général était d'une grande aménité, d'une grande obligeance et j'ai été témoin de ses démarches actives en faveur d'anciens militaires, ses compagnons d'armes, qu'il savait malheureux.

Le général Voirol était riche. On lui faisait le reproche de répéter souvent qu'il était pauvre, afin, ajoutait-on encore, d'être plus à l'aise pour vivre dans la retraite et de pouvoir faire, à l'abri de toute critique, des économies considérables sur ses revenus.

J'ai beaucoup connu cet officier général et j'ai toujours eu pour lui une véritable affection, je crois que c'était un ami sûr et dévoué.

Lorsqu'il mourut, on fit sur sa tombe plusieurs discours parfaitement convenables, parfaitement vrais, touchant sa vie privée et ses qualités bienveillantes, mais aucun orateur n'osa aborder un des épisodes les plus saillants de sa carrière, c'est-à-dire l'audacieuse tentative faite à Strasbourg par le prince Louis-Napoléon. On a dit à cette époque que le général Voirol avait eu une conduite douteuse, qu'il était fort indécis, cherchant à conserver sa position en cas de réussite de la part du neveu de l'empereur, et que l'on ne sait pas ce qui serait arrivé sans la droiture, la loyauté, l'inspiration soudaine du colonel Taillandier qui, lui seul, fit arrêter le prince dans la cour du quartier. Le général a dû laisser quelques notes manuscrites sur ce fait important qu'il m'a raconté plusieurs fois, et toujours, bien entendu, à l'avantage du devoir et de la fidélité. Si M. Voirol a hésité, il a eu tort, mais ses biographes doivent le dire ; la position était assez délicate pour excuser, sinon pour approuver le doute. Si, au contraire, le général a marché carrément, présentant la poitrine aux sabres des factieux, comme il a toujours

eu l'habitude de le faire, ses biographes doivent le dire
encore, parce que ce serait ici un fleuron de plus à
ajouter à ses vertus militaires. Espérons donc qu'un
jour, il paraîtra sur le général Voirol un article biographique complet, dans lequel nous verrons clairement
expliquée son attitude à Strasbourg, et dans lequel aussi
se trouveront développées toutes les mesures utiles
qu'il a prises pendant qu'il était gouverneur de l'Algérie, mesures qui font le plus grand honneur à ses connaissances approfondies du pays, à sa sagacité, à son
habitude de l'administration et à sa haute intelligence.

J'ai eu plusieurs fois l'honneur d'être reçu dans le
salon, ou plutôt le jardin de la duchesse d'Abrantès,
femme fort accueillante et fort spirituelle. Sa mémoire
était une mine inépuisable d'anecdotes curieuses sur
le monde de l'Empire et de la Restauration, mais les
soucis et les tristesses, causes de sa frivolité, abrégè-
rent malheureusement ses jours. Elle prétendait descendre des Comnène, les empereurs de Constantinople, et tirait grande gloire de cette illustre parenté,
beaucoup plus même que de ses ouvrages qui ont établi
sa réputation et gardent son nom de l'oubli (1). La mélancolie était bannie avec soin de cet intérieur ; pourtant les grelots de la folie arrivaient difficilement à
couvrir la voix de la misère qui grondait autour d'elle

____

(1) Mon aïeul par alliance, le général baron Lahure, avait annoté
un peu trop sévèrement les mémoires de la duchesse d'Abrantès de la
façon suivante : « Commère, oui ; Comnène, non ! »

pendant ses dernières années et n'a jamais pu modérer ses goûts désordonnés.

Une après midi que j'entrais dans son petit appartement de la rue de Navarin, je la trouvai seule, joyeuse et prête à sortir. Comme je m'excusais de la déranger et la félicitais de sa mine riante : « Oui, je suis assez contente, me dit-elle, je viens de recevoir la visite de deux vieilles connaissances. Aussi vous allez m'accompagner. » Nous sortîmes et montâmes dans un fiacre qui nous roula de chez Prévost au marché aux fleurs, du marché aux fleurs chez Tripet, de Tripet chez trois autres fleuristes, et nous ramena rue de Navarin, étouffant sous des bottes de roses, des vases d'hortensias, des paquets d'œillets, etc., car la duchesse avait désiré *quelques* fleurs, et pour satisfaire cette envie, elle venait de dépenser deux billets de cent francs, les *deux vieilles connaissances* dont elle m'avait parlé. Heureusement que j'étais là, car il ne lui restait plus un sou pour payer le fiacre.... et peut-être pour dîner.

Une autre fois, me trouvant chez elle avec quelques personnes, elle interrompit une histoire amusante qu'elle racontait, et se tournant vers son fils : « Napo-« léon, fit-elle, va donc voir l'heure qu'il est. » Celui-ci se leva et sortit pendant que la narratrice continuait son récit. On avait complètement oublié la demande qui venait d'être faite, lorsqu'une demi-heure après, le duc d'Abrantès rentra, et d'un air calme dit à sa mère : « Il est dix heures un quart ! — Où donc as-tu été

pour voir l'heure ? » questionna la duchesse étonnée.
— « Dame ! répondit l'autre, rue des Blancs-Man-
teaux ! » C'était là, au mont-de-piété, que se trouvaient
depuis deux jours les pendules de la pauvre duchesse.
Ce détail domestique aurait pu demeurer caché, mais
présenté de telle façon, il excita d'abord un peu de
confusion puis un accès de gaieté.

Napoléon d'Abrantès avait d'ailleurs un mince respect des préjugés mondains, et nul cependant n'était
meilleur que lui. Son cœur sensible, son esprit fin, ses
muscles d'acier en faisaient un type rare de notre espèce ; par malheur, toutes ses belles qualités étaient,
comme celles de sa mère, gâtées par une prodigalité
qu'on ne pouvait enrayer.

Alors qu'un soir je le reconduisais au quartier latin
où il habitait, il voulut à toute force m'emmener dîner
chez Mandar ; je refusai discrètement : « Voyons,
« insista-t-il, c'est la fin du mois, profitons-en, » et
nous étions au 3. Il faut dire que le duc d'Abrantès
avait un majorat de quelques milliers de francs dont
il touchait une fraction au commencement de chaque
mois et qui était d'ordinaire dévorée en quarante-
huit heures, partie en menant grande vie, partie
aussi en versant des mensualités à certain juif qu'il
nommait avec orgueil son *chef usurier*, comme d'autres disent mon *chef jardinier* ou mon *chef cuisinier*. Il avait d'ailleurs, tel un prince roulant sur
l'or, une véritable maison.... honoraire, et j'ai rendu
visite, en sa compagnie, à son *pharmacien en survi-*

vance, qui habitait alors rue de la Montagne-Sainte-Geneviève.

Ce brave homme qui, avec ses lunettes d'or et ses longs cheveux blancs, ressemblait à un vieux savant, aimait beaucoup d'Abrantès dont il goûtait l'affabilité et l'esprit vif, mais il avait la manie de le sermonner sur sa manière de vivre et de vouloir sans cesse lui faire prendre des émollients !

— « Vous avez tort, duc Napoléon, vous avez tort ; « avec un estomac brûlé et des intestins engorgés, on « ne va pas loin. Voyez comme nos aïeux, gens pra- « tiques….

— « Vous oubliez, cher maître, interrompait senten- « cieusement le duc, que depuis la prise de la Bas- « tille, tous les ventres sont libres ! » et comme le pharmacien insistait, d'Abrantès, riant, lui frappait sur l'épaule en disant : « Allons ! vous finirez par vou- « loir purger jusqu'à mes hypothèques ! »

Mon départ de Dole me donna des regrets qui ne firent qu'augmenter avec le temps, car les douze années passées dans ce pays m'avaient été douces, grâce à la bienveillance de mes administrés et aux aimables rela- tions que je m'étais créées. Que de maisons se firent pour moi hospitalières et quels doux souvenirs évo- quent en mon esprit les noms de M. Dusillet, maire de Dole, le spirituel écrivain que son talent souple et correct a placé aux premiers rangs des littérateurs franc-comtois, le vicomte Rigollier de Parcey, député

de Dole, le général Bachelu, et enfin l'imprimeur Joly
père, qui m'a souvent raconté les visites que lui fit
Bonaparte, alors qu'il venait chaque jour à pied depuis
Auxonne, pour corriger les épreuves de sa fameuse
lettre à M. de Buttafuoco. Le futur empereur conserva
longtemps l'éloquence verbeuse et emphatique de l'é-
cole, qu'il perdit peu à peu, et ses premières lettres
n'en sont pas exemptes, malgré l'élégance et la vigueur
du style. Je possède un autographe qui en est la
preuve : c'est une lettre que Bonaparte adressait de
Valence le 27 juillet 1792 à M. Naudin, capitaine d'artillerie, qu'il avait connu à Auxonne et qu'il nomma
plus tard intendant général des Invalides. C'est M. Titon
de Raze, héritier de M. Naudin, qui m'a fait don, en
1835, de cet intéressant document, que voici :

« Monsieur,

« Tranquille sur le sort de mon pays et la gloire de
« mon ami, je n'ai plus de sollicitude que pour la mère
« patrie ; c'est à en conférer avec vous que je vais em-
« ployer les moments qui me restent de la journée.
« S'endormir la cervelle pleine de la grande chose pu-
« blique, et le cœur ému des personnes que l'on estime
« et que l'on a un regret sincère d'avoir quittées, c'est
« une volupté que les grands épicuriens seuls connais-
« sent.

« Aura-t-on la guerre ?.... se demande-t-on depuis
« plusieurs mois. J'ai toujours été pour la négative.
« Jugez mes raisons.

« L'Europe est partagée par des souverains qui
« commandent à des hommes, et par des souverains
« qui commandent à des bœufs ou à des chevaux.

« Les premiers comprennent parfaitement la révolu-
« tion, ils en sont épouvantés, ils feraient volontiers
« des sacrifices pécuniaires pour contribuer à l'anéan-
« tir ; mais ils n'oseront jamais lever le masque, de
« peur que le feu ne prenne chez eux. Voilà l'histoire
« de l'Angleterre, de la Hollande, etc.

« Quant aux souverains qui commandent à des che-
« vaux, ils ne peuvent saisir l'ensemble de la constitu-
« tion ; ils la méprisent, ils croient que ce chaos d'i-
« dées incohérentes entraînera la ruine de l'empire
« franc. A leur dire, vous croiriez que nos braves pa-
« triotes vont s'entr'égorger, de leur sang purifier cette
« terre des crimes commis contre les rois, et ensuite
« ployer la tête plus bas que jamais sous le despote
« mitré, sous le fakir cloîtré et surtout sous le bri-
« gand à parchemins. Ceux-ci ne feront donc aucun
« mouvement, ils attendent le moment de la guerre
« civile qui, selon eux ou leur plat ministre, est in-
« faillible.

« Ce pays-ci est plein de zèle et de feu. Dans une as-
« semblée composée de vingt-deux sociétés des trois
« départements, l'on fit, il y a quinze jours, la pétition
« que le roi fût jugé.

« Mes respects à Mme Renaud, à Marescot et à Mme de
« Goy : j'ai porté un toast aux patriotes d'Auxonne
« lors du banquet du 14. Ce régiment est très sûr, en

« soldats, sergents et la moitié des officiers. Il y a
« deux places vacantes de capitaines.

« Respect et amitié.

« BUONAPARTE. »

« *P.-S.* — Ce sang méridional coule dans mes vei-
« nes avec la rapidité du Rhône ; pardonnez donc si
« vous éprouvez de la peine à lire mon griffonnage. »

Un intérieur charmant et aimable fut pour moi celui du marquis de Valdahon, qui maniait aussi habile-
ment le pinceau que sa belle-fille la comtesse César de
Valdahon, née Saporta, maniait la plume. Elle est
l'auteur, entre autres, d'une très jolie nouvelle sur Léopold Robert et je crois intéressant de raconter comment elle l'écrivit.

Léopold Robert, né le 11 mai 1794, à la Chaux-de-
Fonds, en Suisse, dans la religion réformée, était l'un
des peintres les plus célèbres de notre époque ; son tableau des *Vendangeurs* avait commencé sa réputation,
celui des *Moissonneurs* avait révélé son beau génie, et
celui des *Pêcheurs de l'Adriatique* l'avait immorta-
lisé. Ce fut une circonstance bizarre qui fit faire à
Mme de Valdahon la connaissance de cet habile artiste.

Elle était à Genève avec son mari ; curieuse d'entendre un prédicateur protestant, elle se rend au temple
Saint-Pierre, où le hasard la place près d'une femme
jeune et jolie, et d'un homme de trente-six à trente-huit
ans qui priait avec ferveur. Tiré bientôt de sa profonde

méditation, celui-ci ne porte plus sur son psautier que des yeux distraits ; il ne semble voir que sa jolie voisine. Le service terminé, il sort le premier et disparaît dans la foule, sans chercher à revoir plus longtemps celle qui paraissait l'avoir tant occupé.

Pendant les trois semaines que M. et Mme de Valdahon passèrent à Genève, ils rencontrèrent partout le même inconnu, soit qu'ils parcourussent la ville, soit qu'ils visitassent les environs ; il était toujours seul et il avait l'extérieur d'un homme de lettres ou d'un amant. De Genève, nos jeunes Dolois se rendirent à Venise, et tandis qu'ils admiraient un tableau dans un musée, ils se trouvèrent nez à nez avec l'homme qu'ils avaient vu à Genève et dans les campagnes voisines. L'étonnement parut grand de part et d'autre, mais, cette fois, on osa se parler, on se traita même en vieilles connaissances, et au moment de se séparer, M. et Mme de Valdahon remirent leur adresse à l'inconnu, qui leur donna la sienne à son tour : c'était Léopold Robert.

Des visites de politesse s'échangèrent d'abord, mais comme il n'était pas possible de voir cet artiste si bon et si gracieux sans désirer le connaître davantage, il devint bientôt un ami. Vivant fort retiré à Venise, il ne sortait guère de son atelier que pour aller voir ses deux confidents : près d'eux seuls il était complètement à son aise, complètement heureux. Quel fut donc le chagrin de M. et de Mme de Valdahon lorsqu'ils s'aperçurent que les visites du jeune peintre devenaient plus rares ; ils lui en firent des reproches obligeants et Léopold reprit aussitôt ses anciennes habitudes, mais quelque part qu'il fût, une pensée pénible ne le quittait jamais.

Un soir qu'ils faisaient ensemble une promenade sur l'eau, ils rencontrèrent une gondole d'où s'échappait une musique douce et mystérieuse ; sur le devant étaient deux dames et un homme âgé ; leur mise élégante, comme l'éclat de leurs armoiries, annonçait de nobles et riches seigneurs vénitiens ; l'une des deux dames était d'une beauté ravissante. Léopold, le corps demi-penché hors de la gondole, la regardait, non plus comme l'observateur de Genève, mais bien comme un être transporté d'amour, qui semble attendre la vie ou la mort d'un regard, d'un signe, d'un mouvement. La barque légère s'arrêta quelques instants, puis elle glissa sur l'eau et disparut. Léopold était resté sous le charme ; il n'avait pas changé d'attitude. Cependant les gondoliers touchèrent au rivage ; on se sépara.

Le lendemain, Léopold était triste, et ses traits altérés prouvaient qu'il avait été sous le poids des émotions les plus vives.

Mais l'amitié, comme l'amour, pénètre dans les replis du cœur, et en découvre aisément les secrets ; M. et Mme de Valdahon avaient deviné sans peine que leur ami n'avait pas vu pour la première fois cette charmante Vénitienne ; ils le lui dirent. Léopold en convint ; il leur raconta même avec l'abandon le plus touchant comment sa passion avait pris naissance et comment elle avait allumé en lui un feu que rien ne pouvait éteindre. Il l'avait vue, cette vierge céleste, d'abord à l'église, ensuite au spectacle, dans une loge près de la sienne, et il avait appris qu'elle était la fille du marquis Enrico ***, l'un des plus nobles patriciens de Venise. Cette découverte était tombée sur son cœur comme un poids de glace ; mais n'importe, il rêvait que son talent si vrai, si énergique, l'élèverait jusqu'à cette jeune signora, et l'espoir d'être aimé d'elle, espoir dont il ne voulait même pas qu'on le guérît, ne l'abandonnait plus.

Un jour que Léopold se promenait pensif dans le palais des doges, il se trouva tout à coup près de la belle patricienne ; il l'avait vue d'abord enthousiaste de la musique ; maintenant elle aimait la peinture et jugeait des tableaux en artiste ! Cette femme, c'était décidément la femme de ses songes, l'ange qui console, la vie qui devait commander à sa vie.

Bientôt le bruit se répandit qu'un peintre étranger, dont le talent semblait égaler déjà le talent des Léonard de Vinci, des Titien, était à Venise. Plusieurs personnes de distinction demandèrent à Léopold Robert la permission de visiter son atelier. Le marquis Enrico ***, si connu par son amour pour les arts et par les riches galeries qu'il possédait, se présenta l'un des premiers ; il admira les tableaux du jeune peintre, loua son génie, et, après l'avoir prié de venir le voir, il sortit en lui serrant tendrement la main.

Léopold, la joie et l'espérance au cœur, accepta cette

invitation ; il se rendait souvent au palais du marquis, et sa vie n'était plus qu'une longue suite de félicité trompeuse ; il voyait Marie tous les jours, lui donnait des leçons de peinture, l'accompagnait au théâtre, et chaque mot qui sortait de sa bouche était pour lui un mot d'espoir et de bonheur. Hélas ! Marie, candide et simple, heureuse seulement des prévenances, des soins de Léopold, ne répondait point à son amour.

Deux mois se passèrent ainsi dans les plus douces illusions. Un soir, M. de Valdahon reçut un billet de son ami ; il ne contenait que ces mots tracés d'une main tremblante : « J'ai besoin de vous, je vous attends. » M. de Valdahon partit sur-le-champ ; il trouva Léopold dans son lit ; sa figure était contractée de manière à effrayer, et une fièvre délirante agitait tous ses membres. Au milieu des phrases sans suite qui sortaient de sa poitrine oppressée, l'ami effaré apprit que la fille du marquis Enrico *** allait se marier avec un jeune seigneur qu'elle aimait éperdument. A cette nouvelle donnée à Léopold par le marquis lui-même, son cœur s'était brisé, sa raison avait fui, et il était rentré sous le poids d'une aliénation cruelle qui l'avait privé de toutes ses facultés.

M. de Valdahon crut remarquer que sa présence augmentait encore l'exaspération du malade ; il sortit donc promptement et courut chercher un médecin. Lorsqu'il revint, il y avait de l'agitation dans la rue, la porte de la maison était ouverte...., le malheureux artiste s'était brûlé la cervelle.

La nouvelle que la comtesse César de Valdahon a composée sur ce sujet est d'une contexture passionnée, d'un intérêt puissant, et voici les jolis vers qui en forment le gracieux frontispice :

> Passant, ne vois-tu pas sur la lointaine rive
> Un simple monument aux lugubres couleurs,
> Et près du marbre noir une ombre fugitive ?
> C'est le dieu des beaux-arts, c'est le génie en pleurs ;
> Nul mortel ne verra sa douleur adoucie,
> Il a perdu son fils, cet enfant d'Helvétie
> Qu'en un jour de faveur il nous avait prêté.
> On le nommait.... demande à la postérité.

Je me souviens d'un déjeuner fait en juillet 1832 au château de Saint-Seine, qui appartenait alors à notre ami Flavien de Magnoncour. Nous étions quatre, le colonel de Brack, M. Dusillet, maire de Dole, le comte de Boisdenemetz et moi. Nous trouvâmes à Saint-Seine Mme de Beuret, sœur de Mme de Magnoncour, et Edme de Reculot, neveu du propriétaire du château, qui était un fort joli garçon de vingt ans et qui s'est lancé depuis dans la carrière diplomatique. Edme nous parut tout d'abord fort épris de la gracieuse sœur de sa belle-tante. Après déjeuner, comme la chaleur était extrême, on proposa de rentrer au salon et d'y faire un peu de musique ; Mme de Beuret, qui avait un véritable talent de cantatrice, se mit au piano et nous nous installâmes dans de moelleux fauteuils. Accablé par la chaleur et par une digestion pénible, car le déjeuner avait été long et ma-

gnifique, M. Dusillet s'endormit dès les premiers accords.

Edme de Reculot, furieux de voir que son vieil ami
n'était pas tout yeux et tout oreilles pour Mme de Beuret, se leva brusquement dès que celle-ci eut fini de
chanter, traversa le salon d'un bond, prit M. Dusillet
par le collet de son habit et le secoua violemment
en lui disant : « Comment, misérable, pouvez-vous
« dormir pendant que Mme de Beuret chante ? — Cela
« n'est pas étonnant, répondit le malicieux vieillard,
« je ne me suis endormi que parce que vous, Edme,
« vous n'avez cessé de bâiller. » Ah ! si le futur ambassadeur, qui craignait que l'*on* crût à ce reproche men-
songer, avait pu étrangler M. Dusillet, il n'y aurait
plus eu ce jour-là de maire de Dole.

Les environs étaient aussi d'une grande ressource
pour moi et je voyais toujours avec plaisir, à Mont-
rambert, le général baron Grenier, frère du comte Grenier, l'aide de camp de Napoléon, et à Montmirey-le-
Château le lieutenant général Poncet.

Ce dernier avait fait la plupart des guerres de la république, dont il portait des traces sur son visage
labouré par un obus, mais il était presque impossible
d'obtenir de lui la moindre relation de ce qu'il avait
vu. On essayait vainement d'amorcer la conversation,
il ne répondait que par monosyllabes :

— « La bataille de Fleurus à laquelle vous avez assisté, général, a-t-elle été meurtrière ?

— « Assez.

— « Mais vous y avez été moins poussé que sur le Rhin ?

— « Autant.

— « C'est le siège de Maëstricht qui vous a donné la gloire ?

— « Peut-être. »

Au bout de trois minutes on en avait assez.

Après sa mise à la retraite, le général Poncet s'était résigné, quoique avec peine, à une autre vie que la vie active et ardente des camps ; mais pour ne pas rester tout à fait oisif et aussi pour complaire au désir des habitants de son village, il avait accepté les fonctions de maire de Pesmes, lieu de sa naissance et de sa retraite, et il occupait encore cette magistrature modeste, lorsqu'en 1814, l'étranger envahit nos provinces. Dans ces instants de crise, le général rendit de nouveaux services à son pays en le protégeant contre les demandes ruineuses et sans cesse renaissantes des troupes étrangères.

Un jour, au mois d'avril 1814, grande fut sa surprise de voir entrer chez lui un aide de camp du général autrichien Wimpfen, qui venait, de la part de son chef, le prier de se rendre à son quartier général de Sampans, où il avait d'importantes communications à lui faire. Sans défiance, le général Poncet part et arrive bientôt devant Wimpfen, qui l'apostrophe de la manière la plus violente : « Il vous sied bien, *Monsieur*, dit-il, de conspirer contre nous ; ne savons-nous pas que vous êtes parvenu à cacher quinze mille fusils et qu'une partie des paysans de votre canton doit se lever au premier signal? Vous me répondez sur votre tête du moindre événement. » A cette accusation ridicule, Poncet sourit de pitié, haussa les épaules, et pour toute réponse, dit au général autrichien : « *Monsieur*, vous êtes un poltron! » Wimpfen, furieux, veut frapper Poncet, mais celui-ci pare le coup, saisit son adversaire d'une main vigoureuse et le lance au milieu de l'appartement. Arrêté aussitôt par la garde du général ennemi, Poncet est jeté dans un cachot; une commission militaire s'assemble pour le juger et il est condamné à mort. A cette affreuse nouvelle, sa femme part pour Dijon, implore la justice du général en chef et obtient qu'il soit sursis à l'exécution. Mais des soldats garrottent Poncet comme un malfaiteur, on le place sur un chariot, puis on l'envoie, d'étape en étape, sous l'escorte de quelques cavaliers, jusqu'au fond de la Hongrie, dans la citadelle de Monkasth, où il resta détenu cinq mois.

Ce rigide soldat ne ressemblait guère à son collègue, le général Bachelu [1]. Gracieux, obligeant, d'une physionomie douce et prévenante, celui-ci accueillait toujours avec une extrême amabilité ses compatriotes qui allaient le voir à la Grange-Pérey.

---

[1] Bachelu (Gilbert-Désiré-Joseph, baron), né à Salins le 9 février 1777, mort à Paris le 16 juin 1849. — Sorti de l'école du génie de Metz, il fit d'abord les campagnes du Rhin et de Saint-Domingue, puis fut nommé colonel du 12ᵉ de ligne en 1805, général de brigade en 1809, général de division en 1813. A la révolution de juillet, il fut envoyé à la Chambre, d'abord par le département du Jura et quelques années plus tard par le département de Saône-et-Loire.

J'ai entendu, à diverses reprises, le général narrer certains épisodes de la bataille de Waterloo, où il avait été légèrement blessé et où il avait attendu pendant plusieurs heures avec sa division l'ordre de se faire écraser. En rendant justice aux opérations de son chef, le comte Reille, il prétendait que le maréchal Ney, le héros de tant de combats, avait atteint ce jour-là, plus que d'habitude encore, le paroxysme de l'impétuosité ; c'était un véritable lion, mais, au point de vue du cerveau, un *lion convalescent.*

Il témoignait aussi d'une grande admiration pour la sublime défense des derniers carrés commandés par les généraux Roguet et Cambronne. Ma curiosité m'ayant poussé un jour à lui demander son avis sur le mot bien senti que ce dernier passait pour avoir lancé aux Anglais, le général Bachelu me répondit qu'il avait lui-même questionné Cambronne quinze ans auparavant sur ce sujet et que, fort agacé, le brave soldat de Waterloo avait riposté par cette phrase :

— « Comment, toi aussi ?.... Ah ! non, en voilà assez. Ça devient emm.... ! »

« Je dois dire, ajoutait le général Bachelu, que nous étions en tête à tête. Et puis je ne comprends pas ce désir de savoir si Cambronne a prononcé un mot si naturel en pareil cas ; ce jour-là, il a dû le dire cinq fois, dix fois...., comme moi d'ailleurs. »

Après les événements de février, le général Bachelu avait été nommé président du Comité napoléonien qui s'était formé à Paris pour favoriser par une influence

légitime l'élection du prince Louis à la présidence de
la république. Il avait alors de funèbres pressenti-
ments à son sujet personnel, car il m'écrivait le
8 avril 1849 :

« Vous faites bien, mon cher ami, de vous livrer
« aux méditations philosophiques, tout en cultivant
« les légumes et les fleurs de votre jardin. Vous avez,
« vous, un long espace de vie à parcourir ; il ne me
« reste à moi que peu de jours avant le terme fatal qui
« m'est assigné par la nature. J'en profite pour obte-
« nir, par le spectacle qui se déroule devant moi, des
« diversions aux tristes pensées qui nous oppressent
« quand on est si près de sa fin. »

Bientôt, en effet, une attaque subite de choléra le
renversait en pleine force. Jusqu'à son dernier jour, il
avait conservé un air de jeunesse qui frappait au premier coup d'œil, et lorsqu'on le voyait déployer dans
son uniforme sa taille haute et bien prise, avancer
avec coquetterie un pied charmant et montrer une
main d'une distinction parfaite, ceux qui ne le con-
naissaient pas le prenaient presque toujours pour un
de nos jeunes maréchaux de camp qui venaient de
conquérir leurs trois étoiles sur les champs de bataille
de l'Afrique. Ses manières étaient extrêmement gracieuses, sa conversation spirituelle et facile, et il savait beaucoup d'anecdotes qu'on se plaisait à lui entendre conter. D'un caractère doux, caressant même,
il était aimé de tout le monde et n'a pas laissé un seul
ennemi.

Le baron Bachelu avait épousé, en 1838, la comtesse de Sussy, veuve du directeur des Monnaies royales et fille du comte Muraire, premier président de la Cour de cassation, sous l'Empire. A propos de cette union, je veux faire quelques révélations peu pastorales, mais qui montrent qu'il faut se garder de prendre pour femmes certaines veuves coquettes accoutumées, du vivant de leur mari, aux soins d'un coadjuteur. L'amant qui passe au titre d'époux laisse une vacance qu'on ne tarde pas à remplir et subit, à son tour, le même sort que son prédécesseur.

Pour l'intelligence de ce qui suit, nous sommes obligés de remonter un peu haut dans la vie privée du général. Colonel à vingt-sept ans, beau, aimable et brave, il trouva partout des plaisirs, des amis et des maîtresses, mais le plus envié de ses bonheurs était celui d'avoir attiré la sérieuse attention de la princesse Pauline, quand elle n'était encore que Mme Leclerc, et lorsque, *idole nourrie des parfums de l'adoration*, comme dit la duchesse d'Abrantès, elle était dans tout l'éclat de sa prestigieuse beauté. C'est à Saint-Domingue, pendant l'expédition, que se noua cette intrigue ; nous en ignorons les détails et les suites, mais ce que nous n'ignorons pas, c'est que notre compatriote Bachelu aurait pu devenir l'époux de la sœur de Napoléon.

Il est impossible de suivre les aventureuses amours du général au milieu du tourbillon des camps ; nous en reprendrons la trace en 1816 quand, jeune encore.

le baron Bachelu se faisait remarquer dans les cercles les plus distingués de Paris par la grâce de ses manières et, dans les promenades publiques, par l'élégance de ses équipages. Il était alors le cavalier fidèle d'une grande dame russe, Mme la comtesse Demidoff, avec laquelle on le rencontrait partout. Cette belle dame avait depuis longtemps passé l'âge des amours, mais le général n'était pas chatouilleux sur ce point. Cette espèce de culte pour les *lionnes* d'un autre siècle avait fait dire du baron Bachelu qu'il aimait à *jouer de la vieille*. Mme Demidoff mourut en 1816, et chacun a pu voir, comme moi, dans la chambre à coucher de son amant, à la Grange-Percy, un petit tombeau en marbre noir sur la face principale duquel on lisait en lettres d'or : *Morte le.... 1816. Elle était nécessaire au bonheur de son ami.* Le comte Demidoff avait fait venir d'Italie, pour y déposer les restes de sa femme, un splendide mausolée en marbre blanc, que l'on admire encore aujourd'hui au Père-Lachaise. En voyant tout ce déploiement de luxe pour une épouse dont le mari n'ignorait pas la conduite, un des amis de M. Demidoff lui dit : « Vous êtes fou, mon cher, d'avoir fait « une pareille dépense pour la sépulture de la com- « tesse. — Ah ! de grâce, répondit le veuf peu désolé, « ne me plaignez pas, c'est l'argent que j'ai le mieux « employé de ma vie. »

Après la comtesse Demidoff, le général Bachelu, pour se consoler, s'attacha au char de Mme la comtesse Colin de Sussy. Cette fille d'un premier président

avait beaucoup fait parler d'elle ; elle était déjà sur le
retour et montrait plus d'amabilité et d'esprit que de
grâce et de beauté. Pourtant la passion fut vive, sentimentale, et dura de longues années, malgré un instant de relâche. Une Anglaise, autrefois belle et re-
cherchée, qu'on appelait lady Stanhope, avait tourné
la tête du volage et accaparé son cœur. Cette nouvelle
favorite, à côté de laquelle j'ai dîné deux fois à Dole,
chez Christian Bachelu, frère du général, avait la
taille haute et parfaitement dessinée, elle s'envelop-
pait avec noblesse dans les vastes plis d'un cachemire
des Indes, et savait se donner, à s'y tromper, l'air
d'une femme comme il faut. On nous a dit depuis que
cette prétendue Anglaise était née dans les environs
de Paris. La chose est possible, mais je ne l'ai pas vé-
rifiée.

Cette fantaisie passée, le général revint à ses précé-
dentes et non pas à ses premières amours. On le vit
roucouler de nouveau aux pieds de Mme de Sussy et
lui demander à genoux le pardon de ses fautes. Le repentir était sincère, la dame en fut touchée et le rac-
commodement fut scellé à tant de reprises que les
mauvaises langues prétendaient à cette époque que le
baron Bachelu, d'ordinaire si frais et si jeune, paraissait fatigué, voire même un peu souffrant. Le général
avait pourtant des qualités particulières, car un ami
d'enfance du directeur de la Monnaie lui dit un jour :
« Pourquoi tolères-tu un spectacle semblable à celui
« qui se passe dans ta maison? Le général ne sort pas

« de chez toi, et quand ta femme sort, elle est tou-
« jours pendue à son bras. Cela produit le plus mau-
« vais effet et te donne des ridicules dont gémissent
« tes amis. — Oh! mon cher, répondit le comte Co-
« lin, je suis obligé de fermer les yeux, car lorsque
« ma femme n'a pas le général Bachelu pour amant, il
« lui en faut trois pour le remplacer. » Ce mot fait-il
l'éloge du cavalier ou celui de la dame? Le lecteur en
décidera.

La passion du général était connue ; elle durait depuis si longtemps, d'ailleurs, qu'elle passait dans le
monde pour une liaison quasi respectable ; pendant ce
temps, la fille de Mme de Sussy, la belle duchesse d'O-
trante, suivant l'exemple de sa mère, continuait avec
le marquis de Pérignon un roman commencé depuis
longtemps. La pauvre femme mérite d'ailleurs l'indulgence, elle que le cynisme éhonté de son mari avait
forcée, dès les premiers jours de son mariage, à fuir la
couche conjugale.

Cependant le comte de Sussy mourut. Dès que les
délais légaux furent expirés, sa veuve convola à de secondes noces et ce fut le général Bachelu, qui, d'heureux amant, devint, comme on va le voir, très malheureux mari. Les premiers jours de cet hymen s'écoulè-
rent dans les épanchements les plus tendres, mais un
beau matin, le général crut devoir faire observer à
Mme la baronne Bachelu que les visites de M. de Pérignon se multipliaient par trop, qu'elles devenaient in-
discrètes et qu'elles causaient un scandale qu'il ne pou-

vait pas et ne voulait pas tolérer davantage. A quoi
la baronne répondit, le sourire aux lèvres : « Mais, gé-
« néral, je vous trouve vraiment singulier : pendant
« plusieurs années ces visites ont paru vous plaire,
« vous amuser, et maintenant vous ne voulez plus les
« souffrir? Eh bien, elles continueront comme par le
« passé ; ce qui vous semblait du meilleur goût il y a
« quelques mois ne peut pas être mal aujourd'hui, et je
« vous engage, si vous voulez la paix, à laisser faire
« ce que vous ne pouvez empêcher. » Le général se tut,
mais le lendemain, de bonne heure, il avait loué un appartement de garçon, non loin de celui que sa chère
moitié occupait dans un des plus beaux hôtels de la rue
de la Chaussée d'Antin ; dès lors, il n'y eut plus entre
eux la moindre relation. Seulement, dans l'intérêt de
sa fortune compromise, le général surveilla de près la
conduite de Mme Bachelu, qui continuait de manière
onéreuse ses anciennes habitudes de galanterie. Dans
le but de mettre un terme à ce triste commerce, celle-ci
fut surveillée, et une certaine nuit elle fut surprise *fla-
grante delitto* par sa fille, oui, sa fille elle-même, et par
son gendre, le duc d'Otrante, qui, pour cette expédition,
s'était un instant raccommodé avec la duchesse dont il
vivait séparé.

Tout cela est bien dégoûtant, bien honteux, et malheureusement tout cela est vrai. La plupart des détails
que je viens de raconter m'ont été fournis, pour ainsi
dire jour par jour, par la victime elle-même.

A la suite de ces sales intrigues, l'époux offensé se

hâta d'intenter à sa femme un procès en séparation
dont le résultat amènera sans doute la ruine complète
du général. Mort avant la liquidation de ses affaires,
le baron Bachelu a légué à son frère Christian une succession des plus embarrassées et celui-ci ne sait pas, à
l'heure où j'écris, si, pour combler le déficit qu'il pré-
voit, il ne sera pas obligé, pour l'honneur du général,
de prélever sur sa fortune personnelle une somme assez considérable. Et pourtant le général Bachelu avait
avant son mariage de vingt-cinq à trente mille livres
de rente.

Le malheur de ce brave soldat fut d'être trop gâté
par Cupidon, et les Don Juan de toutes les époques
oublient facilement le sage avis du poète :

> L'amour sait bien qu'une belle
> Qui nous enlève son cœur
> Le reprend bien moins pour elle
> Que pour notre successeur.

CHAPITRE XI

A chacun de mes séjours à Paris, j'allais régulièrement voir à l'Arsenal notre ami Charles Nodier, chez lequel j'étais reçu comme l'enfant de la maison. Je voyais défiler là toutes les célébrités du moment, mais je préférais beaucoup les visites intimes qui avaient lieu d'ordinaire dans la chambre de l'excellente Mme Nodier. Combien de fois ai-je été pris par le charme de son illustre époux, si aimable, si fin, si brillant! Il parlait lentement, avec un accent comtois prononcé, et sa conversation était un mélange de poésie et de peinture qui faisait oublier son imagination hyperbolique. Je me souviens encore du frisson ressenti le soir où le brave homme me raconta le passage de la Loire par l'armée vendéenne en 1793 : « Ah! voyez-vous, Armand, me disait-il, c'était une sublime horreur. Seul homme valide dans une barque chargée de dix personnes, je ramais d'une main et soutenais de l'autre un blessé moribond : les glaces charriées par le fleuve furieux crépitaient comme des balles sur les flancs de notre frêle esquif, et le flot humain roulait, poussé par la voix tonitruante de Charette ! » J'eus plus d'un cauchemar pendant la nuit qui suivit ce récit émouvant, et je restai troublé jusqu'au moment où prenant mes livres et réfléchissant un peu, je reconnus que le passage de la Loire avait eu lieu au mois d'octobre, que Charette n'y assistait pas et qu'à cette époque, Charles Nodier, ayant une douzaine d'années, ne pouvait guère jouer un rôle en Vendée, pays où il n'est probablement jamais allé.

Le célèbre écrivain était plein de bénignité, mais souvent d'une bénignité mordante. Un vieux gentilhomme franc-comtois énumérait un jour devant lui les *crimes* de Louis-Philippe ; la liste en était si longue que Nodier, impatienté, fatigué, finit par dire au narrateur, lorsque celui-ci eut terminé : « Monsieur le marquis, il y a encore un crime du roi que vous avez oublié. — Lequel donc, monsieur Nodier, demanda vivement le gentilhomme, dont la physionomie s'épanouissait de joie en voyant qu'il allait pouvoir ajouter à sa stupide nomenclature un forfait de plus, lequel donc, je vous prie ? » Alors Nodier, avec cet air bonhomme qu'il savait si bien prendre lorsqu'il voulait décocher un trait aigu à bout portant : « Monsieur le marquis, répondit-il. c'est la mort d'Abel. »

(Bains de Louèche. Juillet 1850.) Il est curieux ici. après avoir admiré le pays, d'entrer dans les salles

de bains, dans les hôtels et de dire un mot de la société
cosmopolite qui s'y trouve réunie. Cette société, comme
une colonie au milieu d'un peuple étranger, retrouve à
Louèche les mœurs et le langage de son pays et, ce qui
vaut mieux encore, l'esprit et la conversation de ses
compatriotes.

Aux eaux, les connaissances se font vite ; on se voit
à chaque heure du jour, à chaque heure du soir ; on se
voit tout à fait en déshabillé, c'est le cas de le dire,
puisque les hommes et les femmes se baignent pêle-
mêle dans une grande piscine dont l'eau terne, chargée
de petites bulles graisseuses, effraie parfois les plus
aguerris. Cette habitude d'être constamment ensemble
dans l'eau, à table, au salon, dans les promenades, a
son mauvais côté : c'est de vous mettre en rapports
trop continuels avec les hommes, leurs défauts, voire
même leurs mauvaises passions. Il est difficile de se
contraindre six semaines de suite pendant seize heures
sur vingt quatre, et s'il est quelques rares personnes
qui gagnent à ce contact incessant, la masse de la société, en revanche, y perd beaucoup.

Voici quelques silhouettes que j'ai tâché d'esquisser
des personnages les plus saillants :

LA BARONNE D'ALT

Au premier aspect, on croirait que Mme d'Alt cherche, par ses manières excentriques, à attirer sur elle
l'attention générale ; son œil noir, un peu terne, que
recouvre un épais sourcil, reste toujours ouvert et béant

comme la gueule d'un canon ennemi ; une agitation nerveuse, bizarre, qui ne la quitte jamais, lui donne quelque ressemblance avec ces petites figures à ressort que l'on voit sur les orgues d'Italie et dont tous les mouvements saccadés s'opèrent au son mélancolique de cet instrument. La baronne d'Alt, dont l'ensemble est assez agréable, marche en sautillant, danse et valse en sautillant, parle en sautillant, boit et mange en sautillant ; on ne devine pas ce qu'elle pourrait faire sans sautiller. Cette première impression d'une femme mécanique un peu passée, on trouve en Mme d'Alt une personne de distinction, polie, d'un caractère égal, bienveillant, et toujours aussi prévenante la veille que le lendemain. Mariée, dit-on, à un petit homme laid et difforme qu'elle n'avait sans doute pas ainsi rêvé dans ses illusions de jeunesse, Mme d'Alt peut avoir de trente-quatre à trente-cinq ans. Sans être jolie, elle a dans son balancement perpétuel, dans son regard quêteur, dans toute sa personne enfin, quelque chose qui plaît et attire. Oh ! je l'ai vue bien émue, bien tourmentée, un certain jour. C'était au Schwarbach, cette auberge isolée au milieu du désert de la Gemmi, quand le comte de Castella, beau colonel suisse, fut saisi d'un subit étourdissement et qu'il resta quelques minutes sans recouvrer sa connaissance. Mais, chut ! n'allons pas trouver du mal dans l'explosion d'une inquiétude qui, toute vive qu'elle était, ne décelait sans doute qu'un louable sentiment d'intérêt et de crainte pour un compatriote de ses amis.

LE COMTE GAÉTAN DE MISSIESSY

Si Vénus, descendue de l'Olympe, nous arrivait quelque jour, comme Pâris, une pomme à la main, ce serait certainement aux pieds de M. de Missiessy qu'elle la déposerait, car celui-ci a, jusqu'à présent, moissonné tous les lauriers de la saison. Il est difficile de rencontrer un cavalier plus parfaitement aimable et plus accompli ; sa taille, sans être haute, est bien prise et d'une élégance remarquable, surtout comme distinction, mais son regard et son sourire, qui captivent tout d'abord, perdent un peu de leur charme dès que l'on s'aperçoit de l'expression sardonique et railleuse qu'ils laissent parfois échapper. Cette expression surprend d'autant plus que M. de Missiessy est blond et qu'il a les yeux bleus, signe ordinaire de la bienveillance et de la douceur ; ses dents sont très belles et donnent de la grâce à sa bouche que surmontent avec coquetterie de petites moustaches recourbées. Il a l'esprit fin, observateur, une jolie conversation, un ton parfait et la réputation d'un homme à bonnes fortunes. Charmant de tenue dans ses toilettes du matin toujours fraîches et variées, il n'a jamais dans ses toilettes de bal qu'un négligé de goût douteux. Il porte invariablement dans les soirées, même les plus élégantes, un habit noir de date et de forme gothiques, un gilet de couleur et un pantalon gris-safran d'un détestable effet. Quand les femmes se donnent la peine ou plutôt le plaisir de passer deux ou trois heures par jour à leur toilette pour nous être agréables, c'est bien le moins que nous consacrions nous-mêmes quelques instants à leur rendre politesse pour politesse.

M. de Missiessy possède une dextérité de prunelle des plus merveilleuses, il peut tout à la fois jeter un coup d'œil suppliant à Marie, un regard de langueur à Pauline, une œillade agaçante à Irma. Quel rude et pénible métier que le sien et combien ses paupières doivent être fatiguées lorsque, le soir, il rentre dans sa cellule et qu'il se dépouille de son enveloppe de conquérant ! Homme du monde, flâneur habituel des eaux de France et de l'étranger, M. de Missiessy n'ignore pas la puissance qu'il exerce sur le cœur ou plutôt sur l'imagination des femmes et, en sujet habile, il profite d'autant mieux de ses avantages qu'il feint toujours la froideur et l'indifférence près de celles dont il veut se faire remarquer. Cette tactique, quoique déjà vieille, ne manque jamais son effet.

Ce gracieux cavalier est neveu de l'amiral de Missiessy, l'un des officiers les plus distingués de la marine française, et il passe pour un des joueurs de whist les plus intrépides et les plus brillants.

MADAME S....

De soixante-six à soixante-huit ans, ou plutôt pas d'âge, d'une taille de mastodonte, du poids de cent cinquante kilos. Cette énorme pièce de résistance, qui n'a peut-être jamais résisté, se roule péniblement deux fois par jour de son lit aux bains, des bains à table et de la table au salon, où elle trône invariablement vêtue d'une robe de soie noire, sur un canapé de drap cramoisi qu'elle occupe tout entier et qu'elle inonde de ses chairs superflues. Mme S. a l'œil exercé et hardi, la voix rauque, le geste impérieux et l'air effronté de ces superbes matrones qui siègent derrière certains comptoirs et dont aucun regard, aucun mot, aucun geste ne saurait faire baisser la paupière aguerrie. Méchante et envieuse, on la redoute, parce qu'elle sait toujours, sauf à les inventer, des histoires scandaleuses qui prêtent à rire et qu'elle raconte avec une verve et une âcreté qui lui attirent des pratiques. Son regard investigateur s'en va sans cesse quêtant dans l'espace et lui rapporte des observations toujours critiques, toujours amères, qu'elle s'empresse de communiquer à ses voisins, sans prendre la peine de couvrir d'un voile les réflexions plus ou moins cyniques qui en sont, en quelque sorte, le complément obligatoire. Sous ce rapport, elle est sans pitié, et très certainement la mère en défendra l'audition à sa fille. C'est elle qui nous disait, en plein salon et devant des jeunes filles, que dans chaque carré où se baignent de quarante à quarante-cinq personnes, chacune d'elles faisait p..., terme moyen, trois fois par séance, et qu'il s'introduisait ainsi dans l'eau de cinquante à cinquante-cinq litres de liquide de contrebande.

On dirait que Mme S. regrette encore sa jeunesse dès longtemps passée, sa jambe bien faite, et surtout le temps qu'elle n'a pas perdu. Le chagrin d'avoir vieilli,

le désespoir d'être abandonnée, semble avoir chez elle
tourné à la rage ; elle n'a plus de prédilection, plus de
sourires que pour les femmes laides ou ridées, et sa
méchanceté se répand sur tout cet essaim de jolies
personnes rieuses et confiantes qui coquettent autour
de nous.

LE BARON DE LIVET

Bien que l'expression de sa physionomie soit celle
de la prévenance et de la bonté, le baron de Livet est
d'un extérieur un peu gauche, un peu commun même,
avec toute l'encolure pourtant d'un bon et loyal Sa-
voyard qu'il est. Député d'Ancenis à l'Assemblée
législative de Turin, il jouit dans tout le Piémont d'une
haute considération, qu'il doit à l'intelligence et au
zèle avec lesquels il s'occupe des intérêts qui lui ont
été confiés. Sa manie de rester seul huit heures par
jour dans un bain particulier, au lieu de se mêler, dans
les grands carrés, à la société qu'il affectionne, le fait
passer pour original, voire même pour un monomane
atteint d'un peu de sauvagerie. Mais il n'est rien de
tout cela. Homme d'une grande discrétion, d'une
grande réserve, il est, dans le monde, du commerce
le plus agréable ; il a beaucoup d'esprit, joue à ravir
les proverbes et les charades, et s'y montre même
comédien habile et surtout fort amusant. M. de Livet,
qui compte quarante-deux ans, n'est pas marié. J'ai
eu à me louer de lui dans une situation délicate et
je n'en perdrai jamais le souvenir. C'est d'ailleurs

un de ces êtres bons à être aimés à mesure qu'on les connaît davantage. Le baron de Livet passe pour être au mieux, depuis quelques années, avec une de nos plus ravissantes comtesses. Si ce bruit vient à ses oreilles, il n'aura sans doute qu'un chagrin, c'est qu'il ne soit pas vrai.

LA COMTESSE DE GÖRTZ (née EMMA DE BÜLOW)

Ce n'est pas une beauté au profil grec ou romain, à l'œil fendu en amande, aux paupières longues et soyeuses, aux sourcils noirs, épais et retombant en arc sur des tempes d'ivoire ; ce n'est pas une jolie femme au minois coquet, au regard ardent, à l'allure vive et dégagée, c'est mieux que tout cela. C'est une femme charmante dans toute l'acception du mot.

Sa physionomie, sans être précisément spirituelle, porte l'empreinte de la bonté, de la bienveillance et d'une gaieté douce et aimable. Ses traits ne sont pas réguliers, mais ses yeux d'un bleu gris pâle, pareils à la fleur du myosotis, sont veloutés, caressants, et le regard calme, parfois rêveur, qui s'en échappe, ne s'oublie jamais lorsqu'une fois il s'est arrêté sur vous. Elle n'a pas de belles dents, mais son sourire gracieux, attachant, dissimule sans efforts cette imperfection. Mme de Görtz est très grande ; sa taille, quoiqu'un peu courte, est parfaitement arrondie, et tous ses mouvements ont une voluptueuse souplesse. Ajoutez à ces détails des épaules magnifiques et une peau de cygne d'un éblouissant éclat. On trouve difficilement réunies en la même personne plus d'élégance, plus de distinction, plus, enfin, de cette manière impossible à copier qui révèle la femme comme il faut. Il n'y a pas une de ses poses, un de ses gestes, qui ne soit plein de grâce et de mollesse. Dès qu'elle paraît, c'est comme un soleil qui se lève et qui éclaire tout ce qui l'entoure d'un reflet brillant. Sa danse, d'une noble simplicité, est la danse d'une reine, elle est sobre de pas, ainsi que le veut la mode d'aujourd'hui, mais ceux de ses pas qui s'échappent parfois des plis de sa robe longue et flottante sont d'un fini parfait, et laissent apercevoir un pied et une jambe qui donnent le délire.

Sa conversation n'est pas celle d'une femme instruite, c'est la conversation d'une femme du monde qui a beaucoup vu et qui sait beaucoup. Jamais Mme de Görtz ne dit du mal de son prochain, elle est, sous ce rapport, d'une réserve poussée jusqu'à l'excès. Mariée très jeune encore à l'un des plus grands seigneurs de l'Allemagne, elle n'a pas été longtemps heureuse. Le comte de Görtz, qu'elle aimait passionnément, avait contracté la funeste habitude de boire, de s'enivrer même jusqu'à tomber dans l'abrutissement le plus complet. Tous les efforts d'une tendresse ingénieuse ne purent lutter contre ce défaut. Bien que d'une constitution robuste, le comte de Görtz se laissa entraîner à tant d'abus que sa santé déclina rapidement et qu'il mourut à peine âgé de vingt-huit ans, c'est-à-dire trois années seulement après avoir épousé Mlle Emma de Bulow, petite-fille du général prussien dont l'arrivée inattendue sur le champ

de bataille de Waterloo rendit pour nous cette journée si fatale. Restée veuve sans enfants et aussi sans
fortune, Mme de Görtz a supporté son malheur avec un
courage et une philosophie qui lui ont fait à Tours, où
elle habite pendant l'hiver, de nombreux amis; elle
passe ordinairement la belle saison dans la famille du
général Auguste de la Rochejacquelein et dans celle
de M. de la Taille, qui l'accaparent à l'envi et l'ar-
rachent le plus qu'ils peuvent à ses affections de la
ville; parmi ces dernières, figurent au premier rang
mon ancien collègue à la préfecture de Versailles,
Alexandre de Fleury, secrétaire général d'Indre-et-
Loire, et Mme de Fleury, sa femme.

Mme de Görtz, dont la conversation est toujours gaie,
vive, animée, s'exprime aussi facilement en français
que dans sa langue maternelle, mais avec un léger
accent allemand qui donne à ses paroles une grâce in-
finie. D'un esprit juste et sans aigreur, pleine de tact,
de bienveillance pour tous, elle apporte dans le commerce du monde des relations douces et faciles, et
l'ensemble de toute sa personne en fait un être privi-
légié que chacun recherche. Malgré ses excellentes
qualités, Mme de Görtz n'est pas à l'abri des malins
propos que son isolement provoque parfois chez les
personnes même les plus inoffensives. A-t-elle quelque
peccadille, quelque faute légère à se reprocher? Je
l'ignore, mais ce que je sais, c'est qu'elle est une séduisante créature, qu'elle a dû être soumise et qu'elle
est soumise tous les jours à de bien dangereuses

épreuves. Pourquoi, dès lors, ne serait-on pas disposé
à lui beaucoup pardonner ?

J'ai fort connu à Vesoul un honnête homme, un
brave soldat au sujet duquel je veux dire quelques
mots.

Il faut toujours jeter un voile sur les événements
douloureux du passé et ne les rappeler jamais sans
une nécessité absolue. La catastrophe du duc d'Enghien est l'épisode politique le plus grave du règne de
Napoléon, bien que cet épisode ait eu lieu quarante
jours avant la proclamation de l'Empire, mais l'histoire a attribué ce fait à son règne. nous sommes donc
obligés de faire comme elle. De plus, le neveu de Napoléon, qui vient de ressusciter sa dynastie, ne verrait
sans doute pas d'un œil satisfait qu'on remît au jour
de tels événements oubliés et il ne convient ni à nos habitudes ni à notre caractère de blesser qui que ce soit,
fût-ce même un empereur, pour le plaisir de le blesser.

Une chose digne de remarque, dans les nombreuses
luttes des partis qui se sont succédé au pouvoir en
France depuis soixante années et plus. c'est que
chaque fois qu'un de ces partis a triomphé, les partis
vaincus ont tour à tour jeté à la face du vainqueur un
crime honteux. On a reproché à Napoléon Iᵉʳ la mort
du duc d'Enghien, à Louis XVIII la fusillade du maréchal Ney, à Louis-Philippe l'arrestation de la duchesse
de Berry, enfin à Napoléon III la confiscation des
biens de la famille d'Orléans.

Aujourd'hui que les passions politiques ont pris une autre direction, que les gouvernements sont changés, que la totalité des hommes intéressés dans la question du duc d'Enghien ont disparu, et que de nombreux documents, en rétablissant la vérité des faits, ont jeté la lumière sur les événements de cette époque ; nous n'avons pas le projet de fouiller de nouveau dans ce passé que les cœurs honnêtes de toutes les opinions n'ont jamais cessé de déplorer et de flétrir. Nous voulons nous borner seulement à raconter la part secondaire mais honorable que prit à cette catastrophe l'un de nos plus honorables compatriotes, le lieutenant-colonel de gendarmerie Noirot.

Né à Lons-le-Saunier le 17 avril 1762, François Noirot entra en 1779 dans le 21ᵉ de cavalerie (Royal-Navarre), qui avait alors pour colonel le duc de Crussol. C'était un fort bel homme, d'une tenue irréprochable et d'une aptitude toute particulière au manie-ment des chevaux et des armes. Nommé adjudant-instructeur à l'école de Versailles en 1799, il passa bientôt comme lieutenant dans la gendarmerie d'élite, et ce fut alors qu'eut lieu le drame du duc d'Enghien, à propos duquel nous sommes obligés d'entrer dans quelques détails.

Arrêté le 15 mars 1804 au château d'Ettenheim, sur les ordres du Premier Consul, par les soins du général Ordener, le duc d'Enghien fut conduit le même jour à la citadelle de Strasbourg, d'où il ne repartit que le 18, sous l'escorte de la gendarmerie ; il arriva à Paris

le 20, vers onze heures du matin, et entra au château
de Vincennes seulement à cinq heures et demie du
soir, sa voiture ayant été retenue à la barrière.

Après son dîner, comme le prince s'installait dans
sa chambre, un lieutenant de gendarmerie d'élite fut
introduit ; c'était M. Noirot : « Monsieur, lui dit cet
« officier avec le ton de la plus exquise politesse, je
« réponds sur ma tête de votre personne, et j'ai l'ordre
« de ne pas vous perdre de vue un seul instant : mais
« rassurez-vous, j'exécuterai cet ordre avec tous les
« égards dus au malheur. »

Contrarié de l'embarras désagréable qu'allait lui
causer la présence constante d'un étranger près de
lui, le prince allait répliquer avec quelque vivacité
peut-être, lorsque les dernières paroles du lieutenant
changèrent brusquement la mauvaise disposition du
duc en un sentiment de reconnaissance qu'il exprima
à son tour, avec une certaine émotion. Il considéra
alors plus attentivement le militaire qu'on venait de
lui donner pour gardien. C'était un homme bien
tourné, d'une figure douce, avenante et qui n'inspirait
que de bonnes pensées. Après l'avoir un moment exa-
miné, le prince dit tout à coup : « Lieutenant, j'ai
« l'honneur de vous connaître, mais je ne me rappelle
« ni en quel lieu ni en quelle circonstance je vous ai
« vu. — Monsieur, répliqua l'officier, je faisais la
« même réflexion : mais mes souvenirs me servent
« mal en cet instant et je ne me rappelle pas non plus
« où j'ai eu le plaisir de vous rencontrer. — Dans

« quel régiment, continua le prince, serviez-vous au
« moment de la Révolution ? — Dans Royal-cava-
« lerie. répondit Noirot. et j'étais adjudant sous-lieu-
« tenant chargé de l'instruction des hommes à cheval.
« En cette qualité, j'allais souvent chez mon colonel,
« M. le duc de Crussol, et c'est là, très certainement,
« où nous nous sommes rencontrés. — Oui, c'est pré-
« cisément là, » reprit le duc avec vivacité, et il révéla
son nom à Noirot qui l'ignorait. le commandant du
château. Harel, ayant reçu l'ordre formel de ne le dé-
voiler à personne. Après avoir rappelé quelques par-
ticularités saillantes de cette époque et quelques anecdotes curieuses sur le personnel de son régiment. le
petit-fils du grand Condé prit affectueusement la main
de l'officier et la lui serra à plusieurs reprises.

Le noble prisonnier était épuisé de fatigue, il témoigna le désir de prendre un peu de repos. Le lieutenant
Noirot se leva aussitôt et prit respectueusement congé
du prince : « Monseigneur. lui dit-il au moment d'ou-
« vrir la porte, songez que vous ne me connaissez pas
« et que, de mon côté, j'ignore aussi votre nom. Cette
« recommandation est aussi sacrée pour vous que pour
« moi. » Puis il se rendit auprès de ses camarades
réunis dans une salle voisine, et telle était, dans ces
corps d'élite, l'habitude de la discipline et de la discrétion. qu'aucun d'eux ne lui adressa la moindre question sur ce qu'il avait pu apprendre ou deviner du
personnage mystérieux dont on lui avait confié la
garde.

Le duc d'Enghien dormait profondément lorsque, vers onze heures du soir, le lieutenant Noirot rentra dans sa chambre, accompagné des gendarmes Lerva et Tharsis ; il s'habilla à la hâte et les suivit devant le capitaine rapporteur, qui procéda à son interrogatoire. Cet interrogatoire terminé, le major Dautancourt vint en donner lecture aux membres de la commission, en fit le dépôt sur le bureau et il fut décidé qu'on allait passer au jugement immédiat. Aussitôt après, le prince fut reconduit à sa prison par le lieutenant Noirot, qui s'était mystérieusement transformé pour lui en un secret protecteur.

Au milieu du danger qu'il courait, le prince conservait une entière liberté d'esprit et s'entretint tranquillement avec Noirot, comme avec un vieil ami. Pendant qu'ils causaient ainsi, le commandant Harel entra, accompagné du brigadier Aufort. D'une voix émue, sans toutefois lui annoncer ce qui allait avoir lieu, Harel invita le duc à le suivre, et, une lanterne à la main, le précéda dans la cour et dans les divers passages qu'il fallait traverser ; Noirot les suivit, ainsi que les gendarmes. On arriva, après mille détours, à la *Tour du Diable*, qui, alors comme aujourd'hui, renfermait la seule issue pour pénétrer dans les fossés du château. En voyant l'escalier étroit et tortueux : « Où « me conduisez-vous ? demanda le prisonnier. Si c'est « pour m'enterrer vivant dans un cachot, j'aime mieux « mourir sur-le-champ. — Monsieur, répondit Harel, « veuillez me suivre et faites appel à tout votre cou-

« rage. » Parvenus au bas de l'escalier, on suivit quelque temps les fossés jusqu'au pied du pavillon de la Reine et, ayant tourné l'encoignure de ce pavillon, on se trouva en face des troupes qu'éclairaient la lueur inutile de quelques lanternes et le jour qui venait de paraître. Il était près de six heures du matin ; une pluie fine et froide mouillait les soldats.

L'adjudant Pélé s'avança, tenant en main le jugement de la commission militaire, dont il donna lecture à haute voix. En apprenant qu'il était condamné à mort, le prince garda un moment le silence, puis appelant le lieutenant Noirot qui n'était pas loin de lui, il dit qu'il avait un dernier service à demander, et lui ayant parlé tout bas, le lieutenant se retourna brusquement et dit aux gendarmes : « L'un de vous « aurait-il une paire de ciseaux ? » Sur une réponse affirmative, les ciseaux furent passés de main en main et remis au prince. Celui-ci coupa une mèche de ses cheveux, l'enveloppa dans un papier avec un anneau d'or et une lettre, et tendit le paquet à Noirot en le priant de le faire remettre à la princesse Charlotte de Rohan-Rochefort, avec laquelle il était uni, dit-on, par un mariage secret. Le prince donna ensuite sa montre au lieutenant en lui recommandant de la faire remettre à son père. Après ces dernières dispositions, le descendant des Condé serra vivement la main de Noirot qui, ne pouvant maîtriser sa douleur, laissa couler de grosses larmes sur la main du condamné. Quelques minutes après, tout était fini.

J'ai entendu raconter au lieutenant-colonel Noirot lui-même les détails de ce drame sanglant et il n'en parlait jamais qu'avec l'expression d'une profonde douleur. Ses entretiens familiers avec le prince qui avait été si bienveillant pour lui et qui, dès l'abord, l'avait jugé digne de sa confiance la plus entière, cette connaissance faite dans un moment si solennel, tout cela ne pouvait manquer d'impressionner un cœur aussi bon, aussi parfait, que celui de Noirot, et si notre compatriote, au lieu d'avoir été préposé, par le hasard du service, à la garde du duc d'Enghien, eût été président de la commission militaire chargée de le juger, ce prince, très probablement, n'aurait point été fusillé.

Capitaine, puis chef d'escadron dans la gendarmerie impériale, Noirot avait été fait chevalier de la Légion d'honneur en 1804, chevalier de Saint-Louis en 1815, et doté sur le Monte-Napoleone d'une rente de mille francs, en récompense des services rendus par lui pendant les campagnes d'Ulm, d'Austerlitz, d'Iéna et de Friedland. Après sa mise à la retraite, cet officier distingué obtint la perception de Wagney, près de Remiremont, mais, en 1823, lorsque le duc de Rovigo publia le fragment de ses mémoires où il rapportait les diverses circonstances du procès du duc d'Enghien, Noirot perdit sa place, tant les hommes de la Restauration étaient ombrageux et craintifs. La conduite de notre compatriote, dans cette affaire où il joua un si noble rôle, devait être plutôt récompensée que punie.

Homme de cœur, esclave intelligent de la discipline,
militaire sans ambition, Noirot ne se plaignit pas de sa
disgrâce ; il vint, dans l'intérêt de l'éducation de ses
deux enfants, s'établir à Vesoul, où il mourut entouré
de l'estime générale.

Je n'ai trouvé nulle part que Noirot ait été nommé
lieutenant-colonel, mais comme, dans la gendarmerie
d'élite, on avait de droit le grade immédiatement supérieur à celui dont on portait les insignes, il paraît
hors de doute que cet officier a été mis à la retraite
avec le grade de lieutenant-colonel. D'ailleurs on ne
l'appelait jamais que *colonel*, et il ne se serait certainement pas laissé donner un titre qu'il n'aurait pas eu
le droit de porter.

Francis Wey est petit, bien découplé et portant haut
la tête. Son regard est ferme, pour ne pas dire inso-
lent ; un sourire de persiflage se promène habituellement sur ses lèvres, et ses moindres gestes annoncent
une assurance voisine de la présomption. La masse un
peu crépue de ses cheveux et ses moustaches abondantes semblent encore rehausser la hardiesse de sa physionomie ; il est parfaitement pris dans sa taille, ses
membres sont bien faits ; il est fort vigoureux, non pas
toutefois d'une force et d'une vigueur suffisante pour
lui permettre de terrasser un homme de cinq pieds six
pouces. C'est là précisément qu'est sa prétention, car,
en général, nous voulons toujours faire ce que nous ne
savons ou ne pouvons pas faire. Dites à un officier d'in-

fanterie qu'il ne marche pas bien, il rira dédaigneuse-
ment ; dites-lui qu'il ne sait pas monter à cheval, la
rougeur lui couvrira le front et il vous fera mettre
l'épée à la main pour vous prouver qu'il est bon
écuyer. J'ai eu un préfet bossu qui disait naïvement :
« J'ai les épaules rondes ! » mais jamais il ne serait
convenu qu'il avait une bosse.

Quand Francis Wey est en train de raconter, et il y
est souvent, par bonheur pour ceux qui l'écoutent, il y
a toujours parmi ses nombreuses historiettes deux ou
trois aventures qui lui sont personnelles et qui mettent
en relief sa force herculéenne.

Un soir, au sortir du spectacle, il était foulé par un
garde municipal qu'il avait étreint d'un poignet de fer
et qu'il avait mis à la raison. Un autre jour qu'il se
promenait sur les bords de la Seine, une barque chargée de femmes et d'enfants était emportée par un courant rapide ; il avait saisi brusquement la corde de la
barque et l'avait arrêtée court au moment où elle allait
chavirer. Une autre fois encore, un voyageur (et ce
voyageur, bien entendu, était un colosse) avait voulu
lui disputer sa place dans la diligence ; il avait pris,
lui Wey, le querelleur par les épaules et l'avait jeté
par la portière, les quatre fers en l'air.

Wey a ses manies, comme chacun de nous a les
siennes ; sa nature, il faut le dire, est un peu âpre, un
peu comtoise ; il était ainsi quand il était enfant, il
était de même au collège, il n'était pas autrement quand
il devint jeune homme. Les manières bruyantes dont

on lui fait un reproche ne sont pas étudiées, elles tiennent à son caractère vif, bouillant et surtout à ce que l'éducation de famille n'est pas venue corriger en lui le côté défectueux de son caractère.

Je me souviens qu'un soir, après avoir dîné ensemble, nous étions allés voir le géant du *café de Mulhouse*. Il y avait seulement quelques personnes dans le salon d'attente. Le géant sortit tout à coup de derrière une portière placée au fond du salon ; il avait plus de sept pieds, c'était une masse de chair, flasque et stupide. Il se plaça au milieu de l'appartement, étendit horizontalement ses bras et nous engagea à passer dessous, ce que nous fîmes, Francis Wey en tête, avec une docilité des plus niaises et des plus risibles. Quelques instants après, lorsque le monstre se fut retiré derrière son rideau, plusieurs littérateurs connus entrèrent, poussés par la même curiosité que nous. Francis Wey courut aussitôt de l'un à l'autre avec l'air de a plus grande satisfaction : « Mon cher, cet homme est prodigieux ; j'ai passé sous son bras, le chapeau sur la tête ! » Et le pauvre Francis y aurait passé à cheval, en uniforme de carabinier, le casque en tête et l'aigrette par-dessus le marché.

Un autre soir nous dînions aux *Frères Provençaux* avec quelques amis. Paul Courvoisier [1], chef d'escadron au 6e régiment de cuirassiers, dont chacun connaît la taille formidable et la force, était au nombre des

---

[1] Fils du garde des sceaux de Charles X.

convives. Paul ne prend point de café, mais il remplace ce breuvage aimé par un et même plusieurs verres de *brididi*, liqueur composée d'eau-de-vie et de curaçao. Notre commandant prend un verre ordinaire, le remplit d'eau-de-vie aux trois quarts et complète le reste du verre avec du curaçao. En voyant ce mélange bizarre, Francis Wey dit à Courvoisier : « Commandant, ce que vous buvez là est donc bien bon ? — C'est excellent, » répondit le cuirassier. « Eh bien, s'écria Wey, je vais faire comme vous. — Prenez garde, ajouta Paul Courvoisier, le *brididi* est une liqueur traîtresse, et quand on n'y est pas habitué, il peut faire mal. » Hélas ! notre commandant provoquait de la sorte, sans s'en douter, l'amour-propre de Francis, qui voulut prouver à l'instant même qu'il pouvait boire impunément comme un homme de cinq pieds huit pouces. « Les voltigeurs, dit-il à Paul, font campagne tout aussi bien que les cuirassiers. » Voilà donc Wey à la besogne ; mais il n'avait pas vidé le quart de son verre qu'il était gris, complètement gris. Son visage était d'une pâleur mate, une sueur abondante lui découlait du front : tout en discourant, ses bras, ses mains et ses doigts étaient dans une agitation inquiète incessante, presque convulsive ; il soutint longtemps avec une logique des plus bouffonnes que la cravate de Charles Demandre, qui était à petites raies blanches sur un fond bleu, lui avait fait tourner le cœur et avait, seule, causé tout le malaise qu'il éprouvait. La sortie fut pénible. N'ayant pu avoir ce jour-là de cabinet à l'entresol, nous en avions pris un au second. Je me trouvai le premier et Francis était le quatrième dans l'ordre de sortie de notre petit salon. A peine étais-je arrivé au milieu de l'escalier que Wey, qui avait glissé sur les deux talons et qui s'était laissé choir lourdement, passa à côté de moi, raide comme une planche et filant avec la rapidité d'un navire qu'on lance à la mer : il ne s'arrêta que sur le palier de l'escalier où un de ses bras s'engageant en dedans de l'un des pieds de la banquette placée là pour servir de halte aux dîneurs trop avinés, l'empêcha d'aller plus loin. Nous nous empressâmes aussitôt autour de lui ; il s'était relevé seul prestement et sa toilette n'avait pas éprouvé la plus petite avarie, son chapeau même ne semblait avoir été un peu dérangé et un peu déformé que pour donner à sa physionomie étonnée et à son œil démesurément hagard une expression si originale, si comique, que le fou rire qui nous prit à cette vue dura plus d'un quart d'heure.

Paul Courvoisier se chargea de reconduire Francis Wey et lui fit faire un long détour avant de le ramener chez lui, mais lorsque Wey fut devant sa porte, rue Greffulhe, il ne voulut pas rentrer : « Que voulez-vous que je fasse, disait-il, dans cette maudite baraque qui n'est pas la mienne ? » et force fut à Paul de le reconduire sur le boulevard, où ils se promenèrent encore jusqu'à deux heures du matin, après quoi Francis, harassé de fatigue, demanda lui-même à retourner à son domicile où, cette fois, il rentra sans observation.

Un soir, en arrivant à la maison où nous avions réuni quelques amis, Mme Francis Wey raconta fort gaiement quelques anecdotes qu'elle venait d'entendre dans un salon d'où elle sortait. « A propos, dit-elle, la jolie Mme L. est entrée d'une façon si bizarre que nous avons cru un moment qu'il n'y aurait pas assez de place dans la pièce pour y loger la croupe postiche qu'elle portait — Voyons, ma chère, s'écria Wey, contrarié de voir sa femme tourner en ridicule une de ses meilleures amies, voyons, est-ce que tu as l'habitude de laisser ton derrière dans l'antichambre quand tu entres quelque part ? »

(Février 1852.) J'ai manqué notre bon ami Bixio qui venait de sortir avec sa femme, mais ils m'ont retrouvé tous deux chez ma sœur Sophie, peu de minutes après mon arrivée. L'exaltation politique de notre ancien représentant du Doubs passe toutes les bornes et il n'y a pas moyen de causer avec lui des grands événements qui viennent de s'accomplir. Cela se conçoit aisément. Tombé de si haut et après avoir siégé pendant huit jours dans un ministère où il espérait sans doute s'installer une seconde fois pour un bail beaucoup plus long, c'est un triste retour des choses d'ici-bas. Le rêve s'est évanoui d'ailleurs, d'une manière brutale, cruelle même, entre les murs d'un cachot et sous la crainte d'être déporté à Cayenne. Bixio ne sort plus de chez lui le soir, et nous irons demain causer avec cet ange déchu de tout ce qui se passe sous ce nouveau gouvernement.

(Mars 1852.) Nous sortons de chez le prince président de la république, avec la députation de Gray ; il nous a reçus avec une extrême bienveillance. C'est un homme un peu timide, d'une impassibilité terne, dont aucun visage connu ne saurait donner l'idée, mais d'un abord facile et avec lequel on cause sans gêne comme sans embarras. Il écoute avec une grande attention et cherche, avant de répondre, à se bien pénétrer de l'affaire dont on lui parle. Louis-Napoléon a, dans les manières, une extrême simplicité, une mise à l'aise des plus complètes. Il est plus petit que je ne le pensais. Au premier abord sa figure paraît commune, elle est trop forte pour sa taille, un peu gravée de petite vérole, et son nez, assez proéminent, est escorté d'une paire de moustaches qui lui couvrent entièrement la bouche. Ses yeux mats sont caressants et son sourire est des plus gracieux. Il a un pied qu'un statuaire pourrait prendre pour modèle, et ses mains, sans être d'une distinction aussi parfaite que celles de son oncle, sont pourtant très jolies.

Nous avons été introduits dans le cabinet du président par le colonel Edgar Ney, revêtu de son élégant uniforme du 6ᵉ régiment de hussards qu'il commande.

(Mars 1852.) Le général Rebillot nous a raconté hier pendant le dîner plusieurs anecdotes curieuses, entre autres celle qui suit :

« Pendant que j'étais préfet de police, je reçus un
« matin, de très bonne heure, un message du docteur
« Véron que l'on me disait si pressant, que je crus,
« dès l'abord, à une conspiration politique découverte
« à notre insu par les propriétaires du *Constitutionnel*.
« Le docteur Véron me priait tout simplement de lui
« faire connaître le jour et l'heure de l'exécution d'un
« assassin condamné naguère à la peine de mort et
« dont le pourvoi venait d'être rejeté par la Cour de
« cassation. — Je vous demande ce renseignement,
« ajoutait l'ancien directeur de l'Opéra, pour Mlle Ra-
« chel qui, avant de jouer le rôle d'Adrienne Lecou-
« vreur, désire savoir comment on meurt. — Cette
« lettre m'inspira un tel dégoût que je la jetai sur ma
« table avec l'intention bien formelle de n'y donner
« aucune suite. Mais le lendemain j'étais à peine entré
« dans mon cabinet que l'on m'annonça M. Gilbert
« des Voisins ; il venait, de la part du docteur Véron,
« chercher lui-même ma réponse. Il me fut impossible
« alors de résister au désir de faire observer à ce
« messager complaisant qu'une exécution capitale
« n'avait aucune analogie avec la mort d'Adrienne
« Lecouvreur, et que ce n'était pas à une pareille
« source non plus que le talent si noble de Mlle Ra-
« chel devait aller puiser ses inspirations. Je ne vou-
« lais pas être dupe, d'un autre côté, des amis de notre
« grande tragédienne ; elle n'avait d'autre but, en as-
« sistant à ce terrible spectacle, que de se procurer une
« émotion nouvelle, inconnue, et dont sa curiosité de

« femme et d'artiste lui commandait sans doute d'es-
« sayer. Malgré mes observations, M. Gilbert des
« Voisins insista. Je lui donnai donc verbalement le
« renseignement qu'il paraissait si impatient d'obtenir.
« L'exécution avait lieu le lendemain même de notre
« entrevue, à sept heures du matin, à la barrière Saint-
« Jacques. C'était au mois de février.

« Entourée de quelques amis et couverte d'une
« épaisse fourrure, une femme brillante arrivait, dès
« l'aube du jour, sur le lieu de l'exécution et y pre-
« nait, le sourire aux lèvres, une des premières pla-
« ces d'avant-scène. C'était Mlle Rachel. »

(Mai 1852.) J'ai vu hier le prince Jérôme Napoléon ;
il a été pour moi de la plus grande bienveillance et m'a
rappelé, d'une façon gracieuse, combien j'avais été
obligeant pour lui dans un moment où les fonctionnaires de la branche cadette n'accueillaient pas toujours,
le sourire sur les lèvres, les membres de sa famille.
Logé très modestement au second étage d'une maison
de peu d'apparence, rue d'Alger, n° 10, il occupe un petit appartement décoré de meubles de l'époque impériale, et rempli d'armes et d'objets précieux ayant ap-
partenu à l'Empereur. Le prince Jérôme reçoit dans
un cabinet encombré de deux ou trois corps de biblio-
thèques, de panoplies, de bustes, de tableaux et d'une
grande table Louis XVI toute chargée de ces petits
bronzes élégants et coquets, dont un homme à la mode
ne saurait se passer aujourd'hui. Le neveu de Napoléon

vous prend côte à côte dès que vous êtes introduit, et, si vous n'acceptez pas le siège qu'il vous offre, il vous fait faire de long en large une promenade au pas gymnastique qui dure aussi longtemps que l'entretien. Cette manière de prendre de l'exercice peut être fort agréable pour lui, mais à coup sûr, elle ne l'était pas pour moi, qui suis sorti tout en nage de son appartement.

Après avoir causé pendant quelques instants des affaires générales du pays, le prince Jérôme s'est écrié tout à coup : « Qui est votre député ? N'est-ce pas « M. de Grammont? — Oui, prince. — Mais n'est-il « pas un peu.... bizarre ? — Oui, prince. — Et pour « quoi le gouvernement ne vous a-t-il pas désigné pour « son candidat ? — Parce que M de Grammont, que « les gens sages ont toujours regardé comme un légi « timiste, malgré les semblants républicains qu'il affec « tait sous Louis-Philippe, feint un grand amour pour « le prince-président et parce que M. Dieu, préfet de « la Haute-Saône, n'a pas eu le courage de le montrer « à découvert. — Mais je n'y suis plus, a répliqué le « prince Jérôme ; les préfets doivent être aujourd'hui « à cheval sur les députés qui ne peuvent plus être que « par eux. Or le vôtre ne comprend pas sa mission « puisqu'il se laisse brider par les siens ! » On a annoncé alors le prince Charles. C'est Canino, fils de Lucien Bonaparte, qui, naguère encore, contrariait un peu la politique du pape dans les États romains. Le prince Charles est un bon gros réjoui, qui m'a paru avoir de

trente à trente-quatre ans. Mis avec un grand laisser
aller, il rappelle en miniature l'embonpoint et la dé-
sinvolture rabelaisienne de Jules Janin. Après avoir
salué ce nouveau membre de la famille impériale et le
colonel d'infanterie qu'il venait de présenter à son cousin, j'ai pris congé du prince Jérôme, qui m'a affectueusement serré les deux mains, en me faisant promettre de revenir le voir avant mon départ pour la
Haute-Saône.

Après quatre années passées au ministère de l'intérieur, je pris ma retraite en 1846, avec la croix d'officier de la Légion d'honneur que me remit le comte Duchâtel, et je me retirai parmi les miens, à Fontaine-lez-
Luxeuil, dans le petit manoir construit vers le milieu
du siècle dernier par M. de Rans, évêque de Rhosy,
prieur commendataire de Fontaine. Il est reposant de
vivre au milieu de cette brave population, honnête, laborieuse, dont la rusticité n'exclut ni la bonhomie ni
le bon sens. Une femme de mon village a perdu la semaine dernière son troisième mari : elle n'a que trente-
six ans et elle est d'une prestance à les user vite :
« Toinon, lui disait une voisine, tu vas te remarier
l'année prochaine? — Oh! non, répondit la veuve,
j'en aurais bien envie, mais je ne le ferai pas, parce
que ça m'embête trop de les enterrer! »

J'eus le tort encore une fois de troubler le calme de
ma vie en me mettant sur les rangs pour la députation
dans l'arrondissement de Lure, mais je fus battu par

le marquis de Grammont, royaliste de race qui s'était affublé du manteau républicain.

Depuis cette déception, la dernière, je l'espère, j'habite tranquillement le nid dans lequel je dois passer le reste de mes jours, non loin de cette coquette ville de Luxeuil dont les bains étaient déjà célèbres sous les Romains et dont mon spirituel ami Charles Viancin a ainsi chanté le charme :

> Un jour, dans certain cabinet,
> On m' fait voir certain robinet.
> En l' tournant, v'là que bèt'ment je m'incline
> Vers une autr' machine
> Où l'on s' pose l'échine.
> Pschtt ! soudain, ça m' gicle dans l'œil,....
> V'là c' que c'est qu' les eaux d' Luxeuil.

Au milieu d'amis fidèles et dévoués, d'arbres verdoyants et de livres jaunis, je descends la vie avec la seule joie douce et consolante de la paternité ; mon fils est un jeune homme à l'intelligence vive et ouverte et ma fille, qui a les qualités du cœur, les grâces de la personne et les agréments de l'esprit, me semble en harmonie complète avec son mari, homme d'une rare solidité de jugement et d'une parfaite nature. Les béatitudes familiales remplacent d'une manière aussi tendre, mais plus susceptible, plus inquiète, plus craintive, les jouissances qu'on a perdues en perdant la jeunesse.

Je n'ai jamais éprouvé dans ma vie de ces malheurs qui vous accablent comme un coup de masse et vous font perdre connaissance, de ces coups affreux qui,

lorsque vous avez repris vos sens, vous font vous
écrier : « Hélas ! pourquoi ne m'a-t-il pas tué ? » Non,
j'ai eu l'existence comme tout le monde peut-être,
pleine de ces choses dont on enrage et dont on se mo-
que en même temps ; j'ai senti bien des guêpes me pi-
quer sans me mettre en courroux, bien des contrarié-
tés qui rendent l'humeur maussade, mais qui ne pous-
sent pas au désespoir. Ces tortures en miniature ont
toujours provoqué chez moi plus que chez les autres,
en raison de mon organisation sensitive, quelques faibles gémissements, mais ne m'ont jamais arraché de
cris.

Pour l'heure, je suis sur cette pente rigoureuse et fatale qui conduit infailliblement à la mort, mais j'aurai
fini sans ennui, ne connaissant pas ce ver rongeur,
et sans la tristesse inhérente aux gens ayant vécu au
milieu des affaires publiques, au milieu de ce tourbillon étourdissant qui couvre sans cesse d'une épaisse
poussière les traces laissées par votre passage sur la
route des plaisirs comme sur celle des souffrances,
et qui, peu à peu, les fait toutes disparaître dans l'ombre du passé.

Fontaine-lez-Luxeuil, 1855.

TABLE ALPHABÉTIQUE

DES NOMS PROPRES

TABLE DES MATIÈRES

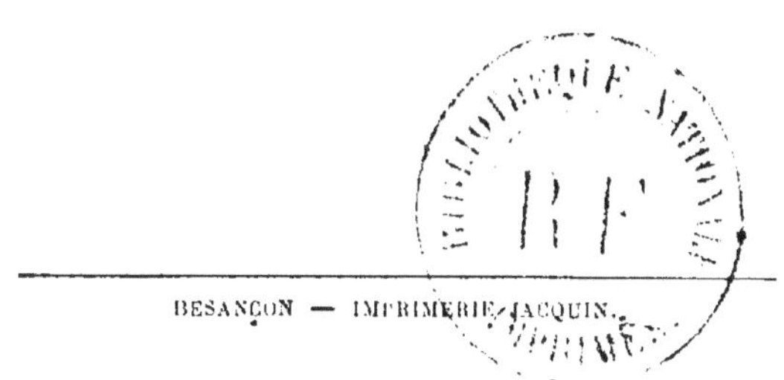

BESANÇON — IMPRIMERIE JACQUIN.

genre de blessure, du champ de bataille et de la date du décès, le tout augmenté
de notices généalogiques.

Répertoire des livres et manuscrits héraldiques, généalogiques et nobiliaires de notre librairie. In-8 de 88 p. à 2 col. **1** fr.

La Révolution en Franche-Comté. Etudes documentaires. **La Révolution dans la Haute-Saône,** par le Dr Ph. MARÉCHAL, préface d'Arthur CHUQUET, membre de l'Institut. Fort vol. in-8 de xx-624 p., *nombreux fac-similés, planches.* . . . . **12** fr.

Catalogue des gentilshommes (Ed. DE LA ROQUE et DE BARTHÉLEMY) qui ont pris part ou envoyé leur procuration aux Assemblées de la noblesse, en 1789, POUR LA NOMINATION DES DÉPUTÉS AUX ÉTATS GÉNÉRAUX — **Franche-Comté.** — Besançon, Dole, Lons-le-Saunier (bailliage d'Aval), Vesoul (bailliage d'Amont). . . . . . **2** fr.

Mon grand-père à la cour de Louis XV et à celle de Louis XVI Nouvelles à la main, publiées par le duc DE LA TRÉMOILLE, membre de l'Institut. Fort vol. in-4 . . . . . . **25** fr.

Souvenirs de la Révolution. Mes parents, par M. le duc DE LA TRÉMOILLE, membre de l'Institut. In-fol., *planches* . . . . **50** fr.

Souvenirs de la princesse de Tarente (1789-1792), publiés par le duc DE LA TRÉMOILLE, membre de l'Institut. Accompagné de deux portraits inédits de Louis XVII et de la princesse de Tarente. **5** fr.

Réfugiée en Angleterre, à sa sortie de l'Abbaye, la princesse de Tarente, ancienne dame d'honneur de la reine, écrivit ses mémoires. Ils se rapportent aux premières années de la Révolution et finissent en 1792. C'est ici le témoignage le plus simple et le plus saisissant peut-être de tous les témoins des massacres révolutionnaires.

Souvenirs du général marquis de Pimodan (1847-1849), avec une introduction et des notes. Deux vol. *Portraits et cartes.* **10** fr.

Ces mémoires militaires sont écrits avec un charme des plus grands. La vive allure de l'auteur, général de l'armée pontificale, sa simplicité héroïque, ses connaissances de la vie viennoise, donnent à ce livre une saveur toute particulière en même temps qu'elles en font une œuvre littéraire digne des meilleures pages de J. de Maistre.

Mémoires d'un officier de la garde royale (1785-1855), publiés par son petit-fils A. HÉRIOT DE VROIL, avec 1 portrait . . **3** fr. **50**

Un Chouan. Le général du Boisguy. Fougères, Vitré, Basse Normandie et frontière du Maine (1793-1800), par le vicomte DU BREIL DE PONTBRIAND. Volume in-8 de 400 p avec carte . **7** fr **50**

Biographie saisissante et documentée du fameux chef des Chouans d'Ille-et-Vilaine, général de vingt ans, qui fut l'émule de Georges Cadoudal.

L'auteur du « Tableau de Paris » : **Sébastien Mercier,** sa vie, son œuvre, son temps, d'après des doc. inéd., par L. BÉCLARD. *Avant la Révolution.* Fort vol. in-8 de ix-810 p., *portraits.* . . . **10** fr.

Couronné par l'Académie française — Sébastien Mercier nous a laissé deux livres inestimables. Il a composé à la veille de la Révolution un tableau très vaste, très précis et très fidèle de Paris, ville et habitants, âme et matière, esprit et mœurs. Avec plus d'audace, de pénétration et de suite qu'aucun autre, il a prédit et proclamé les idées, les exigences qui devaient, au XIXe siècle, renouveler, agrandir, étendre en tout sens la fonction, le pouvoir et les ambitions de l'art dramatique. Il n'avait été jusqu'ici l'objet d'aucune étude étendue. M. Béclard a eu en main beaucoup de documents inédits qui nous font connaître sous son vrai jour l'ami de Restif de la Bretonne et intéressent vivement tout son temps.

Notes sur le Bas Vivarais, par le vicomte E.-M. DE VOGÜÉ, *de l'Académie française.* . . . . **3** fr. **50**

Véritable modèle de monographie provinciale. Ces pages sont parmi les meilleures du vicomte de Vogüé.

BESANÇON. — IMPRIMERIE JACQUIN